열반지 涅槃地

Land of Nirvana

열반의 땅, '열반지(涅槃地)'에서는
우리의 삶이 만드는 '아픔'에서 벗어날 수 있는
21세기 뉴 통증 패러다임에 기초한 '통증 해법'을 찾을 수 있습니다.

CONTENTS

1쇄 인쇄 2024년 5월 15일
1쇄 발행 2024년 5월 24일

발행인 황상민
지은이 황상민
기획·제작 통증해방
편집 김진영
디자인 이혜원

펴낸곳 도서출판 마음읽기
등록 2023년 11월 22일 (제 2023-000130호)

ISBN 979-11-985577-0-4(03060)

열반의 땅,
어떤 곳인가요?

서울 종로구 체부동 6번지

· 1층 열반 涅槃 가배 咖啡, CAFE NIRVANA
· 2층 몸의 해방, 아픔해방의 발원
· 3층 WPI심리상담코칭센터 유래

열반지

통증해방이 일어나는 곳

涅槃地 *Land of Nirvana*
종로구 체부동 6번지

2024년 '열반지涅槃地'는 '21세기 뉴 통증 패러다임'을 기반으로 이 땅에 부활했습니다. 열반涅槃은 '타오르는 번뇌의 불길에서 벗어나, 깨달음의 지혜인 보리菩提를 완성하는 경지'입니다. '열반이 일어나는 땅, 열반지涅槃地'. 누구나 겪는 아픔의 문제를 치료하면서 '민주 시민의식'을 가진 대한민국 국민들이 '각자도생'하는 심리독립 공간입니다. '몸의 아픔을 치료하는 현대의학'과 '마음의 아픔'을 해결하는 'WPI 심리상담'이 결합되어 21세기 대한민국 사람들이 지난 100년의 아픔의 굴레에서 벗어나 '각자도생各自圖生'의 해법을 찾는 공간입니다.

'통증으로부터의 해방 공간'을 의미하는 '열반지*Land of Nirvana*'는 1924년에 이 땅에서 시작되었습니다. 당시 식민지 조선 백성은 자신을 둘러싼 속박으로부터의 해방, 또 자신의 욕망에서 생겨나는 삶의 고통에서 벗어난 상태를 간절히 바라고 있었습니다. 더 이상 망한 나라의 국왕이나 정치 지도자에게 자신을 믿고 맡기거나 의존할 수 없다는 절망감에 각자 자신의 삶에 대한 책임을 스스로 지려하기 시작했습니다. 삶의 어려움과 아픔의 문제를 누군가 대신 해결해 주기를 기대하기보다, 자신에 대한 '인식'을 통해 해결할 수 있다는 '근대 시민 의식'이 생성되기 시작한 것입니다.

열반의 땅, 존재의 이유와 생존비법 찾기

○ 스스로 자신의 문제를 파악하고 해법을 찾는 사람의 마음에서 열반은 시작됩니다.

○ 자기 마음읽기를 통해 누구나 삶의 문제와 아픔의 해법을 찾을 수 있습니다.

○ '각자도생'의 삶의 비법은 자기 몸과 마음의 '인식'에서부터 찾아나갈 수 있습니다.

1919년 '기미 독립선언 운동'이 일제 조선총독부의 잔혹한 탄압으로 실패한 이후, 독립국가에 대한 염원은 상해 임시정부와 해외 각지의 독립운동으로 퍼져 나갔습니다. 그리고 시간은 흘러, 이 땅에서 각 개인이 가진 '독립'의 염원은 '각자도생'의 삶의 방식으로 변화하였습니다. 개인이 스스로 자신의 삶에 책임을 지고, 자신의 삶을 만들어 갈 수 있는 능력, 바로, '심리독립'의 정신으로 이어졌습니다. 그렇게 사회적 신분과 계층의 사고에서 독립된 마음을 가진 시민의식은, 서촌에 새롭게 들어선 '열반지'에서 그 구체적인 모습을 드러냈습니다. 2024년, 열반지에선 삶의 어려움과 아픔의 문제를 각자 자신의 몸과 마음을 인식하는 방식으로 해결합니다. 또한 '자신을 인식하고 자기 마음을 읽어낼 때, 우리는 누구나 삶이 만들어 내는 아픔에서 벗어날 수 있다'는 통증의 새로운 해법을 제공합니다.

'WPI 심리상담센터'는 누구나 '마음'을 읽고, 자기 마음을 인식하는 방법을 통해 삶의 어려움과 아픔의 문제를 해결할 수 있는 '심리상담과 치료' 서비스를 제공합니다. 누구나 건강하게 살고 싶은 '자아self'의 정체를 알고, 그것에 부합하는 삶을 만들 수 있습니다. 자기 마음을 찾고, 삶의 속박에서 해방되는 경험을 하게 됩니다.

'아픔해방의원'은 대학병원에서도 해결하지 못하는 다양한 '만성통증'이나 '난치병', '불치병' 등의 아픔을 관리, 치유하는 공간입니다. 이곳에서는 '환자'가 되어 병원을 전전하지 않게, 의사와 함께 자신의 아픔의 정체를 파악하여 건강한 삶을 만들어 가는 길을 제시합니다. 현대의학에서 '병'이라 이름 붙인 몸과 마음의 아픔에서 해방되는 경험을 하면서 '병의 노예'가 아닌 삶의 주인이 되는 경험을 할 수 있습니다.

1924 &2024

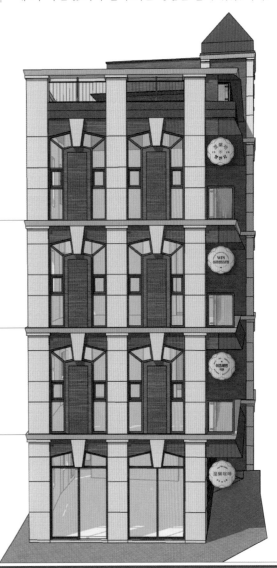

층별 안내

4층 열반지涅槃地 : 통증해방
아픔을 겪는 사람들의 일상생활 관리와 마음읽기의 집중치료가 이루어지는 공간입니다.

3층 WPI심리상담코칭센터
'마음'이 만드는 삶의 어려움과 아픔을, '마음읽기'를 통한 WPI 심리상담과 심리치료, 그리고 코칭을 통해 해결하는 공간입니다. '마음의 아픔'에서 벗어나 삶의 변화를 기대하는 사람들을 위한 '자기 인식'의 공간입니다.

2층 아픔해방의원
'21세기 뉴 통증 패러다임'에 의한 전문의사의 의학 진료가 이루어지는 공간입니다. '만성통증'이나 '피부과·정신과·내과·이비인후과·소아청소년과' 등의 진료과목에 속하는 병과 몸의 아픔에서 해방을 되기를 바라는 사람들을 의학적으로 치료하는 공간입니다.

1층 열반涅槃 가배咖啡 Cafe Nirvana
일상의 삶에서 색다른 휴식을 경험하기를 원하는 사람들이, 차와 음료를 즐길 수 있는 공간입니다. 아픔해방과 WPI 심리상담을 원하는 사람들이 타인과의 교류를 통해 자기 마음 찾기를 체험하기도 합니다.

'열반지: 통증해방의 길' 유래

1924년, 조선 왕조 최초의 근대 서양식 왕립 의료원이었던 제중원(濟衆院)과 최초의 서양 스타일 영빈관(迎賓館)에 가까운 손탁호텔은 역사의 흔적도 없이 이 땅에서 사라집니다. 그로부터 100년 뒤, 인왕산 동쪽 사면에서 발원한 옥류동 계곡은 콘크리트로 덮힌 주택가로 변하고 말았습니다. 하지만 수성동 계곡은 옥인아파트 철거 후 과거 모습을 되찾아 오늘도 청아하게 흐르는 물소리를 들려줍니다. 2024년, 그 수성동 계곡 아래 서촌 땅 위에 100년의 세월을 뛰어넘어, 제중원과 손탁호텔을 새롭게 재현한 '열반지'가 몸의 아픔을 치료하는 공간이자, 마음의 아픔에서 해방되는 심리상담센터로 자리잡게 되었습니다. 21세기 대한민국에서 자신의 마음을 찾고자 하는 시민들을 위한 통증 해방의 공간으로 재탄생했습니다.

서촌은 인왕산 동쪽과 경복궁 서쪽 사이의 청운효자동, 사직동 일대입니다. 통인시장을 지나 필운대로를 따라 올라가면 '송석원松石園 터'라는 푯돌이 나옵니다. 이는 조선 정조 임금 때, 서당 훈장이었던 천수경의 집 이름입니다. 집 뒤로 큰 소나무와 바위가 있어 그리 불렸다고 합니다. 천수경은 조선 후기 서얼과 중인 중심의 '위항시인'들을 불러 시화를 열었습니다. 당시 문학동인 중 한 사람이었던 장혼은 '장기나 바둑으로 사귀는 것은 하루를 가지 못하고, 술과 여색으로 사귀는 것은 한 달을 가지 못하며, 권세와 이익으로 사귀는 것은 한 해를 넘지 못합니다. 오직, 문학으로 사귀는 것만이 영원하다'라고 자신들의 모임 의의를 밝혔답니다.[*] 권력을 쫓기에 한계가 있는 서얼과 중인 계급 선비들이 찾아야 했던, 삶의 의미에 대한 정신승리에 가까운 고백이라고 할 수 있겠습니다.

벽수산장(碧樹山莊): 일제강점기 친일파 벽수(碧樹) 윤덕영(1873-1940)은 나라를 판 대가로 얻은 부로, 호화로운 저택 벽수산장을 지어 올렸다.

120여 년 후인 1910년경, 친일 매국노로 알려진 윤덕영이 송석원을 소유하면서, 시대의 변화에 부응하는 인간의 욕망이 어디까지 발현될 수 있는지를 잘 보여줍니다. 그는 옥인동 땅의 절반 이상을 사들이며 송석원 터에 프랑스풍 건물인 양관洋館이 중심이 된 벽수산장碧樹山莊이라는 저택을 지었답니다. 바로, 1910년 8월 22일 조선병합조약을 마무리하는, 나라를 팔아 개인과 집안의 이익을 극대화 하는 거사를 실행한 대가였습니다. 합병조약 체결 당일, 순종 황제의 황후 '순종효'께서는 조약을 막아야 한다는 생각에 울면서 옥새를 들고 도망을 칩니다. 하지만, 더 이상 도망갈 수 없는 궁지에 몰려 자신의 치마 속에 옥새를 감춥니다. 아무리 무도한 역적 친일파라 해도, 인간의 도리를 아는 자라면 차마 황후의

1950년대 촬영된 이원중의 작품 〈인왕산에서 본 서울〉에는 과거 '한양의 아방궁'이라 불렸던 벽수산장이 담겨있다. 확대본 ⓒ이건중

치마자락을 들추지는 못할 것입니다. 하지만, 권력과 돈을 위해 살아가는 인간에게 인간의 도리를 기대하기란 어려웠답니다. 윤덕영은 황후의 치마를 들추고 빼앗은 옥새로 조약을 마무리했고, 그 공로로 대표적인 친일반역자 이완용보다 더 큰 부를 얻어 옥인동 땅 절반 이상을 가질 수 있었습니다. 그렇게 유럽의 캐슬을 흉내 낸 벽수산장까지 만들게 됩니다. 벽수산장은 일제로부터의 해방 이후, '덕수병원'으로 사용되었다가, 한국전쟁 때는 미군 숙소가 되었답니다. 그리고, 1954년부터 한국통일부흥위원단(UNCURK, 언커크) 본부로 사용되었지만, 1966년에 불이 나 전소되었습니다. 그리고, 1973년에 철거돼 흔적 없이 사라졌습니다. 그리고 윤덕영이 딸을 위해 만든 집은 근대 대표 화가인 박노수 화백에 의해 인수되었다가, 그의 사후, 종로 구립미술관인 박노수의 미술관으로 활용되고 있습니다.

윤덕영이 딸을 위해 지어준 집은 화가 박노수의 집으로 사용되었다가, 그의 사후 종로 구립미술관인 박노수 미술관으로 활용되고 있다. ⓒJjw

1924년, 백성들이 자신들의 아픔과 고통을 해방시키기 위해 만들려고 했던 공간이 바로 '열반지'입니다. 당시, 많은 선각자들은 자신만의 열반지를 만들려고 했답니다. 하지만, 그들이 품었던 '민족, 민중해방'의 염원은 제 손으로 이루어지지 못했습니다. 일본을 패망시킨 미국에 의해, 소련에 의해 한반도가 분단된 형태로 민족,

민중해방은 이루어졌습니다. 이런 연유로 이 땅의 수많은 사람들은 스스로 이루지 못한 염원을 각자 안고 살아가는 아픔을 겪어야 했답니다. 지난 100년 동안 친일 매국노들과 그 후손들이 이 나라를 지배하면서 만들어 낸 아픔은 더욱더 커져갔습니다. 그리고 21세기 '각자도생'이라는 시대정신 앞에서 대한민국 시민들은 시시각각 자신의 마음을 잃어버린 채로, 또 다른 삶의 고통까지 진하게 느끼며 살아가고 있습니다.

인왕산 수성동 계곡은 과거부터 수려한 경관과 청청한 물소리로 유명하였고, 조선 후기 중인층으로 이루어진 위항문학인들이 교류하는 무대이기도 했다.

열반지는 친일 매국노들과 그들의 후손들이 만든 100년의 아픔과 개개인이 자신의 마음을 잃어버려 느끼는 통증을 '21세기 뉴 통증 패러다임'에 기초한 '각자도생'의 비법으로 치유하기 위해 서촌에 다시 생겨났습니다.

이제, 100년의 시간의 흐름 속에서 반드시 성공하길 꿈꾸었던 '자주독립과 해방'을, 오늘날 '심리독립과 통증해방'이라는 이름으로, 자기 삶의 주인이 됨으로써 해방의 꿈을 이루는 모습으로 '통증해방: 열반지'에서 확인하실 수 있습니다. 일본 제국주의의 식민통치에서 백성으로 견뎌야 했던 노예생활, 한국전쟁의 아픔, 그리고 군사독재와 문민독재의 권위주의 사회 속에서 진정한 민주 자유를 염원했던 아픔의 역사, 한의 역사를, 2024년 서촌에 부활한 열반지에서 깨끗하게 지워나갈 수 있기를 염원합니다. 이곳이야말로 자유 대한민국 국민들이 각자 마음의 자유를 찾고, 아픔에서 해방되는 공간임을 선언합니다.

● [고두헌의 아침 시편] 서촌에서 만난 200년 전 시인들, 한경신문,
2024.03.28 https://www.hankyung.com/article/202403283516i

열반涅槃 가배咖啡
CAFE NIRVANA

왜, 열반 가배인가?

'통증해방' 건물의 1층인 '열반 가배'는 구한말 가비(커피)의 쓴맛을 단맛으로 느껴야 했던 고종황제의 마음을 담은 공간입니다.

나는 가비(커피)의 쓴맛이 좋다.
왕이 되고부터 무얼 먹어도 쓴맛이 났다.
한데 가비의 쓴맛은 오히려 달게 느껴지는구나.

영화 〈가비〉 중

고종 황제(1852~1919): 조선의 26대 왕이자, 대한제국의 제1대 황제. 1897년 대한제국 선포 후 서양식 양복을 입고 앉아 있는 모습이다.

고종황제께서는 1896년 아관파천 당시, 러시아 공사관에서 일하던 독일 국적의 프랑스인 '손탁Sontag'의 소개로 커피를 처음 접하게 됐다고 알려져 있습니다. 망국의 한을 가배의 쓴맛으로 달래려 했던 고종황제께서 커피의 본맛을 아셨다면, 당신의 마음의 아픔은 조금 더 해소되지 않았을까 상상해 봅니다. 정작 잘 숙성되고 신선한 커피의 맛은 달게 느껴지기 때문이랍니다. 그럼에도 나라를 잃어버린 국왕의 마음은, '쓴맛' 이외에 자신이 다른 맛을 느끼면 안 된다고 믿었을지도 모르겠습니다.

마리 앙투아네트 손탁
(Marie Antoinette Sontag, 1854~1922)

손탁은 프랑스 태생 독일 여성으로 1885년 러시아의 베베르(1841~1910) 공사의 처제(나이로 봐서 추정)로 조선을 방문하였습니다. 그녀는 명성황후의 신뢰를 얻어 궁궐내 서양식 요리와 외빈 접대 일을 맡았답니다. 당시는 임오군란(1882)과 갑신정변(1884) 직후라 콧대가 높아진 청국의 내정간섭이 있었던 시기였답니다. 조선정부는 그 청국이 가장 두려워한 러시아와 긴밀한 접촉을 하면서 청을 견제하는 '인아거청引我拒淸 전략'을 실행하는 임무를 손탁에게 부여했답니다.

1895년, 고종은 조러관계의 연락관 역할을 잘 수행한 손탁에게 한옥 한 채를 하사하였답니다. 그리고 아관파천에서 덕수궁으로 돌아온 이후인 1898년, 대한제국을 선포하고, 덕수궁 건너편 정동 16번지 일대의 400여 평 대지에 양옥을 신축해 주었습니다. 손탁은 이 양옥을 서구풍으로 장식하고 예약제로 투숙객을 받아 운영하는 '손탁빈관'을 시작했답니다. 당시 서구 외교관들과 귀빈들의 조선 방문은 증가했기에 대한제국 정부는 기존 양관을 헐고, 2층짜리 양관으로 재건축한 뒤 손탁에게 경영을 맡겼습니다.

'사진엽서'로 확인할 수 있는 손탁호텔(SONTAG HOTEL)의 전경, 서울역사박물관 소장.

'손탁호텔' 1층은 레스토랑 겸 커피숍으로 커피와 양과자, 빵 등을 판매했습니다. 당시 이곳의 빵은 '면포麵包', 즉, 카스테라 눈처럼 희다 하여 '설고雪羔'라고 불렸다 합니다. 1909년, 손탁은 프랑스인 보에르에게 손탁호텔을 매도한 후 독일로 귀국하였습니다. 그리고, 경술국치를 전후한 1917년 손탁호텔은 문을 닫게 됩니다. 하지만, 당시 체부동 일대에는 '다방'이라는 이름의 공간에서 일반인들도 가배咖啡를 즐기는 일이 생겨나고 있었답니다.

1927년에는 영화감독 이경손이 안국동 네거리에 '카카듀'라는 간판으로 커피 영업을 했답니다. 그리고 천재 시인으로 알려진 이상도 고종 황제와는 조금 다르게 커피를 통해 세상의 쓴맛을 보았다, 혹은 노래했다고 말할 수 있습니다. (그는 열반지 근처에 살았던 것으로 전해집니다.) 그가 1933년에 시작한 '제비'라는 다방은 '쯔루', '식스나인'이란 독특한 이름으로 변신을 꾀하였지만, 종국에는 망하고 맙니다.

이화문

coffee & 咖啡

1927년 영화감독 이경손은 안국동 네거리에 조선인 최초의 다방 카카듀를 차렸다. 사진은 1920년대 일제강점기를 배경으로 한 영화 〈밀정〉의 한 장면 ⓒ워너브라더스코리아

친구들에게 공짜 커피를 듬뿍 나눠주는 인심에 금홍이와의 정신없는 연애가 더해져, 다방의 실질적 운영에 실패한 것이라고 할 수 있겠습니다. 남다른 성격의 시인이 가진 자유로움과 넉넉한 인심이, 당시 대중에게 충분히 이해받지 못하는 그의 작품만큼이나 안타까운 성과를 내게 한 것은 아닐까 싶습니다.

2024년 열반지 1층의 '열반 가배'에서는 고종황제께서 즐겨 드시던, '고종 가배'와 '서울 베이글'을 맛보실 수 있습니다. 이와 더불어 100년 전에 식민지 조선인들이 찾을 수 없었던 '아픔'의 해법을, '21세기 뉴 통증 패러다임'에서 찾고자 하는 분들께서 휴식도 취하고, 담소도 즐기실 수 있답니다.

1933년 시인 이상은 식민지 예술가들의 모임터 역할을 했던 다방을 종로1가에 개업해 '제비'라 이름 붙이고 운영했다. 신문에 실린 다방 제비 광고 ⓒ서울역사박물관

'몸의 아픔'으로부터의 해방, 아픔해방의원

'통증해방' 건물 2층의 아픔해방의원은 '21세기 뉴 통증 패러다임'에 기초하여 신체의 아픔을 치료하는 공간입니다. 몸의 아픔을 중심으로 아픔의 해방을 시도하려 했던, 서양의학의 싹이 조선 반도에서 움트던 시기는 19세기 말입니다. 서구 열강들의 식민지 쟁탈전의 대리인으로 활동하였던 서양의사들은 가장 먼저 '영혼'의 구원자로 이 땅을 찾았지만, 선교활동에 대한 거부감과 저항감을 줄이기 위해, 몸의 아픔을 치료하는 것으로 자신의 활동을 위장했습니다. 영혼을 구원하는 선교사의 역할을 잘 수행하기 위해, 몸의 아픔을 치료하는 역할을 해야 했습니다.

호러스 뉴턴 알렌
(Horace Newton Allen, 1858~1932)

100여 년 전, 극도의 영양실조와 비위생적인 환경 속에서 조선인들은 어딘가 아프고 불편하면 조상이나 신에게 기도를 드리거나, 무당을 찾아가 굿을 했습니다. 혹은 약초의 효능에 기대어 그것들을 달여 마시며 지냈습니다. 당시 조선인들은 아픔을 신의 벌이나 죄의 결과로 믿고 살았습니다. 이 같은 상황 속에서 그들은 환자의 몸의 증상을 파악하고, 다양한 기구를 활용해 외과적인 시술을 행하는 서양의사이자 선교사를 보고 놀랄 수밖에 없었습니다. 그들의 눈에 몸과 마음을 모두 치유하는 서양의사는 서양귀신을 모시며, 환자를 신통한 능력으로 치유하는 일종의 구원자처럼 보여 경탄할 수밖에 없었던 것입니다.

1884년 9월에 당시 은둔의 나라 조선에 파송된 최초의 개신교 선교사였던 '호러스 뉴턴 알렌*Horace Newton Allen*'은 몸과 마음의 아픔을 함께 치료한 의사라 할 수 있습니다. 알렌 박사가 서양의사로 활동한 계기는 1884년 12월 김옥균 등 급진 개화파가 일으킨 갑신정변입니다. 왕후 민비의 조카인 민영익은 자객의 기습으로 칼에 맞아 중상을 입게 됩니다. 이 때, 알렌 박사가 그를 치료한 것을 계기로 그는 고종과 왕후 민비 그리고 왕족의 진료를 맡는 시의侍醫가 됩니다.

이 과정에서 알렌은 서양식 병원의 필요성을 건의합니다. 곧 고종은 1885년 4월 갑신정변으로 역적이 된 홍영식洪英植의 집을 활용하여 제중원濟衆院이라는 최초의 서양의원, 왕립병원을 개원하게 합니다. 제중원의 처음 위치는 현재 북촌의 '헌법재판소' 자리였지만, 1886년에 지금의 을지로입구 명동성당 근처로 옮기게 됩니다.

제중원(濟衆院): 1885년 4월 조선에 최초로 만들어진 서양식 국립병원. 호러스 뉴턴 알렌은 미국으로 돌아가기 전까지 초대원장으로 서양의술을 가르쳤다.

갑신정변 이후, 청은 조선에 대한 종주권을 주장하면서 내정간섭을 더욱 강화하게 됩니다. 이에, 알렌은 조선이 청나라로부터 독립될 것을 기대하면서, 미국에 공사관을 설치할 것을 진언합니다. 1887년, 주미공사로 박정양이 파견되어 미국에서 공사관이 개설되는 과정에 직접 관여합니다. 이를 두고 청의 위안스카이는 강하게 반발하여 주미공사 박정양은 바로 본국으로 소환됩니다. 당시 알렌은 청의 내정간섭에 혐오감을 품고, 일본이 주장해 온 '조선의 절대적 독립'을 지지하는 입장이기도 했습니다. 하지만, 미국 정부가 세운 대한정책의 기본 입장은 겉으로는 불간섭정책이었지만, 일본이 러시아의 남진을 막아주면, 한반도를 차지하더라도 동아시아의 평화가 구현될 것이라 기대하고 있었습니다. 이런 미국의 입장을 파악하지 못한 고종은 알렌의 도움으로 미국의 힘을 빌려 일본 세력의 확장을 막아보려 했습니다. 알렌 또한 이러한 상황을 잘 활용하여 서울의 전기, 전차, 경인철도, 광산 등의 산업부문에 미국 자본을 끌어들이기도 합니다. 당시 아시아 최대 금광인 평안북도의 운산광산의 채굴권이 미국의 모오스J. R. Morse에게 넘어간 배경에는, 바로 민비의 특명이 있었습니다. 민비는 알렌이 10년간 조선정부를 위해 봉사한 것에 대한 답례로 채굴권을 알렌에게 넘겨주라 명령했습니다. 알렌은 1897년 주한 미국 대리공사 겸 총영사를 거쳐 1901년에는 주한 미국 전권공사가 되었습니다. 그렇게 선교사, 의사가 아닌 외교관이 되어 본국의 이익을 위해

적극 활동한 알렌은 1903년 9월 미국으로 돌아갑니다. 그리고 대통령 루즈벨트Theodore Roosevelt에게 미국의 동아시아 정책의 문제를 지적합니다. 그는 러시아가 만주를 평정하고 막대한 자본을 들여 항구와 철도, 도로 등을 건설했기 때문에 만주에서 철병하지 않을 것이며, 미국의 경제적 이익을 극대화하기 위해 조선에서 친러, 반일 정책을 취해야 한다고 역설합니다. 하지만, 일본이 1905년 러일전쟁에서 승리를 거두게 되면서, 미국은 조선에서 미국공사관을 철수하고 맙니다. 조선의 외교권이 박탈된 을사조약이 체결된 뒤, 알렌은 공사관에서 해임된 채로 미국으로 돌아가, 의사로서 활동하면서 여생을 보냅니다. 최초의 개신교 선교사와 서양의사로 이 땅의 사람들의 몸과 마음의 아픔을 치료하려 했던 알렌은 역설적으로 자신의 꿈을 실현하지 못했습니다. 이는 서구 열강의 식민지 정책을 대변하고, 기독교 종교의 교리를 전파하는 역할에 충실할 수 밖에 없었기 때문이라 생각됩니다.

아픔해방의원은 2024년 대한민국 사람들의 '통증해방'을 '열반지'에서 이루려고 합니다. 자기 삶의 주인으로 살고자 하는 누구나 자신의 마음을 읽고, 아픔에서 해방될 수 있다는 '마음해방'을 '몸의 해방'으로 실현합니다. 아픔해방의원에서는 '증상 중심 치료'라는 20세기 현대의학의 한계를 벗어나는 통증 해방을 이루는 다양한 치료와 시술들이 이루어집니다.

'마음의 아픔'으로부터의 해방, WPI심리상담코칭센터

황상민의 심리상담소, 2024년 서울 서촌에서 꽃피다

1994년 심리학자 황상민은 미국 하버드 대학에서 '사회인지발달에 대한 연구'로 발달심리학 박사를 받고, 조국 대한민국에서 '한국인의 심리'를 연구하겠다는 포부를 안고 귀국합니다. 그리고, 세종대학교 교육학과, 연세대학교 심리학과 교수로 한국사람들의 마음을 심층적으로 탐색하고 연구하는 일에 몰두합니다. 그의 한국인의 심리코드에 대한 연구는 다양한 주제와 이슈를 넘나듭니다. 인터넷과 온라인 게임세계의 인간 심리에서부터 짝과 사랑의 심리, 정치인의 이미지, 소비심리, 암에 대한 믿음과 통증심리 등의 다양한 주제와 분야에 관련된 각기 다른 한국인의 마음을 탐구하였습니다.

심리학자 황상민 박사

그 모든 연구들은 '한국인의 심리코드'와 WPI(*Whang's Personality Inventory*) 등 기타 다양한 이슈와 관련된 마음의 MRI 검사를 만들어 내는 토대가 되었습니다.

황상민 교수는 '마음의 MRI'를 활용하여 한국사회의 다양한 문제뿐 아니라, 한국인이 가진 삶의 어려움의 정체를 파악하려 했습니다. 하지만, 2016년 2월 연세대학교는 황상민 교수를 '겸직금지 위반'이라는 엉뚱한 명목으로 교수직에서 해임시킵니다. 해임의 실질적 배경은 황상민 교수가 당시 대통령이었던 박근혜

씨에 대한 대중의 심리를 분석한 연구 내용을 언론에서 언급하고 발표했기 때문입니다. 그의 연구는, '국민들이 박근혜 대통령을 혼군昏君의 의미지로 볼 뿐 아니라, 누군가의 '꼭두각시' 역할을 한다는 믿음을 확인하였다'는 내용이었습니다. 2015년 신동아 잡지에 발표된 이 내용을 접한 권력자와 그 주변부 세력은 황상민 교수를 연세대학교에서 더는 강의하지 못하게 해임합니다. 그들은 공무원에게나 적용되는 '겸직금지 위반'이라는 명목을 '사립대학 종신직 교수'에게 적용하여, 권력자의 본질을 밝히는 사회과학 연구 내용을 대중에게 알리는 행위가 얼마나 위험한지를 보여주었습니다. 이 경험은 황상민 박사에게 한국사회에서 진정 자신이 해야 하는 일에 대해서 다시 생각하고, 행동하게 만드는 계기가 됩니다. 황상민 박사는 해임된 후, 얼마 지나지 않아 자신의 연구 결과가 정확했음을 다시 확인하게 됩니다. 바로, '민간인에 의한 국정농단 의혹 사건'과 '비선실세 의혹 등의 사유로 대통령 박근혜에 대한 국회의 탄핵소추'가 이루어졌기 때문입니다. '혼군'이자 '꼭두각시'였던 당시 박근혜 대통령은 2017년 3월 헌법재판소의 판결을 통해 대통령직에서 파면됩니다.

이후, 황상민 박사는 연세대로 복직하기보다, 대학교수라는 역할 대신 대중심리학자이자 'WPI 심리상담가'로 한국사회에서 삶의 어려움과 마음의 아픔을 겪고 있는 사람들의 마음을 읽어주며, 함께 문제를 파악하고 해결하는 활동에 본격적으로 뛰어들었습니다. 그 시작이 바로 2016년 9월 첫 업로드 된 유튜브 채널 〈황상민의 심리상담소〉입니다.

'황심소(〈황상민의 심리상담소〉의 줄임말)'는 '최고 자살률, 최저 출산율을 기록하는 암울한 대한민국 사회에서 개개인이 가진 마음의 아픔과 어려움의 정체를 파악하여 자기 삶의 주인으로 살 수 있는 방법'을 주제로 대중과 소통하는 방송입니다. 황상민 박사는 이 방송을 통해 개개인이 자신의 마음을 알고, 또 주위 사람 사람의 마음을 알 수 있는 자기 학습과 자기 계발 그리고 자기 삶의 독립을 실현하는 다양한 심리상담과 심리치료 활동에 대해 알리고 있습니다. 누구나 자기 마음을 읽게 되면 자신이 가진 진짜 문제가 무엇인지 파악하고, 자기 삶의 주인이 되어 살 수 있다는 것을 알리고 있습니다.

'황심소'는 개개인이 자기 마음을 읽는다는 것이 무엇인지, 자기 삶의 주인이 된 마음으로 산다는 것이 무엇인지, 라이브로 진행되는 WPI 심리상담과 다양한 형태의 방송을 만들어 전달해왔습니다. 특히, 지난 이십 년간 한국인들이 자기 마음의 아픔을 '정신병'으로 취급하고 '정신병 약'으로 치료한다는 믿음에 문제 제기를 시작했습니다. 무엇보다, 자기 마음을 잃어버린 채로, 정신병 약을 통해 자신을 '약물중독' 상태로 만들어 내는 현대인의 비극적 상황에 대해 경각심을 던지려 했습니다.

정신병이라 진단받는 마음의 아픔은, 마음이 무엇인지 모를 때 겪는 아픔의 표현입니다. '황심소'는 마음이 아닌 '아픔'에 초점을 두어 '의학 치료 모델'로 치료하는 심리상담과 심리치료의 한계도 언급해왔습니다. 현대 정신의학은 환자의 증상을 뇌와 신경계의 이상으로 주장하면서 '마음의 아픔'을 '몸의 아픔'과 구분하지 않습니다. 우울증·불안장애·불면증·사회적응장애·조울증·조현병 등의 병명을 붙일 때, 정신과 의사는 환자의 '뇌와 신경계의 이상'을 언급합니다. 그리고 마약성 진통제로 마음의 아픔을 겪는 환자들의 마음을 죽이는 일

을 치료라는 이름으로 수행하고 있습니다. 정신병 약을 통해 더 많은 사람들이 정신병 환자로 만들어지는 것이야말로, 21세기의 마음의 아픔 치료에서 새로운 비극이 계속해서 탄생하는 것이라 할 수 있습니다. 황상민 박사와 〈황상민의 심리상담소〉는 이것을 막기 위해, 각자 자신의 마음을 읽고, 자신이 가진 '마음 아픔'의 정체를 인식할 것을 주장합니다. 그리고 앞으로도 멈추지 않고, 아픔을 호소하는 한 개인의 아픔의 정체는 바로 개인이 자신에 대해 가진 마음에서 찾을 수 있다는 '21세기 뉴 통증 패러다임'의 메시지를 대중과 공유하고자 합니다.

이제, 유튜브 채널에서 만났던 〈황상민의 심리상담소〉를, 2024년 서촌에 새롭게 자리한 '열반지: 통증해방' 3층 WPI심리상담코칭센터에서 만나실 수 있습니다.

WPI 심리상담센터에서는 자기 삶의 주인으로 살아갈 수 있는 심리상담 서비스를 제공합니다. 그리고, '마음 치유사Mind Healer'로 활동할 수 있는 WPI 심리상담사가 되는 전문 교육 프로그램 역시 운영하고 있습니다.

백년 동안의 아픔!

열반지에서 **마음**을 발견하여
통증으로부터의 해방을 이룹니다.

열반지에서 통증해방은
어떻게 가능한가?

· 몸의 해방: 아픔해방의원

· 아픔의 해방: 21세기 뉴 통증 패러다임의 이해

· 마음의 해방: WPI심리상담코칭센터

방향 이 몸

아픔해방의원

당신의 '아픔'을 사라지게 합니다.
현대의학의 다양한 기술을 통해,
당신의 아픔이 가진 '삶의 의미'를 찾아주는

아픔해방의원

아픔해방의원
김미정 원장

아픔해방의원의 '통증해방'
: 병이 아닌 환자를 살핀다.

이유를 알 수 없는 아픔에 시달리고 있지 않으신가요?

좋다는 병원, 대학병원 다 다녀보았지만 당신이 느끼는
아픔에 대해 '알 수 없다'는 말만 듣지는 않으셨나요?
분명 의사는 '무슨 병'이라 지칭을 했고, 계속 치료는 받고
있는데 증상은 계속 남아있고, 치료 효과는 있는 것 같지
않고요. 뭔가 다른 전문가의 진단과 치료를 받고 싶다면,
당신이 찾아보아야 할 곳은 바로 '아픔해방의원'입니다.

어디에서도 제대로 파악하지 못하는 몸의 아픔, 이유를
알 수 없는 아픔으로 시달리고 있다면 '아픔해방의원'에서
통증으로부터 해방되는 경험을 해보세요.

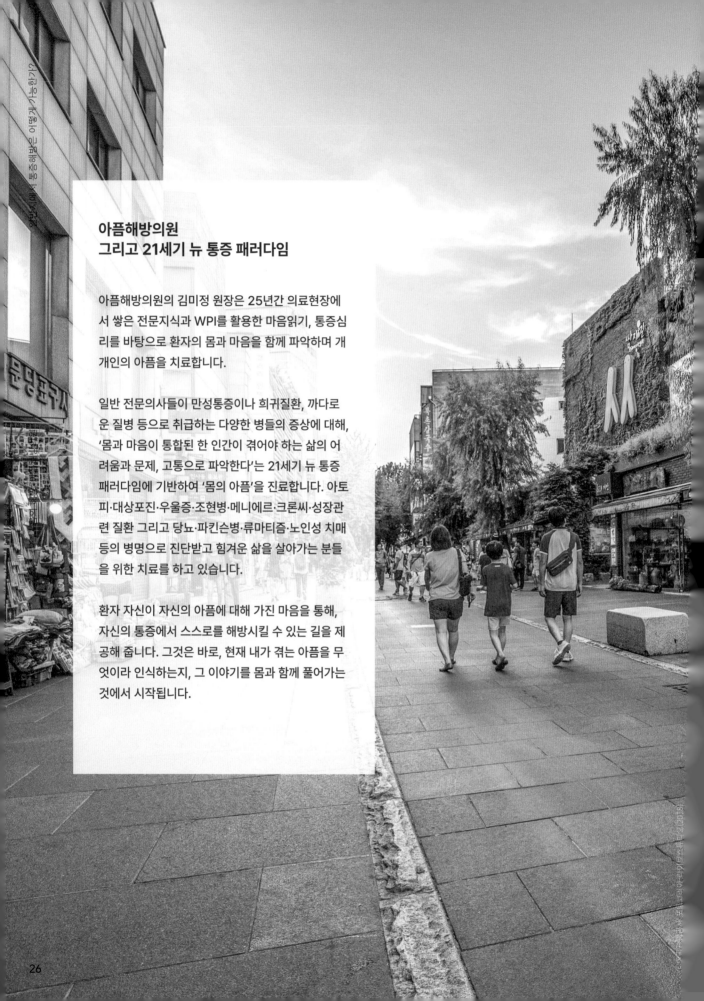

아픔해방의원
그리고 21세기 뉴 통증 패러다임

아픔해방의원의 김미정 원장은 25년간 의료현장에서 쌓은 전문지식과 WPI를 활용한 마음읽기, 통증심리를 바탕으로 환자의 몸과 마음을 함께 파악하며 개개인의 아픔을 치료합니다.

일반 전문의사들이 만성통증이나 희귀질환, 까다로운 질병 등으로 취급하는 다양한 병들의 증상에 대해, '몸과 마음이 통합된 한 인간이 겪어야 하는 삶의 어려움과 문제, 고통으로 파악한다'는 21세기 뉴 통증 패러다임에 기반하여 '몸의 아픔'을 진료합니다. 아토피·대상포진·우울증·조현병·메니에르·크론씨·성장관련 질환 그리고 당뇨·파킨슨병·류마티즘·노인성 치매 등의 병명으로 진단받고 힘겨운 삶을 살아가는 분들을 위한 치료를 하고 있습니다.

환자 자신이 자신의 아픔에 대해 가진 마음을 통해, 자신의 통증에서 스스로를 해방시킬 수 있는 길을 제공해 줍니다. 그것은 바로, 현재 내가 겪는 아픔을 무엇이라 인식하는지, 그 이야기를 몸과 함께 풀어가는 것에서 시작됩니다.

'21세기 뉴 통증 패러다임'에 기초한 아픔해방의원의 치료는 '병이 아닌 환자의 상태를 살핀다'라는 의사 본연의 역할과 사명에 충실하려 합니다. 이것을 위해

> ❶ 몸의 상태를 진단하고, 아픔에 관한 환자의 몸과 마음을 살핍니다.
> ❷ 아픔의 메시지와 몸의 증상이 상호 연결된 방식을 확인합니다.
> ❸ 환자가 자신의 통증에 부여하는 의미를 통해, 환자 자신이 가진
>   '자기 인식self awareness'을 확인하고 변화를 시도합니다.
> ❹ 건강한 자기 인식과 더불어 지속적인 생활 습관의 변화를 통해 누구나
>   자기 삶의 주인으로 살 수 있게 합니다.

아픔해방의원에서는 환자의 증상을 병으로 구분하고 약으로 증상을 제거하는 현대의학의 표준적인 치료 방법에서 벗어나, 환자가 통증과 관련된 자기 마음을 읽을 수 있도록 도와줍니다. 환자는 자신의 아픈 증상을 통해 자기 아픔에 대한 인식을 하게 되면서, 아픔에 대한 자신의 반응이 가진 의미를 파악할 수 있습니다. 통증을 통해 자기 삶을 바꾸면서, 스스로 자기 마음의 주인으로 살아갈 수 있게 됩니다.

김미정 원장의 소명과 가치
: 병이 아닌, '환자의 아픔의 정체'를 파악하라

대한민국 사람들이 느끼고 있는 세계 최저 수준의 행복지수는, 우리의 불행한 삶에 대한 이야기가 아닙니다. 우리 스스로 삶을 아픔으로, 병으로 받아들이고 있다는 것을 알려주고 있습니다. 이런 상황에서 의사가 해야 할 역할은 무엇일까요? 사람들이 더 자주 병원을 방문하도록 하는 것이 의사의 역할은 아니라는 생각을 더 하게 되었습니다.

'소아청소년' 전문의 수련 이후, 지난 25년간 아픔에 시달리는 사람들을 만나, 그들의 증상을 분류·진단하여 병명을 붙이는 의사의 역할에 충실하려고 노력했습니다. 각자가 호소하는 아픔에 대한 가장 적절한 치료법을 찾아 그들이 아픔에서 벗어나게 하는 것이 의사의 역할을 잘 하는 것이라 믿고 살아왔습니다. 임상 장면에서 부딪히는 알 수 없는 다양한 사례들 속에서 매번 새롭게 업데이트 되는 현대의학 교과서와 논문들을 통해 더 나은 병의 치료법을 찾기 위해 고민했습니다. 환자의 아픔을 더 잘 치료하는 비법을 찾고 싶었기 때문입니다.

의대에서 교과서로 배운 것들은 모두 몸의 아픔에 초점을 둔 것이었습니다. 졸업 후 수십 년간 의사 생활을 하면서도 모두 몸의 아픔에 맞춰 증상을 기계적으로 제거 또는 처리하는 일의 반복이었습니다. 대부분의 의사들이 비슷할 것입니다. 이 과정에서 정말 제대로 파악하지 못한 것은 '몸이 아픈 환자가 자신에 대해, 자신의 아픔에 대해 가진 마음'이라는 것을 알게 되었습니다.

어느 순간 아픔을 호소하며, 병원을 맴도는 수많은 환자들이 겪고 있는 다양한 병에 대해 다시 생각해 보게 되었습니다. 의사들은 환자의 아픔에 대해 '병'이라 이름 붙이고, 나름 다양한 치료를 합니다. '그런데, 그 병은 왜 생겨나는 것일까? 그리고, 내가 분명 최적의 치료법을 찾아 적용하는데, 왜 때로는 기대한만큼 효과가 없는 것일까?' 그렇게 환자들이 앓는 병과 치료 방법에 대한 근본적인 질문을 하게 되었습니다.

환자의 몸의 아픔을 마음으로 파악하며 치료할 수 있다는 생각은 황상민 박사님의 WPI 검사를 통한 '마음의 MRI' 이야기를 처음 접하였을 때 가지게 되었습니다. 하지만, 임상 장면에서 환자 개인의 마음을 안다는 것은 불가능한 일처럼 느껴졌습니다. 하지만, WPI 검사를 통해 환자의 마음을 읽고, '통증검사 WPC & WPR' 검사를 배우게 되면서, 아픔에 대한 새로운 눈을 뜨게 되었습니다. 이제는 환자들이 보여주는 다양한 병의 증상에 대해 완전히 새로운 통찰을 가질 수 있게 되었습니다. 아픔이 단순히 몸의 문제 때문만이 아니라는 것을 각기 다른 환자의 아픔에서, 통증 진료의 과정에서 구체적으로 더 잘 확인할 수 있게 되었습니다.

황상민 박사님의 WPI 검사와 통증검사를 통해 몸의 증상으로는 결코 확인할 수 없는 환자 개개인의 마음을 읽을 수 있게 된 후 생긴 변화입니다. WPI 마음읽기와 통증심리를 알게 된 후, 저는 더 이상 '병의 원인'을 고민하지 않게 되었습니다. 표준적인 치료방법을 넘어선 효과적인 치료방법을 찾기 위해 더 이상 고민할 필요가 없게 되었습니다. 왜냐하면, 각기 다른 환자들이 보여주는 통증의 증상을 통해 그들의 아픔의 정체를 더 잘 파악할 수 있었기 때문입니다.

환자가 자신의 아픔에 대해 가진 구체적인 믿음을 파악하게 되면서, 어떻게 환자가 자신의 몸의 아픔으로, 아니, 신체 증상으로 자기 마음을 표현하는지 생생하게 파악할 수 있게 되었습니다. 환자의 아픔은 병에 걸렸기 때문이 아니었습니다. "환자가 무슨 병에 걸렸는지 고민하지 말고, 그 병이 어떤 사람에게 생기는지 고민하라"고 말한 현대의학의 아버지라 할 수 있는 윌리엄 오슬러*William Osler(1849-1919)*경이 한 말의 의미를 다시금 깨달을 수 있었습니다. 환자의 병이 아닌 환자의 마음을 읽는 것이 바로 환자의 아픔의 정체를 파악하고, 또 병을 치료하는 기본이 된다는 것을 다시금 깨우치게 되었습니다.

윌리엄 오슬러(William Osler, 1849-1919)

환자의 몸으로 표현하는 다양한 병의 증상은 환자의 생활과
자신의 아픔에 대한 믿음과 연결되어 있습니다.
환자가 누구이며, 어떤 사람인가를 파악하는 것으로
환자의 아픔을 더 잘 치료할 수 있다는 의미입니다.

아픔해방의원에서 '21세기 뉴 통증 패러다임'에 기반하여,
자신의 통증이 자신의 삶에 어떤 의미를 가지고 있는지를
확인함과 동시에 아픔에서 벗어나는 방법을 함께 찾아보게
될 것입니다.

아픔해방의원의 진료
: 20세기 현대의학과 심신의학의 한계를 뛰어넘어

'몸'이 '마음'을 대신하여 자아self를 '아픔'으로 표현할 수 있다.

하지만, 병이 될 때 아픔은 몸의 감각으로만 인식된다.

의미를 가진 아픔은 자기self를 의식하는 '마음'이다.

마음의 아픔에 의미를 부여할 때, 아픔은 사라지거나 적어도 견딜만해진다.

©한국관광공사 포토코리아·박은경(2012)

21세기 뉴 통증 패러다임은 현대의학의 한계와 '심신의학'의 통념에서 벗어나 현대인이 겪는 아픔의 정체를 파악하고 해소하는 일입니다. 무엇보다 이 패러다임은 개개인이 가진 '의식하는 마음'의 중요성과 이 마음이 작용하는 방식에 초점을 둡니다. 고대 그리스 신화에서 자기 삶을 살지 못하는 신은 운명의 사슬에 묶여 필연적인 고난과 고통을 겪듯이, 우리는 자신의 마음을 인식하지 못하는 경우 어쩔 수 없는 아픔을 병으로 겪게 됩니다.

'자신의 삶을 살지 못하는 개개인이 겪어야 하는 고난과 고통' 그 자체를 현대의학에서는 다양한 병명으로 언급합니다. 따라서, 현대의학에서 다루는 아픔과 병의 핵심 치료법은 '스스로 자기 삶의 주인이 되어 살아가는 것'에서 찾아야 할 것입니다.

21세기 대한민국의 우수한 의료 시스템은 수많은 사람들을 다양한 병명으로 분류하여 '아픔의 종'으로 살게 하고 있습니다. 병원의 치료라는 활동은 영문도 모른 채로, 자기 삶의 의미를 잃어버린 수많은 사람들을 마치 온갖 병의 증상들로 가득한 저수지 속에 밀어 넣고 있습니다. 병의 전문가인 의사들에 의해 자신의 아픔이나 고통을 병으로 진단받는 순간부터 우리는 '환자'라는 새로운 정체성을 얻고, 자신이 겪는 아픔의 정체에 대해 더 이상 알아볼 겨를도 없이 마치 주인의 명령을 충실히 따르는 종처럼 끌려가게 됩니다.

자기 삶의 의미를 잃어버린 수많은 사람들은 자신의 몸을 통해 병의 증상을 나타냅니다. 자기 마음의 이야기에 귀를 기울일 수 없기에, '아픔'의 고통에 시달릴 뿐입니다. 이것이 바로, 자기 삶에 대해 가진 자신의 믿음, 자기 마음이 만들어 내는 아픔의 정체입니다. 어떤 한 사람의 정체, 삶의 모습이 바로 그 사람이 겪고 있는 다양한 아픔의 증상으로 표현되는 것입니다.

이런 아픔에서 벗어나기 위해서는 우리는 자신에게 질문을 던져야 합니다. '자신이 누구이며, 자신이 어떤 삶을 만들어 나가고 있는지, 자신이 어떤 마음으로 자기 몸에 어떤 명령을 내리고 있는지'를 인식해야 합니다. 자신이 겪고 있는 아픔에 대해 어떤 의미를 부여해야 하는지 알아야 합니다.

'아픔해방의원'에서 이루어지는 '21세기 뉴 통증 패러다임'은 의사가 환자에게
치유의 은총을 하사하며 생명의 구원자 역할을 한다는 통념적 의료 패러다임에서
벗어나려는 노력입니다. 25년차 전문의 생활을 하고 있는 의사인 저 자신의 역할
과 정체성을 분명히 하는 활동이기도 합니다.

의사는 환자가 자신의 아픔의 정체를 잘 파악하고 또 아픔에서 벗어날 수 있도록
도와주는 사람입니다. 저는 '아픔해방의원'에서 아픔을 겪는 환자의 '동반자'로
의사의 역할을 새롭게 규정하면서, 환자가 자신의 아픔에서 해방될 수 있도록 노
력하고 있습니다. 환자의 몸뿐 아니라, 환자 개개인이 겪고 있는 삶의 고통을 누구
보다 잘 치료하는 의사의 역할을 하려 합니다.

'아픔해방의원'에서는 환자가 몸으로 표현하는 아픔뿐 아니라,
마음을 통해 겪는 다양한 아픔도 다룹니다. 각 사람들이 몸으로
표현하는 다양한 만성통증과 질환은 위염·아토피·대상포진·우울증·
조현병·파킨슨·당뇨·비만·자궁근종·파킨슨병·류마티즘·노인성 치매·
메니에르병·크론씨병 등의 다양한 병명으로 불릴 수 있습니다.

하지만, 그것은 모두 현재 힘겨운 삶을 살아가는 분들이 호소하는
다양한 아픔에 의사가 병명을 붙인 것일 뿐입니다.

환자가 의사로부터 받은 병명이 무엇이든지 관계없이, 환자가
자신의 아픔에서 해방될 수 있는 치료를 아픔해방의원에서 하고
있습니다. 그것이 바로 '21세기 뉴 통증 패러다임'에 근거하여
진행되고 있는 치료라 할 수 있습니다.

심신의학과는 다른, 아픔해방의원
: '마음읽기'를 통해, '아픔 그리고 환자라는 정체성'과 작별하자

아픔해방의원에서는 대학병원 등에서 '아토피'나 '대상포진', '우울증', '조현병', '파킨슨', '당뇨', '메니에르', '크론씨' 등의 다양한 병으로 진단된 만성통증 환자들을 위한 최적의 치료방안을 찾아냅니다. 그것은 마음과 몸의 관계를 통해 병의 원인을 찾으려 했던 '심신의학Psychosomatic Medicine'의 전통과는 완전히 다른 토대에서 이루어지는 의료 활동입니다.

아픔해방의원은 '21세기 뉴 통증 패러다임'에 기초하여 각 사람들이 가진 아픔을 진단하고 치료하고자 합니다. 이것은 바로 '20세기 현대의학의 한계'를 극복하고자 하는 노력입니다. 현대의학은 과거 종교를 대신하는 절대적인 권위와 신뢰를 대중으로부터 받았지만, 정작 의학이 이룬 결과는 그리 자랑스럽지 않습니다. 왜냐하면 많은 사람들을 병으로부터 해방시키기는커녕 약으로 또는 아픔의 노예로 만들었다고 보여지기 때문입니다. 신체적으로 나타나는 아픔의 증상을 제거하는 것에 초점을 둔 현대의학은 점점 더 약에 의존하는 치료법에 빠져들고 말았습니다. 결과적으로 환자들은 아픔의 노예로, '약물(물질) 중독' 상태에 빠지고 말았습니다.

21세기 현대 사회에서 인간은 '자신이 누구인지', '어떤 사람으로 살아야 할지 모를 때', '환자'라는 새로운 정체성을 마치 새로운 신분처럼 기꺼이 수용하고 있습니다. 사람들은 아픔을 통해 자기 삶의 주인이 되기보다 '병의 노예'가 되는 길을 선택한 것 같습니다. 이런 상황에서 의사로서 활동하는 것이, 누군가의 아픔을 병이라 진단하는 것이 또 다른 노예를 만들어 내는 '아픔의 노예상인'이 되고 만다는 사실을 느꼈습니다. 가장 대표적인 영역이 마음의 아픔을 겪는 사람들과 관련된 의료 분야입니다.

20세기 내내 대중들은 현대 사회에서 일어나는 '인간의 마음의 아픔'에 대한 진단과 치료법을 간절히 바랬습니다. 하지만, 마음의 아픔을 치료한다는 '정신과 의사'들은 마음이 아닌 신체 기관의 일부인 '뇌와 신경계의 오류'로 인해 마음의 아픔이 일어난다고 잘못 진단하였습니다. 그리고, 인간의 비정상적인 이상심리와 행동을 약물을 통해 진정, 억제시키면서 마음의 아픔을 가진 환자들을 거의 '약물중독' 상태에 두게 합니다. 의사의 역할이 '아픔으로부터의 해방'이 아닌, 다양한 병명으로 아픔의 노예를 만들어 내는 것이 아닌지 의구심을 가지게 되었습니다.

수천 년 전에 부처님이나 예수님과 같은 성현들은 '열반涅槃'이나 구원의 메시지를 통해 아픔의 노예로 살고 있는 사람들을 구원해 주셨습니다. 하지만, 종교의 속박이나 사회 신분의 속박, 경제적 결핍 등의 사회적 어려움에서 비교적 자유롭게 된 21세기, 인간은 '자기 인식'의 결여라는 더 큰 문제를 겪고 있습니다. 인간이 가진 아픔은 병이 아니라 '자기 자신self'이 누구인지 알지 못할 때, 어떻게 살아야 할지 모를 때 생겨나는 마음과 몸의 표현입니다. 우리 각자가 자기 삶이 어떤 의미를 가지는지를 모를 때 일어나는 상태가 '아픔'입니다. 아픔해방의원과 WPI심리상담코칭센터에서는 몸과 마음의 해방을 이루려합니다.

20세기 초, 현대의학은 '심신의학'이라는 이름으로 마음이 몸에 미치는 영향을 파악하고 이해하려 했습니다. 환자의 마음이 병의 증상을 유발한다는 믿음을 만들어 내면서, 현대의학이 파악할 수 없는 '환자 스스로 자신을 치료하는 힘'을 강조하기도 했습니다. 병의 원인을 민감한 환자의 특성이나 주위 환경의 영향때문에 일어나는 것으로 돌렸습니다. '스트레스'나 '트라우마', '가족', '환경' 등과 같은 이유들을 언급하면서, 점점 더 많은 사람들을 병의 노예로 만들었습니다.

21세기 뉴 통증 패러다임에 기초한 통증해방은 환자 개인이 자신의 삶에서 겪는 아픔의 정체를 뚜렷하게 인식하는 것에서 시작합니다. 각 개인의 '심리독립', '마음해방', '통증해방'을, 통증이 삶에 던져주는 의미를 찾고 부여하며 이루어 냅니다. 우리의 삶이 통증을 통해 더욱 더 '잘 살아가기', '더 잘 살아남기'의 의미를 새롭게 발견할 수 있게 합니다.

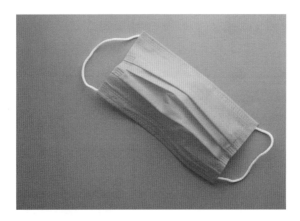

몸은 단순히 병의 증상을 보여주는 도구가 아니다.
환자는 자신의 몸을 통해 자신이 가진 마음을 표현한다.

환자는 자신의 아픔의 증상을 통해 자신이 누구이며,
현재 어떤 삶을 만들고 있는지를 알려준다.
아픔은 무조건 제거하고 없애 버려야 하는 병의 증거이자 처치의 대상이 아니다.
의사가 환자의 마음을 읽을 수 있는 중요한 단서들이다.

의사는 환자가 더 이상 '병의 노예', '아픔의 인질'이 되지 않도록 치료할 수 있다.
환자가 고통에 시달리지 않고 자기 삶의 주인으로 건강하게 살아갈 수 있게 인도할 수 있다.
의사가 환자의 몸의 증상뿐 아니라 마음을 읽어줄 수 있을 때,
환자는 자기 아픔을 통해 새로운 삶의 이정표와 여정을 만들어 갈 수 있다.

몸과 마음의 아픔을
함께 치료하는,

아픔해방의원의
진료 사례

'아픔해방의원'에서 이루어진 구체적인 진료 사례는 모두 현대의학의 진단분류 기준에 의해 각기 다른 질병의 이름으로 진단된 질병 치료 사례입니다. 1차 병원 이상, 대학병원의 교수님에 의해 최종적으로 진단받고 오랫동안 환자로 겪은 아픔에 대한 진료 사례입니다. 동네병원이 아닌 대학병원까지 찾아가서 교수님으로부터 병명과 치료를 받았지만, 별 효과를 볼 수 없다는 호소와 함께 찾아온 사례입니다.

아픔해방의원에서는 난치병, 불치병이라 불리우는 아픔을 겪는 환자들을 위해, 또 환자의 마음은 보지 않고 몸의 증상만으로 보는 방식의 치료가 기대하는 효과를 내지 못할 때, 아픔에서 벗어날 수 있는 다양한 의료 서비스를 제공합니다.

사례1 ●──── 대학병원에서 신생아 청색증과 무호흡증을 '뇌전증'으로 진단받은 부모에 대한 진료 상담

사례2 ●──── 'ADHD' 정신과 약을 3년 이상 먹은 아이의 아픔을, 약을 끊게 하면서 치료한 사례

사례3 ●──── 디스크 수술을 받은 후, 다시 수술을 고려하던 70대 파킨슨병 어르신의 치료 사례

사례4 ●──── '아토피'는 불치병이라는 믿음으로 자신의 아토피를 포기한 교사의 치료 사례

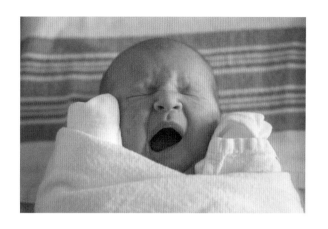

사례1

대학병원에서 신생아 청색증과 무호흡증을 '뇌전증'으로 진단받은 부모에 대한 진료 상담

태어난 지 일주일이 된 신생아가 급작스럽게 청색증을 보였습니다. 아이는 산후조리원에서 급히 해당 지역의 대학병원으로 전원 조치되었고, 그때부터 온갖 검사를 하였지만, 아이의 상태는 점점 악화될 뿐이었습니다. 아이의 부모가 두꺼운 진료 기록지를 들고, 대학병원 교수님이 설명해 주지 않는 아이의 상태, 아이의 병을 어떻게 해결할 수 있을지 알기 위해 아픔해방의원에 찾아왔습니다.

김미정 원장은 가장 먼저 조산아로 태어난 아이의 상황에 대해 하나하나 질문하기 시작했습니다. 아이는 언제 어떤 상황에서 일찍 태어나게 되었고, 조리원에서 있을 당시 어떤 일이 있었는지, 또 대학병원에서 아이가 받은 처지에 대해서도 물었습니다. 그리고 병원에서 받아온 차트를 부모와 함께 한 줄 한 줄 읽어가며, 대학병원의 의사가 아이를 어떻게 치료하고 있는지, 쉽게 말해, 대학병원 소아중환자실의 시스템 속에서 담당의사가 아이의 상태를 어떻게 진단했고, 그 진단의 결과 어떤 치료가 이어졌고, 그것이 아이의 상태와 어떤 연관이 있는지 병원 담당의사의 마음과 논리를 읽어 설명해 주었습니다.

그리고 아이가 잘못될까 불안에 떨며 자책하는 부모에게 조산아의 4분의 1이 이와 같은 무호흡증과 청색증을 보일 수 있으며, 그것은 일정 기간이 지나면 사라질 증상이라는 설명해 주었습니다. 그리고 대학병원에서 일반적이지 않다는 설명을 들으며 뇌전증에 무게를 두고 온갖 처치를 받고 있는 아이를 어떻게 안정시켜 집으로 데리고 돌아와 돌볼지 알려주었습니다. 두려움에 떠는 한 가족의 마음의 아픔을 읽어주고, 그것을 부모가 스스로 해낼 수 있게 조산아와 부모 모두를 위한 진료 컨설팅을 진행했습니다.

> ✓ 김미정 원장은 대학병원 소아청소년과에서 오랜 시간 교수생활을 하였습니다. 덕분에 소아청소년 그리고 신생아분야와 같은 특수한 영역에 속한다고 믿는 환자나 보호자에 대해서도 그들의 마음, 의료진의 마음 등을 읽으면서 전문적인 진료 조언과 상담을 제공하고 있습니다.

사례2

'ADHD' 정신과 약을 3년 이상 먹은 아이의 아픔을, 약을 끊게 하면서 치료한 사례

초등학교 4학년인 아이는 교사와 약사인 부모 아래에 태어난 세 자녀 중 맏이로, 아이는 지난 3년 동안 ADHD약을 먹고 있었습니다. 아이의 상태를 처음 진단한 정신과 의사는 아이의 이모였고, 아이를 위해 최고로 좋은 약을 가장 잘 처방해주었다고 믿었습니다. 하지만 아이는 약을 먹는 3년 동안 상태가 나아지지 않았습니다. 사실 나아지기는커녕 가족 중에 이 아이가 있다는 것을 부모조차 인정하고 싶지 않은 상태가 되었습니다.

처음 김미정 원장에게 아이를 진료해달라 요청한 분은 아이의 할아버지로, 그는 김미정 원장의 은사님이었습니다. 김미정 원장이 ADHD나 기타 정신병으로 진단된 아이들에 대해 정신과 약을 먹지 않게 하고, 아이의 병을 치료하고 있다는 사실을 전해들었기에 시작된 요청이었습니다. 현재 대한민국의 거의 모든 의사들이 환자가 정신병으로 진단된 경우, 정신과 약을 반드시, 지속적으로 먹어야 한다는 통념 속에서 진료를 합니다. 그런 상황에서 김원장의 '정신병 약에 의존하지 않은 아이의 발달장애와 정신병에 대한 치료'는 획기적인 뉴스였던 것입니다.

아이와 부모는 김원장의 진료를 받기 시작하면서, 3년 동안이나 복용하였던 약을 바로 끊었습니다. 그리고, 한달에 한두 번의 상담과 아이의 상태에 대한 적절한 조치를 통해, 조금씩 집에서 무시되고 잊혀지던 아이는 새로운 관심의 대상이 되었습니다. 학교에서의 생활도 극적인 변화가 일어날 수 있었습니다. 무기력하게 항상 멍한 상태로 지내다가 때로 발작적인 행동이나 감정 폭발을 하던 아이가 더 이상 그런 모습을 보이지 않게 되었던 것입니다. 스스로 자신이 무엇을 해야 할지 생각조차 하지 않았던 아이가 자신이 처한 현재 상태에서 부모와 어떻게 관계를 맺어야 할지, 자신이 학교에서 공부를 왜 해야 하는지에 대해 고민하는 상태로 바뀌었습니다. 김원장으로부터 진료를 받게 된, 또 다른 3년 이후 동안의 변화입니다.

지금은 부모조차도 아이가 3년 이상이나 ADHD와 관련된 정신병 약을 먹었다는 것을 거의 기억하지 않으려는 상황입니다. 아주 짧은 기간 동안 약을 먹인 것은 맞지만, 정신병에 걸렸다는 생각은 한 번도 하지 않았다고 합니다. 부모가 이해할 수 없는 행동을 하는 아이는 '정신병'에 걸린 것이 아니라, 아이마다 각기 다른 발달과정, 마음의 성장 과정을 부모가 이해할 수 없는 상황이라는 것을 알려주는 사례라고 할 수 있습니다.

대학병원에서 디스크 수술을 받은 후, 다시 수술을 고려하던 70대 파킨슨씨 병 어르신의 치료 사례

아픔해방의원에서 멀리 떨어진 지방에 살던 칠십대 어머니를, 오십대 딸이 모시고 방문했습니다. 십 년 전, 허리 수술을 받은 노모는 수술 후에도 사라지지 않은 허리 통증에 괴로워하며 재수술을 고려하고 있었습니다. 김미정 원장은 노모의 아픔이 언제 어떻게 시작되었고, 어떤 진단을 받고 수술을 받았는지 이전 진료 기록들을 모두 읽고 노모를 만나 그녀가 말하는 통증에 대해 확인했습니다.

노모가 첫번째 수술 이후, 다시 허리 통증을 느끼게 된 것은, 그녀가 구십대 시어머니의 병수발을 집에서 들던 시점이었습니다. 오십대 딸도 처음 알게 된 그 사실에 깜짝 놀랐습니다. 잠시만 상상해봐도 어머니의 부담과 아픔이 이해되었기 때문입니다. 그렇게 칠십대의 여성이 구십이 다된 와 병중의 시모를 돌보는 것은 엄청난 부담이자, 아픔이었습니다. 누구도 도와주지 않던 그 병수발은, 시모를 요양원으로 모시면서 끝이 날 수 있었지만, 그것 역시 착하고 심성 여린 그녀에겐 마음 편한 일이 아니었습니다.

김미정 원장은 진료실에서 노모가 경험했던 삶의 무게와 부담감을 읽어주며 노모가 아프다고 하는 허리부위에 도수 치료를 진행했습니다. 그녀의 삶을 지탱하던 허리의 근육 하나하나를 만지고 풀어주며, 그녀가 말로 다 표현하지 못했던 아픔이 몸으로 드러났다는 것을, 환자가 은연중에 서서히 깨닫게 도왔습니다. 그리고 그 아픔에서 스스로 나아질 수 있다는 믿음이 통증에서 그녀를 해방시킬 수 있다는 것을 약물치료, 도수 치료를 하는 과정에서 끊임없이 확인시키며 일상생활에서 규칙적인 운동까지 실시하게 함으로써 노모가 환자의 정체성에서 벗어나 건강한 노년의 삶을 스스로 살 수 있게 도움을 드렸습니다.

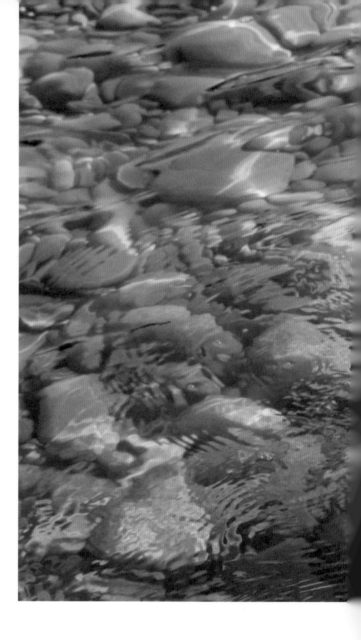

사례4

'아토피'는 불치병이라는 믿음으로
자신의 아토피를 포기한
교사의 치료 사례

아토피는 정말 잘 낫기 힘든 병이라고들 합니다. 그래서 몇 년씩 혹은 수십 년씩도 아토피에 시달리며 사는 분들이 많습니다. 김미정 원장의 진료실에 찾아온 이십대 후반의 여성 한 분이 아토피로 고생 중인 발등을 내보였습니다. 지치고 우울한 기색이 가득한 여성은 몇 년째 앓는 아토피로 인해 본연의 피부색마저 잃어버린 발등을 차마 보지도 못했습니다. 김미정 원장은 이 아픔은 언제 어떻게 시작되었는지, 그리고 아토피를 치료하기 위해 어떤 시간을 보냈는지 여성의 이야기에 귀를 기울였습니다.

여성은 어린아이들을 돌보는 교사로 예민하고 섬세한 마음을 지닌 사람이었습니다. 그녀는 자신의 병이 낫기 어렵다 믿으며 매일 밤마다 더욱 가려워지는 발등을 보는 것이 힘들어 불을 끄고 소독약으로 발등을 벅벅 문지르며 눈물을 흘렸습니다. 김미정 원장은 그 아프고 힘든 마음을 하나하

나 읽어주면서, 그녀에게 아토피는 충분히 나을 수 있는 병이라고 설명했습니다. 어떤 병을 두고 치료하기 어렵다고 한다고 해서, 그 병이 절대 나을 수 없는 병이라 생각할 필요가 없다고 했습니다. 아픔에서 나을 수 있다는 믿음, 더 나은 삶을 살 수 있다는 믿음만큼 사람의 아픔을 치유하는 위대한 힘은 없기 때문입니다.

김미정 원장은 아토피를 치료할 수 있는 병이라고 믿고 환자를 진료하였습니다. 이번 사례의 여성 역시, 김미정 원장의 진료와 치료를 통해 자신의 마음이 어떠한지 확인하고, 그와 더불어 몸까지 치유되는 경험을 하였습니다. 그렇게 고칠 수 없다 믿었던 아토피를 치료한 후, 여성은 다가올 여름에는 깨끗하게 치유된 발등을 아름답게 드러낸 채 해변을 걸을 기대도 하게 되었습니다.

마음을 잃어버려 아픈 당신은,
마음을 읽게 되면서 아픔에서 해방된다

아픔이 향해

21세기
뉴 통증 패러다임의 이해

21세기 뉴 통증 패러다임
: 현대인의 아픔과 병의 정체에 질문을 던지다

ⓒ한국관광공사 포토코리아-김지호(2011)

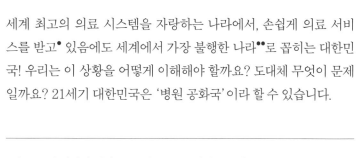

세계 최고의 의료 시스템을 자랑하는 나라에서, 손쉽게 의료 서비스를 받고● 있음에도 세계에서 가장 불행한 나라●●로 꼽히는 대한민국! 우리는 이 상황을 어떻게 이해해야 할까요? 도대체 무엇이 문제일까요? 21세기 대한민국은 '병원 공화국'이라 할 수 있습니다.

"2021년 병원의 병상 수는 인구 1,000명당 12.8개로
OECD 국가 중 가장 많다. OECD 평균 4.3개의 약 2.9배에 달했다.
이 중 급성기 치료병상은 인구 1,000명당 7.3개로
OECD 평균 3.5개보다 2배 이상 많다.

2021년 국민 1인당 의사에게 외래 진료를 받은 횟수는 연간 15.7회로
OECD 회원국들 평균 5.9회보다 약 2.6배 높은 수준이다.
더욱이, 입원환자 1인당 평균 재원일수는 18.5일로 OECD 국가 중에서
일본의 27.5일 다음으로 길었다. OECD 평균은 8.1일이었다."

출처: 청년의사(http://www.docdocdoc.co.kr) 2023.07.25

기사 내용처럼 21세기 이 땅의 사람들은 다른 선진국 사람들에 비해 더 많은 아픔을 호소하고 있습니다. 더 자주 병원을 방문하고, 더 많은 시간을 병상에서 보냅니다. 이것은 어떤 현실을 알려주는 것일까요? 대한민국의 잘 갖춰진 의료 시스템을 자랑스럽고 뿌듯하게 여기면 될 일일까요? 의료진이 이렇게 더 많은 환자들을 위해 열일하고 있다는 것에 감사함을 표하면 좋을 일일까요? 혹, 많은 의사 선생님들이 잘 갖춰진 의료 시스템 속에서 더 많은 환자를 만들어 내고 있다고 생각할 수도 있을까요? 그렇다면 의사 선생님들은 마냥 더 많이 생겨나는 환자들을 열심히 돌보는 데 무엇이 문제일까요?

여기까지 꼬리에 꼬리를 무는 질문을 하다 보면, 마침내 이 상황에 대해 이렇게 묻게 됩니다. 어째서 21세기 선진 대한민국에서 사람들은 왜 더 많은 아픔과 통증에 시달리며, 더 자주 더 많이 병원을 전전하는 환자가 되는가 하고 말입니다.

● 'OECD 주요국의 1인당 연간 의료기관 방문횟수' 2012~2021년 기준, 한국 최다 https://www.index.go.kr/unity/potal/indicator/PotalIdxSearch.do?idxCd=4240&sttsCd= 424002
●● 'OECD 주요국의 삶의 만족도' 2020년 기준, 한국 최저 https://www.index.go.kr/unity/potal/indicator/PotalIdxSearch.do?idxCd=4274&sttsCd=427402 'OECD 주요국의 자살률' 2003~2020년 기준, 한국 최고 https://www.index.go.kr/unity/potal/indicator/PotalIdxSearch.do?idxCd=5091&sttsCd=509102

'21세기 뉴 통증 패러다임'은 살아있는 각 사람들이 경험하는 '아픔'의 문제, 또는 병원에서 '통증'이라며 제거하려고 하는 아픔의 정체를 분명히 파악하여, 각 사람들이 겪는 아픔의 문제를 해결하는 새로운 '통증 치료법'입니다. 지금까지 우리는 통증의 문제를, 아픔을 겪는 사람들이 가진 '몸의 문제'로 보았습니다. 하지만, '21세기 뉴 통증 패러다임'에서는 인간 개개인이 가진 각각의 통증에 대한 이슈의 해법을 아픔을 호소하는 사람의 마음(믿음belief)에서 찾으려 합니다. 왜냐하면, 사람들이 호소하는 아픔의 증상은 몸으로 나타나지만, 정작 아픔이 생겨나는 원인은 그 사람의 마음에 있기 때문입니다.

20세기 의학에서는 환자들이 호소하는 아픔과 통증의 문제를 전적으로 몸의 문제, 즉 생물적인 이유나 신체 장기의 기계론적 작동 과정에서 생겨나는 오류의 문제로 보려 했습니다. 아픔의 증상을 중심으로 아픔의 정체를 파악하려 했고, 증상을 없애는 것을 치료라고 믿었습니다. 하지만, 인간의 아픔에는 몸으로 증상을 나타내는 것 이외에 아픔을 만들어 내는 마음이 있습니다. 그러나 현대의학은 아픔을 만들어 내는 인간의 마음에 대해서는 전적으로 무시하거나, 알 수 없는 존재로 생각하여 신체 상으로 나타나는, 겉으로 드러나는 증상을 병으로 이름 붙이고 그 증상을 제거하는 데에 초점을 두었습니다. 하지만, 우리가 '질병'으로 인식하는 모든 아픔이나 '통증'은 몸으로만 파악되어야 하는 일이 결코 아닙니다. 통증을 신체의 문제, 세균이나 바이러스 또는 외상 등 외부 환경으로 발생하는 불행한 사건으로 보는 것은, 마치 중세에서 사람들은 평평한 땅으로 이루어진 세상 속에 살고 있고, 태양, 달, 별과 행성들이 모두 지구를 중심으로 돌고 있다는 '천동설'을 믿고 있는 것과 같습니다.

'아픔'은 우리의 몸이 아닌 마음에 의해 만들어지며, 우리 몸을 통해 병의 증상으로 확인됩니다. 이런 생각은 마치 세상을 천동설에서 지동설로 보는 것이며, 이는 곧 인간의 아픔에 대한 인식을 몸에서 마음 중심으로 새로이 전환시켜, 인간 개개인을 아픔에서 벗어날 수 있게 돕는 '21세기 뉴 통증 패러다임' 입니다.

©한국관광공사 포토코리아-김지호(2011)

마음을 상실한
인간의 아픔과
치료의 역사

마음을 상실한
인간의 아픔과
치료의 역사

- 아픔에 대한 인간의 믿음: 에덴동산에서 추방된 인간에게 내려진 형벌
  그리고 의사가 치료해야 할 몸의 문제
- 아픔을 치료하는 존재의 등장: 성직자, 악령을 퇴치하여 병자를 구원하다
- 과학의 이름으로! 의사, 아픔을 치료하는 성직자의 권능을 넘겨받다

완성된 깨달음의 세계, 번뇌가 소멸된 상태를 뜻하는 불교 용어가 '열반'
입니다. 열반은 인간이 아픔이나 질병으로부터 자유로워지며, 해방되는
상태를 뜻하기도 합니다. '열반지'에서 말하는 통증으로부터 해방을 두고
사람들은 아픔이나 질병을 다루는 현대의학과 마음이 몸에 미치는 영향을
고려하는 심신의학의 통합처럼 생각을 할 수도 있습니다. 하지만, 이런 인
식은 아픔해방의원과 WPI 심리상담의 활동에서 전달하고자 하는 메시
지를 통념적 틀로 해석하는 성급한 해석입니
다. 그러기 위해서는, 아픔이나 질병이 어떤
이유로 생겨났는지를 묻고 찾기보다, 아픔을
겪는 사람이 스스로 자신을 어떻게 인식하
고, 자신의 삶에서 겪는 고통을 어떤 의미로
받아들이고 있는지를 물어야 합니다. 열반지
에서는 '아픔'이나 '질병'을 대하는 20세기
현대의학의 한계에서 벗어나, 환자라는 이름
으로 '아픔의 노예'가 된 사람들을 해방시키
는 '아픔해방'과 각자 자기 삶의 주인으로 살
수 있는 '마음해방'을 이루려고 합니다.

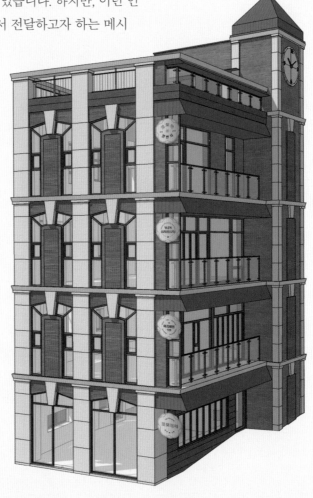

열반지

아픔에 대한 인간의 믿음
: 에덴동산에서 추방된 인간에게 내려진 형벌 그리고 의사가 치료해야 할 몸의 문제

아픔이나 질병은 통념과 달리 마음이 몸에 명령하여 만들어 내는 신체적 증상이 아닙니다. 또 세균이나 바이러스, 외상 등과 같은 외부의 영향으로 인간이 희생물이 되는 결과도 아닙니다. 아픔은 우리 각자가 자신을 어떤 사람으로 인식하는지 알려주는 생생한 삶의 증거입니다. 각자가 자신에게 부여하는 '삶의 의미'입니다. 현재 아픔으로 느껴지는 몸의 증상은 자신의 삶에 자신이 '어떤 의미를 부여하느냐'를 뜻합니다. 하지만, 이것을 단순히 의사에 의해 불려지는 병으로만 받아들인다면, 누구나 자신을 '아픔의 노예'로 만드는 일이 되고 맙니다.

프란시스코 데 고야, 〈회개하지 않고 죽어가는 사람을 돕는 성 프란시스 보르지아〉 1788년. 당시 사람들은 아픈 것을 신의 벌의 받을 것이라 믿고, 회개 없이 죽으면 지옥에 간다 생각했다.

현대인이 겪는 아픔은 자신과 자신의 삶에 별다른 의미를 부여하지 못하는 현대인이 겪는 전염병과 같은 증상입니다. 현대인이 갖가지 증상의 다양한 질병들이나 난치병, 불치병을 계속 겪게 되는 이유입니다. 현대의학의 입장은 에덴동산에서 인류의 조상들이 쫓겨나면서 '죄'의 결과로, 신의 '벌'로써 삶의 '고통'이나 '병'을 얻게 되었다는 기독교의 시선과 기본을 같이 합니다. 차이가 있다면 현대인은 '각자도생'해야 살아남을 수 있는 시대에 자기 마음을 몰라 지불하게 되는 비용이 몸의 아픔, 병으로 나타날 뿐입니다.

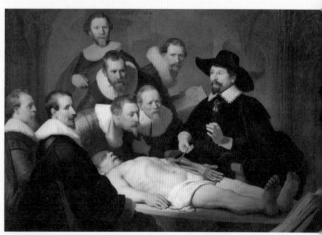

렘브란트 반 레인, 〈니콜라스 툴프 박사의 해부학 수업〉 1632년.
최초의 시민사회를 이룩했던 네덜란드 사람들은 신과 종교보다 과학과 이성적 사고에 높은 가치를 부여했다. 16, 17세기 네덜란드에선 인체해부를 여가활동이자, 지적체험활동으로 여겼다.

환자의 몸에 나타난 증상을 '병'이라 진단하고, 그 증상을 '제거'하는 것을 치료라고 믿습니다. 의사가 환자의 마음을 보는 일은 거의 없습니다. 현대의학의 병에 대한 이해와 치료법은 몸으로 나타나는 증상을 확인하고, 동시에 몸의 증상을 제거하는 수준입니다. 질병이나 아픔을 단순히 몸의 문제, 그리고 의사가 치료해야 하는 일로 만든 것이 현대의학의 가장 큰 업적입니다. 왜냐하면, 18세기까지 서양에서도 의사는 병이나 아픔을 치료하는 사람이 아니었기 때문입니다. 중세나 근대까지 병이나 아픔의 치료는 종교 사제들의 주요 활동 중의 하나였습니다. 무엇보다, 아픔이나 질병은 각자가 지은 죄의 결과거나 신으로부터의 벌이라 믿었기 때문입니다. 종교의 사제나 마법사, 무당과 같은 사람들이 주술 활동으로 아픈 사람을 치료하는 역할을 수행했답니다. 우리가 알고 있는 의사는 전쟁이나 사고를 입은 사람의 신체를 절단하거나 꿰매는 외과 수술 중심의 활동을 하는 사람이었습니다.

아픔을 치료하는 존재의 등장
: 성직자, 악령을 퇴치하여 병자를 구원하다

초기 중세 시대, 교회는 수도승에게 치료받을 수 있는 유일한 장소였습니다. 유럽에서 최초로 병원을 세운 것도 교회였습니다. 그리고 12세기까지 성직자 가운데서도 특히 수도승과 수녀가 고통받는 사람들을 돕는 역할을 했습니다. 그러나 14세기 중반, 성직자들에 대한 대중의 신뢰가 떨어지는 일이 발생했습니다. 당시 유럽 인구의 3분의 1이 죽을 정도로 치명적인 흑사병으로, 치유활동을 하는 종교인이 일반인보다 더 많이 죽었기 때문입니다.

그리고 16세기 초, 다시 한번 교회엔 '종교개혁'이라는 위기가 찾아옵니다. 인간 개개인이 직접 신과의 소통이 가능하다 주장했던 마르틴 루터에 의해 교회의 위상이 흔들리기 시작한 것입니다. 이때, 교회는 자신들의 권력을 공고히 하기 위해, 사제가 가진 치유의 능력에 대해 더욱 강조하는 길을 걷습니다. 바로 개인이 스스로 기도와 단식을 통해 악령을 퇴치할 수 있다는 것을 주장하던 신교도들에 맞서, 성직자들이 해온 일(퇴마의식)을 여전히 자신들만이 할 수 있다고 강조하는 방식으로 말입니다.

조스 리페랭스, 〈역병 희생자를 위해 탄원하는 성 세바스티아누스〉 1497년
역병이 돌던 시기, 사람들은 '환자를 돌보던 성직자들이 말하는 기도나 고행이 병의 예방이나 치료에 효과가 없다'는 생각이 들자, 교회의 가르침에 회의를 품기 시작했다.

퇴마사는 아픈 사람에게 악마를 퇴치하는 신의 은총을 내리는 사람이었습니다. 하지만, 이런 퇴마의식은 서양뿐 아니라 여러 토착신앙 등에서 '신내림 현상'으로 많이 발생하였다고 보고됩니다. 유대기독교 문화 속 '신내림'은 서기 200년경 이전의 기록에서도 찾을 수 있답니다.

사악한 힘이 세상을 떠돌다가 운 나쁜 누군가가 정도를 벗어나게 되면 그 인간의 몸으로 들어간다. 몸 안에 들어간 사악한 힘은 그 사람을 비정상적으로 행동하게 한다. 거칠고 비도덕적인 언행뿐 아니라 때로 자신과 주변 사람들을 위험으로 몰고 가는 부적절한 행동도 한다. 구토, 붉은 피부발진, 호흡곤란에 의한 발작, 심한 경련 등의 마치 질병을 앓는 사람의 모습을 보이기도 한다.

바르톨로메 무릴로, 〈베데스다 연못에서 마비 환자를 치료하는 예수 그리스도〉 1660년대

유대 전통에서 많이 발견되는 악마를 물리치는 수많은 주문과 의식들은 신약 성경 속의 예수님이 악마를 물리치는 순회 치료사로 활동하는 이야기로 전달되기도 합니다.

'그'가 제자들에게 다가왔을 때 수많은 군중이 이들을 둘러싸고 율법학자들이 동석한 모습을 보았다. 이 모든 사람들이 그를 보자마자 기쁨에 겨워 달려가 맞이했다. (…) 군중 한 명이 대답했다. "선생님, 제 아들을 좀 봐주십시오. 벙어리 귀신이 붙은 것 같습니다. 뭐에 홀렸는지는 몰라도 제 아들이 몸을 바닥에 던지게 만듭니다. 이를 악문 채 입에 거품을 물고 몸이 뻣뻣해집니다. (…) 그러자 그는 이렇게 대답했다.

"신을 믿지 않는 자들이여, 내가 언제까지 그대들과 함께 해야 하는가? 내가 언제까지 그대들을 인내해야 하는가? 아이를 내게로 데려오라." (…) 그러자 악령은 즉시 아이가 경련하게 만들었고 아이는 바닥에 쓰러져 뒹굴며 입에 거품을 물었다. (중략)

"그대가 믿는다면 믿는 자들에게 가능한 모든 일이 가능해진다." 이 말을 듣자마자 아이의 아버지는 울며 이렇게 말했다. "주님, 저는 당신을 믿습니다. 저를 도와주십시오!"

사람들이 몰려들었고 예수가 불결한 영혼을 꾸짖었다. "귀먹고 말 못 하는 영혼이여, 내가 명하노니 그 몸에서 나와 다시는 들어가지 말지어다!" 그러자, 악령이 울부짖으며 아이가 격하게 몸부림치도록 만들더니 사라져버렸다. 아이는 죽은 듯 꼼짝도 하지 않았고 사람들은 "죽었나봐."라고 수군거렸다. 그러나 예수가 손을 잡고 일으켜 세우자 아이는 일어섰다.

[마가복음 9: 14-27]

산드로 보티첼리, 〈성 제노비우스의 세 가지 기적〉 1500년대 초반.
그림 속에서 417년에 사망한 피렌체의 초기 주교인 제노비우스는 죽음에서 사람을 되살리는 모습을 선보인다.

해봄 : 21세기 뉴 통증 판매 리리모이이 에게
모험해보기시스크 유명했으므로를 악동을 기거기라우리 인솔 등한

사악한 힘에 의해 폭력적으로 변한 사람, 도움을 청하는 사람, 도덕적인 명령("그대가 믿는다면······."), 절대적인 명령, 악령이 떠나는 왜곡된 순간, 이를 목격하는 군중 등의 이야기가 바로 '퇴마exorcism' 의식입니다. '퇴마'란 '저주에 묶이다' 라는 의미의 그리스어 '엑소키제인exorkizein'에서 유래했습니다. 마가복음에서는 신의 궁극적인 권한이 예수님을 통해 실현되며, 그것은 악령을 인간의 몸에서 쫓아내는 것으로 확인되었습니다. 질병을 퇴치한다는 현대 의사의 역할을 그대로 재현하는 것처럼 들리기도 합니다.

하지만, 기독교 퇴마 역사에서 오직 성직자나 신성한 사람만이 신의 이름으로 악령을 퇴치할 권한을 갖는다는 주장은 16세기 후반 이후 나왔습니다. 종교개혁 이후, 기도와 단식을 통해 개인이 악령에 홀린 사람으로부터 악마를 추방할 수 있다는 신교도의 주장에 맞서 1614년, 교황 바오로 5세는 유명한 칙령「로마 예식서」를 공표합니다. 악령에 홀리는 현상이 실제로 존재하며 오로지 성직자만이 사탄과 힘을 겨룰 수 있다는 강경한 입장을 취했습니다. 이런 주장은 근대 국가의 형성과 더불어 종교의 사제와 유사한 역할을 하는 '의사'라는 역할의 길드 조합원들이 생겨나게 만들었습니다. 의사 길드 조합원들은 '대학'이라는 전문 교육 기관을 통한 교육을 받은 후에 '면허증'을 가진 직업인으로 등장합니다. 근대국가에서 국가는 전쟁이나 전염병 등의 이유로 소비되어야 하는 병사나 국민을 자원으로 잘 관리해야 했습니다. 따라서, 의사 길드는 과거 성직자들이 했던 질병과 관련된 다양한 치료 활동이나 전쟁터에서 병사들을 돌보는 역할을 맡게 되었습니다. 유럽에서 18세기 이후 의과대학의 설립과 의학이라는 학문이 형성된 배경입니다.

과학의 이름으로!
의사, 아픔을 치료하는 성직자의 권능을 넘겨받다

16세기 후반, 프랑스 베리 지방에 살던 22살 마르세 브루시에는 거친 행동과 경련 등 전형적인 '신내림 증상'을 보입니다. 하지만, 당시 지역 관리들은 마르세의 '신내림 증상'들이 실제보다 과장되어 가족과 가톨릭 성직자들에 의해 조종당하는 일이라 여겼습니다. 가족이 그녀의 신내림 증상을 이용하여 이득을 취하려 했을 뿐 아니라, 성직자들은 신교도의 활동을 억압하는 분위기를 만들어 내려한다고 의심한 것입니다. 1598년, 앙리 4세는 내과의 미셀 마레스코트Michel Marescot에게 마르세 사건을 조사하도록 명령합니다. 마레스코트와 동료들은 마르세에게 두 가지 조작으로 퇴마의 역사를 과학을 내세운 의학의 문제로 전환시킬 수 있었습니다. 먼저, 악령이 감히 대항할 수 없는 성수를 주면서 '맹물'이라고 이야기했습니다. 또 성경의 한 구절이라 하면서 라틴말로 된 아이네아스의 서사시Aeneid를 들려주었습니다. 그저 평범한 물이라고 거짓말을 한 성수에 그녀는 아무런 반응도 보이지 않았습니다. 하지만, 라틴어로 이야기한 아이네아스의 서사시에 마르세는 경련을 비롯해 모든 고통스러운 신호를 보였답니다. 마레스코트는 이런 테스트를 통해 간단 명료하게 그녀가 겪는 아픔의 증상을 이렇게 정리했습니다.

> "악령은 없다. (신내림 증상은) 대부분 가짜이며,
> 일부분은 질병에서 온 증상이다."

J M Sockler, 〈가스너, Gassner, Joan Joseph〉 가스너는 18세기 독일의 전설적인 퇴마사이다.

[가스너의 치료에 대해 더 자세한 정보를 찾으려면 다음을 참고하라. Francis J. Schaefer, :Johann Joseph Gassner," in The Catholic Encyclopedia, vol.6 (New York : Robert-Appleton, 1909). 온라인에서도 확인할 수 있다. www.newadvent.org/cathen/06392b.htm, © 1999.]

퇴마의식으로 아픈 사람을 치료하는 활동은 1770년대 전설적인 퇴마능력을 지닌 독일 퇴마사 요한 가스너Johann Joseph Gassner(1727~1779) 신부로 잘 나타났습니다. 퇴마 의식은 악령이 깃든 사람을 앞에 놓고 주로 이들을 향해 십자가를 그리고, 그가 보고 있는 것이 초자연적인 힘에 의한 것이라면 그 모습을 드러내라고 라틴어로 명령을 내리는 것으로 이루어졌습니다. 악령을 쫓아내려는 사람들이 각지에서 몰려들었고, 악령이 깃든 사람은 으레 바닥에 쓰러져 경련을 일으켰습니다. 가스너는 여성의 몸에 깃든 악령에게 가련한 희생자의 심박동을 증가시키라고 명령한 뒤 다시 늦추라고 명령까지 내리기도 했습니다. 두 번째 명령을 내린 뒤, 그는 이 광경을 지켜보던 의사에게 그녀를 진찰하라고 했습니다. 의사는 그녀의 심장이 멈췄다고 외치고 그녀의 맥박이 뛰지 않았기에 그녀가 사망했다고 진단했습니다. 그러나 가스너는 악령에게 그녀의 몸에서 즉시 떠날 것을 명령하자, 그녀는 몸을 움직이더니 지켜보는 사람들 앞에 우뚝 섰답니다. 그녀는 다시 건강하게 살아났던 것입니다.

〈1795년경, 메스머리스트와 환자〉 메스머와 같은 방식으로 환자를 치유하는 메스머리스트가
환자에게 동물성 자기를 활용하는 모습을 그린 것이다.

프란츠 안톤 메스머
(Franz Anton Mesmer,
1734~1815)

[Ellenenberger, Discovery of the
Unconscious, p.57.]

　　　　1774년, 바바리아의 왕자 막스 요세프Max Joseph는 가스너의 퇴
마 치료에 대한 조사 위원회를 구성하여 조사하도록 명령합니다. 이것
을 위해 초빙된 전문가 중에는 프란츠 안톤 메스머Franz Anton Mesmer라
는 젊은 의사도 있었답니다. 메스머는 뉴턴의 중력이론을 수용하여, 환자
의 몸을 광물 자석으로 훑는 치료를 하였답니다. 환자들은 에너지가 온 몸
을 관통하여 움직이는 느낌을 받았고, 온갖 종류의 불수의성 움직임을 경
험하게 된다고 주장하였습니다. 극심한 경련이 생겨나는 과정에서 수많은
환자들은 병세가 훨씬 나아질 뿐 아니라, 심지어 병이 완전히 치료된 듯한
느낌마저 받았습니다. 이후, 메스머는 동물 자기장과 같은 어떤 에너지를
통해 환자의 몸 주변으로 손을 움직이는 것만으로도 같은 결과를 얻게 됩
니다. 그 결과 메스머는 환자에게 이로우며 눈에 보이지 않는 자기성 에너
지나 힘이 실제로는 자신에게서 나왔다는 결론을 내렸습니다. 자신의 능
력으로 환자의 약해진 동물성 자기를 다시 소통시키고 견고하게 만들어
치료 효과를 냈다고는 주장하게 됩니다.

무엇이
아픔을 치료하는 효과를
만들어 내는가?

- 몸이 아닌 '마음'을 사용하여 아픔을 치료하는 역사의 시작
- 19세기 말, 아픔의 정체에 대한 새로운 과학의 역사
  : 의학계 최고 권위자 '샤르코', 히스테리아 환자를 최면술로 치료한다며
    사기꾼으로 전락하다
- 의사 베른하임이 발견한 아픔치료의 비밀: 상상과 암시의 힘
- 마음이 아픔을 치료하는 효과의 발견

몸이 아닌 '마음'을 사용하여 아픔을 치료하는 역사의 시작

대부분의 사람들은 '아픔'과 '치유의 힘'에 대한 논의에서 '치유의 힘'이 무엇이며, 어떤 과정을 통해 치유가 이루어지는지에 대해 관심을 기울였습니다. 하지만, 인간이 겪는 '아픔' 그 자체의 원인이 무엇이며, 어떻게 시작하는지에 대해서는 질문을 던지지 않았습니다. 신학이나 종교에서는 아픔을 '신의 벌이나 죄의 결과'로 보았기에 원인도 명확하고, 또 해법도 분명했기 때문입니다. 따라서 아픔은 신에 의해 결정되며 인간은 단순히 신의 은총을 바랄 뿐이었습니다. 하지만 의학의 이름으로 인간의 아픔을 병으로 취급하기 시작하면서 아픔의 원인과 경과에 대해 더 관심을 기울이게 되었습니다.

한때 신내림과 퇴마는 선과 악, 악마와 지구상에 존재하는 신의 공식 대리인 사이의 싸움에 휘말리는 일이라고 여겨졌습니다. 비정상적인 무의식 상태에 빠지고 쓰러져 경련을 일으킨 뒤, 우월한 권위자의 명령에 마지못해, 그러나 반드시 복종하는 일이 되었습니다. 새로운 뉴턴 세상이 열렸고, 강력한 물리력의 발견과 마찬가지로 신내림과 퇴마가 일어난다고 믿었습니다. 동물성 자기가 생겨남으로써 신학적으로만 의미가 있다고 여겨지던 것에 과학이 개입하게 된 것입니다. 한때 성직자의 손과 말에 복종하여 치료를 받던 환자들이 이제는 의사의 '치료의 손과 말'에 복종하게 되었습니다. 특히, 의학의 경우 신체 해부학을 통해 아픔의 원인을 찾으려 했기에, 각기 다른 신체 기관의 이상은 바로 '병명'을 붙이는 편리한 기준이 되었습니다. 과학방법을 통해 다양한 질병의 원인을 탐구하는 것과 각 사람들이 겪는 아픔의 정체와 원인을 파악하는 것은 '같은 듯 다른' 혼란스러운 일이 되고 말았습니다.

J.A. 휴스턴(J.A. Houston)의 그림 뒤에 새겨진 〈프리즘을 통해 햇빛을 분산시키는 뉴턴〉 1665년 영국 런던에선 흑사병으로 7만명이 사망했다. 그로 인해 고향으로 돌아간 뉴턴은 방에서 작은 구멍을 통해 햇빛이 어떻게 분산되는지 등과 같은 과학 연구에 집중했다.

1850년대 이후 최면은 강경증, 기면증, 몽유증 등 특정한 신체적 특성을 지닌 병리학과 비슷한 현상이 되었습니다. 결국 당시의 초보 학자들은 어떤 외부의 영향에 대해 인간이 어떻게 반응하게 되었을 것이라는 믿음을 '암시*suggestion*, 暗示'라는 단어로 표현했습니다. 암시는 사전에 이렇게 정의됩니다.

> "어떤 자극이나 작용에 대하여 이성에 호소함이 없이 수동적·무비판적으로 반응하는 과정이다. 암시는 사람에게서 전해진 말이나 다른 상징에 의해서 관념, 의도, 행위 등을 무비판적으로 받아들이는 심리적 과정이고 거기에 따라서 강제나 명령없이 일정한 행위, 관념, 신념, 의도 등이 나타나는 현상. 또는 그것을 생기게 하려는 기도나 그것을 위한 자극을 가리킨다."

'암시暗示'를 뜻하는 단어는 한 개인의 '몸과 마음'이 누군가의 조절과 통제의 대상이 된다는 의미를 담고 있습니다. 일반적으로 인간이 주변 사람들, 특히 권위가 있는 인물이나 전문가의 기대에 반응한다는 사실은 잘 알려져 있습니다. 이런 암시의 힘은 '파우스트적인 거래', 즉 환자는 외부의 권위에 자신의 자율성을 양도하고 복종하며, 그 대가로 자신이 결코 누릴 수 없는 힘과 경험을 얻기를 바랍니다. 암시의 힘은 수세기 동안 존재했고 현재까지도 만연한 악령의 홀림 또는 신내림, 가스라이팅 등의 핵심 요소입니다.

암시의 영향력을 받은 환자는 실제로 의사의 도움으로 '치료'된 것이 아니라 자신의 마음을 사용하여 스스로 모든 '변화'를 일으킨 것입니다. 이는 그저 일부 정신적인 면에 국한될 뿐, 신체와는 상관이 없습니다. 환자와 의사가 기대한 대로 병세가 호전된 것이 아니라 암시에 걸려 환자가 자신의 상태를 자각하지 못하는 것뿐입니다. 암시를 통해 권위자가 개입하는 일에 의구심을 갖는 냉소적인 환자들이 등장하는 이야기가 훨씬 흔합니다. 애초부터 병이 '환자의 상상'으로 생겨났기 때문에 암시로 치료되었다는 내용도 종종 발견됩니다. 치료법으로 암시와 상상을 사용하는 의사의 경우, 그의 도덕성을 의심받기도 하는 상황에 처하기도 하였습니다. 이는 환자의 병세가 완화된다고 착각하게 만들며, 병과 관련된 직접적인 능력을 발휘하지 않고 환자의 상상에 의한 피암시성의 효과에 의존하는 것이 됩니다.

익명의 프랑스 만화, 〈메스머 씨의 욕조〉
1780년대, 런던 웰컴 도서관 소장.
메스머는 동물성 자기라는 것을 활용하여
명성을 얻지만, 이 치유의 활동에 대한
의구심을 산다.

익명의 프랑스 만화,
〈Magnetism Unveild〉 1784년
그림 속 벤자민 프랭클린이 과학적 실험을
통해 메스머가 주장한 동물성 자기의 치유
능력이 실상, 상상력 및 모방에 기인한
마음의 작용이라 폭로하자, 메스머는
마녀의 빗자루를 타고 도망친다.

1784년 봄, 루이 16세는 왕실 과학조사위원회에 메스머의 치료를 조사하는 일을 위임했습니다. 조사위원들은 관찰한 치료행위가 신체에 강력한 영향을 끼칠 수 있으며 그 결과 경련, 진전振顫(무의식적으로 머리·손·몸에 일어나는 근육의 불규칙한 운동) 등이 나타난다는 사실을 거리낌 없이 인정했습니다. 이러한 영향의 원인은 신체적인 것이 아니라 정신적인 영역에 있다는 사실을 발견했습니다. 이는 메스머가 제안한 '자성 액체'가 아닌 '상상'이라는 정신의 기능에 의해 영향을 받는다는 의미입니다. 그들은 최면의 효과가 아무런 가치도 없는 변명이라고 결론을 내렸습니다. 18세기에는 '상상'이 돈키호테 같고 비이성적이며 통제할 수 없는 정신의 기능, 즉 이성적 연구의 적이라고 여겨졌습니다. 조사 위원들도 그렇게 믿고 '상상'의 변덕스러움은 진실에 기초하지 않으므로 과학적 방법으로 최면 속에 담긴 정직하지 못한 '상상'의 진짜 모습을 폭로하려 했습니다.

> "최면은 없다. (최면 증상은) 대부분 암시로 만들어진 것이며, 일부 '상상'의 결과이다."

당시 새로이 발생한 자연 철학은 '마음은 법칙으로 작용하지 않으며, 예측할 수 없다'고 믿었습니다. 따라서, 마음이 만들어 낸 상상은 창조적이고 예측할 수 없기에 신비롭다고 보았습니다. 이 같은 상황에서 최면, 몽유병 역시 인간의 마음이 만들어 내는 신비한 힘을 나타내는, 마치 기적이나 마법과 같은 현상으로 주목을 받았습니다. 그렇게 인간 마음에 대한 인식이 생겨나기 시작했습니다. 하지만 이런 인식조차 '각기 다른 개인이 가진 마음'이라는 생각은 전혀 가질 수 없었습니다. 마음의 과학, 마음의 법칙을 과학적 방법을 통해 확인하려는 노력, 심리학 연구들은 19세기 후반에야 시작되었습니다.

19세기 말, 아픔의 정체에 대한 새로운 과학의 역사
: 의학계 최고 권위자 '샤르코',
히스테리아 환자를 최면술로 치료한다며 사기꾼으로 전락하다

19세기 중엽, 전 세계 의학계 종사자들로부터 존경받던 가장 카리스마 넘치는 프랑스 신경학자 장 마르탱 샤르코Jean-Martin Charcot(1825-1893)는 최면을 진지하게 받아들였습니다. 그는 1882년 프랑스 과학협회 회원들에게 한 강의에서, 최면이 신경계를 인위적으로 수정하는 행위라고 표현했습니다. 또 최면은 히스테리로 고통받는 환자들만 걸리는 의학적으로 중요한 의미를 지니는 증상이자 치료법이 될 수 있다고 말했습니다. 최면에는 강직증, 기면, 몽유병 등의 여러 단계가 포함되어 있으며, 각 단계들은 특정한 방식으로 신경계를 자극하며 발생한다는 주장이었습니다.

[J. M. Charcot, "Sur les clivers etats nerveux determines par 1'hypnotisati chez les hysteriques," Comptes Rendues de 1'Academie des Sciences 94 (1882),pp.403~405.]

1882년, 샤르코의 강의 덕분에 적어도 프랑스를 비롯한 유럽의 연구가들은 드디어 오랜 세월 애써 외면한 최면을 사용해도 좋다는 허가를 받은 것처럼 느꼈습니다. 최면을 히스테리 상태에서 만들어 내고 정식 생리학 법칙을 따르는 병리학으로 전환함으로써 샤르코는 최면을 의학 치료법의 하나로 사용할 수 있다고 주장하였습니다. 그리고, 대상자인 환자를 존중하는 의미에서 의사만이 최면을 다룰 자격이 있다고 못 박았습니다. 프랑스 심리학자 피에르 자네Pierre Janet가 훗날 회상한 바에 따르면 그 여파는 엄청났습니다.

[48. Pierre Janet, Psychological Healing, 2 vols. (New York: Macmillan, 1925). Originally published as Les medications psychologiques (Paris: Felix Alcan, 1919).]

나중에 밝혀지지만, 최면은 생리현상이 아니라 심리현상입니다. 이런 이유로 환자나 병을 핑계로 하여 최면을 의사만이 다루어야 한다는 것은 샤르코가 자신의 몰락을 자초하는 일이 되고 말았습니다.

장 마르탱 샤르코 (Jean-Martin Charcot, 1825-1893) 사진 촬영: 나다르, 1890, ⓒ Bettmenn/Corbis
프랑스 신경학자이자 파리 의과대학과 과학 아카데미 신경질환과 교수로 활동했다.

피에르 앙드레 브루이에, 〈살페트리에르에서의 임상강의〉 1887년. 샤르코는 히스테리 증상이 장기의 질병처럼 현실에 존재한다는 것을 환자 블랑쉬 휘트먼의
발작을 통해 보여주고자 했다. 그림 속에 등장하는 그림을 보면, 환자와 비슷하게 발작하는 사람의 형상이 보인다. 훗날 비평가들은 이 그림 속 그림을, 히스테리
에 대한 샤르코의 접근이 암시의 힘에 바탕을 둔 것이라 해석하는 단서로 쓰게 된다.

히스테리 환자들이 겪는 특징적인 증상들은 경련, 마비, 터널시, 색맹, 부분 마
취, 끊임없는 기침, 안면 경련, 목이 졸리는 듯한 느낌 등이었습니다. 1870년 마
침내 샤르코는 10년간 다양한 뇌 질환의 연구를 통해 히스테리 환자의 신경계
를 조종할 수 있었다고 주장할 수 있었습니다.

당시 그는 최신 과학 기계인 사진기를 활용하여 최면에 걸린 히스테리 환자의
다양한 상태와 다양한 자세들을 의학지에 가득 채울 수 있었습니다. 샤르코는
쇼맨십을 발휘하여 학생, 의사동료들뿐 아니라, 일반인들도 세미나의 손님으로
초청하여, 히스테리 환자의 최면을 공개 시연하는 것으로 명성을 쌓았습니다.

하지만, 1880년대 중반, 샤르코의 경쟁자이자 낭시대학 내과의사 이폴리트 베
른하임*Hippolyte Bernheim*은 자신의 독자적인 최면 시범을 통해 샤르코의 주장
에 의문을 제기하기 시작했습니다.

의사 베른하임이 발견한 아픔치료의 비밀
: 상상과 암시의 힘

이폴리트 베른하임 (Hippolyte Bernheim, 1840~1919)
샤르코의 경쟁자이자 낭시 대학 내과 의사이다.

베른하임Hippolyte Bernheim(1840-1919)은 앙부르와즈 오귀스트 리보Ambroise-Auguste Libeault(1823-1904)[1]라는 의사의 연구를 보고 최면에 흥미를 갖게 되었습니다. 맨체스터의 의사 제임스 브레이드James Braid(1795-1860)[2]가 몽유 상태를 일으키는 새로운 심리학적 과정, 즉 최면Hypnotism을 개발한 일은 혁명보다 진보적인 것이었습니다. 리보는 1860년대부터 제임스 브레이드의 아이디어를 부분적으로 응용한 최면을 사용하여 농부들의 다양한 병을 치료하고 있었습니다. 환자가 잠시 자신의 눈을 응시하게 한 뒤(이는 브레이드의 방법을 변형한 형태이다.) 리보는 이들에게 부드럽지만 단호한 목소리로 '이제 잠이 들 것'이라고 말했습니다. 쉽게 잠에 빠지지 않을 경우 직접 손으로 눈꺼풀을 덮기도 했답니다. 이렇게 하면 환자들은 대부분 최면 상태에 빠졌습니다. 그런 뒤 리보는 환자들에게 확실한 어조로 이들의 기분이 나아지고 있으며 증세가 호전되고 있다고 '확인'해 주었습니다. 최면에서 깨어나면, 환자 대부분은 정말 그렇게 되었다고 느꼈습니다.

1884년 베른하임은 이런 연구 결과를 『최면 상태에서의 암시와 깨어 있을 때의 암시Suggestion in the hypnotic state and in the state of waking』[3]라는 책으로 출간했습니다.

---

1. Ambroise-Auguste Liébeault (1823–1904)는 프랑스의 의사이자, 현대 최면 요법의 아버지로 여겨진다. Ambroise-Auguste Liébeault는 1823년 9월 16일 프랑스 로렌 지역의 작은 마을인 Favières에서 태어났다. 그는 1850년 26세의 나이로 스트라스부르 대학교에서 의학 학위를 마쳤다. 그는 낭시 마을 근처의 Pont-Saint-Vincent 마을에 의료 실습을 설립했다. 그는 당시 최면 학교를 공동 설립하는 것과 같은 최면과 최면 요법 분야에서 많은 발전을 이루었다. 살페트리에르 병원을 중심으로 한 '파리 학교'라고도 알려진 '히스테리아 학교'와는 대조적으로 '암시 학교'라고도 알려진 낭시 학교는 이전에 살페트리에르 병원에서 홍보된 히스테리 중심 접근 방식과는 대조적으로 최면에 대한 암시 중심의 접근 방식을 지향했다. '파리 학교'와 대조적으로, '낭시 학교'의 주요하고 근본적인 믿음은 최면이 히스테리와 유사한 병리학의 결과가 아니라 정상적인 현상이라는 것이었다.

2. 제임스 브레이드(James Braid, 1795 6월 19일 – 1860년 3월 25일)는 스코틀랜드의 외과 의사, 자연 철학자, 그리고 '젠틀맨 과학자'였다. 그는 클럽풋, 척추 만곡, 노크 무릎, 밴디 다리, 찡그린 다리 치료에 있어 중요한 혁신가였다. 최면술과 최면 요법의 중요한 선구자였으며, 최면 마취와 화학 마취의 채택에 중요하고 영향력 있는 선구자였다. 그는 Kroger (2008, p. 3)와 같은 일부에 의해 '현대 최면술의 아버지'로 간주된다. 그러나, 브레이드의 '최면술'과 '현대 최면술'(실천된 바와 같이) 사이에 상당한 연관성이 있다는 문제와 관련하여, '정체성'은 말할 것도 없이, Weitzenhoffer (2000, p. 3)는 그러한 가정을 할 때 최대한의 주의를 촉구한다.

3. 영문판으로는 1990년에 Suggestive Therapeutics: A Treatise on the Nature and Uses of Hypnotism, New York : G. P. Putnam 1889 으로 출간되었다.

베른하임은 인간이 선천적으로 '암시 감응성suggestibility'을 지닌다고 생각했습니다. 환자가 진정하여 경계를 푼 상태라면 '암시 감응성'은 더 큰 힘을 발휘하였습니다. 암시를 통해 환자를 최면 상태로 만들 수 있고, 이 상태의 결정적인 특성은 '암시 감응성'을 더 높이느냐의 문제였습니다. 베른하임은 암시 감응성이 최면을 만들어 내지만, 이것은 몸에서 일어나는 것이 아닌 어떤 정신적인 영향으로 인해 최면이 유도되거나 생성된다고 주장했습니다. 그는 샤르코가 만들어 낸 모든 '극적인 신경학적 영향'이란 실제로 신경계가 작동하는 것과 전혀 관계가 없다고 지적했습니다. 샤르코가 히스테리 환자의 신경계의 변화라고 했던 최면 활동은 단지 환자의 마음으로 만들어진 '의식 운동'과 '의식의 지각 반응'일 뿐이라 해석했습니다. 환자들은 의사가 부지불식 간에 보내는 암시에 걸려, 지시에 따르는 것 뿐이라는 설명이었습니다.

"최면은 신경계의 극적인 변화를 일으키지 않으며, 신경계의 작동과 전혀 관계가 없다.
(최면을 통한 치료효과는) 대부분 환자의 '마음'으로 만들어진 '의식 활동'이며,
'지각 반응'이다."

최면을 통해 히스테리 환자의 신경을 바꿀 수 있다고 주장한 샤르코와 그의 제자들은 모두 궁지에 몰리게 되었습니다. 최면은 히스테리아 환자의 신경계나 기타 생리현상과 아무런 직접 관련이 없다는 것이 분명했습니다. 따라서, 샤르코는 신경계의 작용과 관련된 생리현상이 아닌 것을 내세워 마치 환자를 치료하는 것처럼 행동한 것이었습니다. 바로 그는 과학계와 의학계에서 사이비 치료 의료 행위를 한 타락한 의사, 사이비 과학자로 추락하고 말았습니다.

〈Jean Martin Charcot images of the "mad women"〉 1878년
샤르코는 히스테리가 때와 장소, 인종에 구애받지 않는 보편적인 병임을 주장했고, 그것을 눈으로 확인 가능한 기록으로 남기기 위해 사진기를 활용했다.

마음이 아픔을 치료하는 효과의 발견

베른하임은 '최면은 신경활동에 의한 것이 아니라 인간 사이에 일어나는 드라마와 같은 것', 20세기 이후 대중들에게 널리 알려진 '타인에 대한 암묵적인 조정' 또는 '가스라이팅' 현상과 다르지 않다고 설명했습니다. 한때 베른하임의 최면을 활용한 치료술을 속임수라 깔보던 샤르코와 그의 제자들 또한 역시 공들인 환영극을 만들었던 것뿐이었습니다. 베른하임의 지적으로 인해 샤르코는 급속하게 의학계와 과학계에서 신뢰를 잃어버렸습니다. 하지만 역설적으로 베른하임은 '암시'는 사이비 생리학에 불과하다는 지적을 넘어, 암시가 가진 긍정적인 치료의 힘을 기꺼이 강조했습니다. 심지어, 이런 암시의 방법으로 원래 히스테리에 뿌리를 두지 않은 질병도 치료할 수 있다는 생각까지 하였습니다. 하지만, 자신이 비난한 샤르코처럼 의학계가 나서서 암시를 활용한 치료법의 개발로 이르게 하지는 못했습니다.

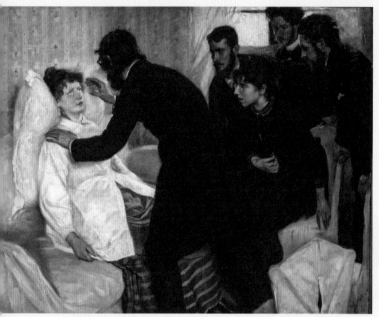

스벤 리처드 버그 〈최면술〉 1887년,
스톡홀름 국립박물관 소장

인간은 때로 자신의 내면 깊은 곳에 자리한 어떤 힘이 신체에 영향을 줄 수 있다는 생각에 매료됩니다. 한의학에서 언급되는 '기氣'와 같은 것은 신체의 활력이나 건강과 직접 연관된 내면의 어떤 힘으로 표현되기도 합니다. 메즈머의 동물 자기장도 이러한 힘이 자신이 아닌 타인의 명령에 의해 활성화되는 것처럼 보여졌습니다. 전문가나 권위있는 사람들의 주장이 자신에게 더 잘 부합하며 또 영향을 미치는 효과를 신비롭게 보기도 했습니다. 각양각색의 다양한 용어들을 사용하여 이런 효과를 표현하였습니다. '호손 효과Hawthorne Effects', '실험자 기대효과 Experimenter Expectancy Effects', '피그말리온 효과Pygmalion Effects', '대상자 기대 효과Subject-Expectancy Effects' 그리고 가장 광범위하게 사용되는 '루핑 효과Looping Effects' 등이 바로 그것입니다. 즉, 카리스마가 있든지 특별한 기술이나 뛰어난 의술, 혹은 절대적인 전문지식을 소유한 사람들과 같은 권위자들의 존재만으로 무슨 일이 일어난다고 믿게 되는 현상을 나타내는 개념들입니다.

의사들에게 최면은 그들이 결코 이해할 수 없는 다양한 질병에 대한 신비로운 치료법으로 보여지기도 했습니다. 아픔을 호소하는 사람들에게 그들이 바라는 '치유의 효과'가 아무런 저항도 할 수 없이 신기하게 그들의 몸이 명령에 들은 대로 반응한다는 사실때문입니다. 절대자 신이나 퇴마사 또는 최면술사의 행위는 환자의 몸과 마음이 소통하여 치유의 효과를 선물한 것입니다. 하지만, 그런 치료법이 개발되어 의학에서 사용되는 일은 생겨나지 않았습니다.

실패의 원인은 '베른하임이 속한 의학계가 심리학에 대해 느낀 모든 근본적인 회의론 이상의 장벽에 막혀 있었다'는 것에서 찾을 수 있습니다. 사실 베른하임은 한때 비이성적이고 비윤리적이라고 여겨지던 과정인 최면을 의학의 치료법, 즉 아픔의 해소법으로 사용하는 것을 지지했습니다. 하지만, 그는 이런 과정이 몸에 영향을 끼치는 '마음의 힘'에 의해 일어난다고 보았습니다. 특히, 이것은 의사의 능력에 좌우되는 것이 아니라 환자의 '자유의지'로 결정된다고 보았습니다. 하지만, 메스머 이후 다양한 히스테리 증상들을 만들어 내는 마음의 능력은 '가짜 아픈 증상'을 만들어 내는 것이라 믿어졌습니다. 임상실험에서 마음의 역할은 신체에 의학적 치료 효과를 억제하거나 방해하는 역할을 하는 것으로 보여졌습니다. 때로는 증상을 나타나게 하기도 하고, 또 때로는 사라지게 하는 데 기여하는 것처럼 보였습니다. 마음은 확실한 의학적 관찰을 방해하는 요소이거나 실질적인 효능을 발휘할지 모른다는 당의정(*Sugar pill*, 플라시보, 즉 '위약'이다)처럼 보여졌습니다. 이런 마음의 효과를 '플라시보 효과'라고 확인하게 된 것은 이로부터 30~40년 후입니다. '암시와 상상의 힘'으로 만들어지는 마음의 효과는 이후 '아픔'의 치료에 새로운 형태의 드라마를 만들어 내게 되었지만, '스트레스'나 '긍정적 사고의 힘' 정도로 취급되었을 뿐입니다.

오늘날 신체 건강에 영향을 끼치는 마음의 힘을 낙천적으로 묘사하는 이야기들이 수없이 존재합니다. 이와 반대로 '암시나 상상의 힘' 안에 존재하는 마음의 작용을 회의적으로 보는 시각은 여전히 남아 있습니다. 장난질하는 마음의 망령이라는 형태의 인식은 퇴마사에서부터 최면술사, 그리고 '스벤갈리*Svengali*[1]'나 '가스라이팅' 정도로 인정될 뿐입니다. 망령의 존재를 인정하는 사람들조차 아픔에 작용하는 마음의 역할은 가능한 무시하려 합니다. 단지 '통합의학', '대체의학', 또는 '심신요법' 등의 이름으로 현대의학과 구분할 뿐입니다. 아픔에 작용하는 마음의 힘, 마음이 의사들이 '병'이라 하는 것과 어떤 관계가 있는지에 대해서는 철저하게 무시합니다. 17세기 이후, 데카르트의 이원론적 시각은 의학이 과학으로 발전하는 과정에서 몸을 통한 아픔의 정체를 확인할 수 있는 근거가 되었지만, 정작 의학은 마음의 역할과 존재 자체를 부정하게 되었습니다.

영화〈스벤갈리〉포스터 이미지, 1932년

'열반지'에서는 각기 다른 개인이 겪는 아픔의 정체를 바로 그 사람의 마음을 통해 확인합니다. 의학 치료와 심리상담의 대상을 몸의 아픔뿐 아니라 각자의 마음으로 확장합니다. 그리고, 누구나 겪는 아픔에서 '해방'시키는 활동을 '마음해방' 통해 이루려 합니다.

---

1. '스벤갈리(Svengali)'는 근대 프랑스 만화가 조르쥬 드 모리에(George du Maurier)가 1894년에 출간한 고딕 호러 소설 〈Trilby〉에 등장하는 악마 같은 캐릭터다. 어린 아일랜드 소녀 '트릴비'를 유혹하고 지배하여 유명한 가수로 만들고, 자신의 이익을 위해 그를 착취한다.

행복하려고 노력할 때에 아픔이 사라지는 게 아니다.
자신이 왜 아프고 어떻게 해서 아프게 되는가를 알게 될 때,
아픔은 사라지고 행복해지는 역설이 숨어있다.

아픈 마음은
고장 난 기계가 아니다.

20세기, 아픔에 대한 의학 치료 모델

20세기 의사의 역할
: 몸의 아픔을 병이라 이름 붙이고, 증상 제거를 치료라고 하다.

'아픔의 치료'가 의사들의 전유물처럼 받아들여지기 시작한 것은 19세기 이후의 식민지 전쟁, 그리고 20세기에 일어났던 1차, 2차 세계대전과 같은 전쟁을 통해서입니다. 수많은 전투 속에 생겨난 부상입은 군인들과 전쟁과 함께 세상을 아프게 했던 전염병을 통해 '의사'라는 분명한 직업이 생겨났습니다. 그리고, 이들은 전투에서 싸우는 병사와 마찬가지로 국가가 관리해야 하는 인적 자원이 됩니다. 이와 동시에, 과거 '절대자 신'에 의해 아픔을 겪고, '종교 사제'들을 통해 아픔을 해소한다는 믿음이 점차 바뀌게 되었습니다. 아픔을 죄의 결과로 받아들이지 않고 어떤 생물학적 원인이나 외상, 세균이나 바이러스 등에 의해 생겨나는 병이라 믿게 되었습니다. 과거 종교 사제나 무당 등에 의한 '기도'나 '굿' 등의 활동을 통해 아픔을 치료할 수 있다는 믿음에서 '약'이나 '수술' 또는 의사의 처치를 통해 '병'이라는 아픔에서 벗어날 수 있다고 믿게 될 것입니다. 아픔과 병에 대한 대중의 새로운 인식이 생겨났으며, 의학은 종교와 구분되는 과학의 이름으로 치료 효과에 대한 대중의 믿음을 정당화시키기 시작했습니다. 대중은 자신이 불행하다고 느낄수록 더 다양

하고 심각한 아픔으로 자기 자신을 확인하게 되었습니다. 그리고 더 많은 의학적 조치, 의사 선생님의 관심과 은총을 바라기 시작했습니다. 이것이 바로, 21세기 대한민국에서 OECD 평균 3배 수준의 병원진료 빈도가 생겨난 이유입니다.

의학은 19세기 말부터, 당시 대표적인 과학이었던 '생물학'이 '생명체에 이름을 붙이고 그것들의 계통과 관계를 분류 정리하는 방식'을 가져와, 다양한 '아픔', '통증'을 구분하고 정리하는 데에 도입합니다. 의학에서 다양한 신체 증상을 근거로 다양한 아픔을 구분할 수 있는 병명을 붙이는 활동이 20세기에 본격적으로 시작되면서, 의학은 과학의 한 영역으로 자리를 잡게 됩니다. 이 과정에서 의학은 인간 신체의 구조와 기능을 탐색하는 해부학과 생리학을 통합하여 아픔의 증상과 연결시킨 '병리학'을 토대로 삼습니다. 병리학에 세균학과 면역학의 개념을 도입하여 다양한 신체기능과 신체 증상, 신체 부위 또는 관련 물질 등을 조합해 더 많은 병명을 만들어낼 수 있게 되었습니다.

의학 치료 모델에 의한 의사의 아픔 진단 활동과 부여하는 병명의 예시

통증(아픔)의 정체? : 일상생활, 삶의 어려움, 인간 관계 등의 문제들로 고민하며, 통증을 심하게 느낀다.	
다양한 증상 진단(병명) 발생:	**진단 부위1:** 근골격계의 통증 증상: 근육통, 신경통, 류마티스성 관절염, 두통, 요통, 만성 피로 증후군(Chronic Fatigue Syndrome) 등
	진단 부위2: 내·외과계 질환: 소화기 질환(크론병, 궤양성대장염 같은 염증성 장 질환, 위궤양 등), 내분비 질환(갑상선기능저하·항진증, 당뇨병 등), 피부 질환(아토피피부염, 습진 등), 호흡기 질환(천식 등) 등
	진단 부위3: 신경계 및 면역계 증상, 다발성 경화증(Multiple Sclerosis), 자가면역질환(1형 당뇨병, 전신 홍반성 낭창(루푸스)) 등
	진단 부위4: 심리 장애 증상: 불면증, 성격장애, 우울, 분노, 불안감, 두려움, 불쾌감, 좌절감, 기억력 저하, 공격성, 관계, 적응, 진로문제 등

 "'나의 아픔'의 정체는 무엇인가요?"

의학이 더욱더 많은 병명을 만들어 내면 낼수록, 인간이 경험하는 '아픔'은 더욱더 신체의 문제, 생물적이며 물리적인 문제가 되고 말았습니다. 중세 신학자들이 천국에 있는 수많은 천사들을 만들어 내듯이, 의사들은 점점 이 세상에 수많은 병을 만들어 내기 시작했습니다. 아픔에 이름을 붙일 때마다 새로운 병이 생겨났습니다. 그리고 이것은 20세기 이후 현대의학의 지배적인 패러다임이 되었습니다. 환자들도 자신의 아픔에 대해 의사가 병명을 붙여줄 때, 마치 자신의 아픔의 원인을 찾아내었다고 믿게 되었습니다.

"'아픔'에 대해 병명(병의 이름)을 붙이는 것이, 병의 원인을 파악하는 일이다."

20세기 내내, 다양한 방식으로 환자의 아픔에 병명을 붙이기 시작하면서, 점점 아프다고 하는 환자 그 사람이 아닌, 환자의 '증상'을 파악하는 것을 아픔의 진단이라 믿게 되었습니다. 만성피로증후군, 우울증, 신경성 두통, 어지럼증, 복통 또는 대상포진 등의 병명을 붙이는 일을 의사가 전문성을 발휘하고, 또 신체적으로 나타나는 아픔의 '증상을 제거'하는 것을 '의학 치료' 활동이라고 믿게 되었습니다. 환자가 누구든 상관없이, 누군가의 몸으로 나타나는 증상을 제거하는 것이 '과학적 치료', '표준 치료'라고 믿게 된 것입니다.

● 의학 치료 모델 : 몸에서 나타나는 아픔의 '증상'을 제거하는 것을 치료라고 한다.

신체 증상: 통증(아픔)	▶	증상(통증)의 원인 파악	▶	증상(통증)의 처치 (약·시술·수술 등)	▶	증상(통증)의 소실(제거)

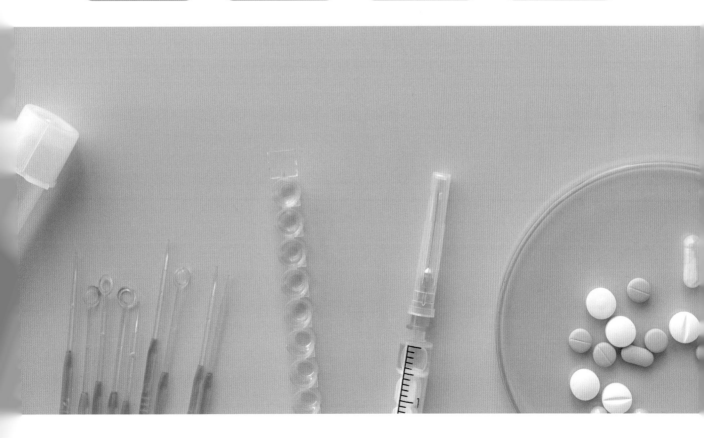

의학 치료 모델의 비극
: 아픔을 병이라 부르면서 환자로 만들다.

과학이 발전했다는 21세기에도 의학에서 언급되는 수만 개 이상의 병명 중에서 제대로 원인이 파악되어 치료가 되는 병은 수십 가지에 불과합니다. 이것은 의사의 실수나 '오진'의 문제가 아닙니다. 아무리 많은 공부를 하더라도, 의사가 아픔을 호소하는 환자를 만날 때 그가 겪는 아픔의 정체가 무엇인지, 또 왜 아픔이 일어나는지를 아는 것은 거의 불가능한 일입니다. 이것은 누구에게 말하기도 힘든 '아픔을 다루는 전문가로서 겪는 아픔'입니다. 이는 마치 수천 년 동안 신을 섬기는 종교의 사제들이 '절대자 신'을 언급하지만, 자신이 믿는 만큼 신을 알고 다루는 수준과 다르지 않답니다. 절대자 신을 섬기는 것과 달리, 의사는 병을 치료하거나 제거하고 또 물리친다고 하지만 이것은 중세 사제들이 악령을 퇴치하려 노력한 것과 거의 비슷합니다. 현대의학의 치료행위는 환자가 호소하는 '아픔의 증상을 제거하는 것, 사라지게 하는 것'입니다. 환자가 호소하는 아픔의 증상에 대해 병명을 부여하고, 각 병명에 따라 증상을 제거하는 것을 '표준 치료'라 말합니다. 이 표준 치료에 따라 아픔의 증상을 제거하는 것이 '교과서적인 진료', '올바른 진료'입니다. 이런 방식으로 어떤 의사든 환자의 아픔에 대해 어떤 병명을 붙이게 되면 표준 치료 절차를 적용할 수 있기에, 의학 치료 활동은 '과학'이라 주장합니다.

의학 치료 모델에 의해 이루어지는 환자의 병원 치료 경험

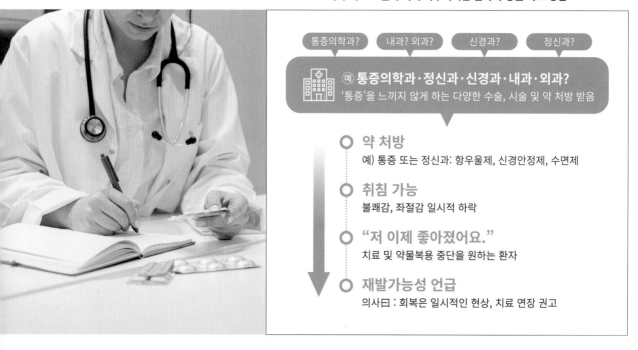

'의학 치료 모델'은 의사가 환자를 만나 치료를 하는 과정을 구체적으로 잘 구분할 수 있게 합니다. 예를 들면, 이 모델은 의사가 수행하는 치료 활동에 대한 일종의 안내판이기도 합니다. 의사는 먼저 '각종 과학적인 검사를 통해, (환자 몸의) 병의 원인을 파악하여 병을 치료한다'라고 합니다. 또 환자들도 의사 선생님이 아픈 증상에 병명을 붙이는 것으로 병의 원인을 파악했다고 믿습니다. 하지만, 환자의 증상에 병명을 붙이는 것은 '아픔'에 그저 '이름을 붙이는' 일입니다. 병의 원인을 파악하는 것, 즉 환자가 겪고 있는 아픔의 정체를 파악하는 것과는 별 관련이 없습니다. 왜냐하면, 대부분의 의사들이 아픈 환자를 만날 때 '병을 진단하는 일'은 이미 자신이 알고 있는 수많은 병명 중에서 환자의 증상에 맞는 '병명을 붙이는 일'이기 때문입니다. 말 그대로, 환자의 아픔을 진찰, 진단 과정은 병명을 붙이는 것입니다. 환자가 호소하는 아픔(병)의 원인은커녕, 병명으로 불리는 그 증상이 왜 나타나는지를 전혀 파악하기 힘듭니다. 의사들이 환자의 병의 원인에 대해 '유전'이나 '생활 습관', '다이어트', 또는 '나쁜 환경' 등의 다양한 이유를 언급하는 것도 이런 이유 때문입니다. 21세기 현재 의학자들은 '절대자신'이 아닌 '과학'을 신으로 모시면서, 인간이 겪는 아픔이나 고통을 '병으로 이름 붙이고 열심히 싸우는' 그런 상황이랍니다.

환자들은 의사들이 아픔에 대해 '병명'을 붙이는 순간, 병명을 들으면 자기 아픔의 원인을 찾게 되었다 믿게 됩니다. 약을 처방받고, 호소하는 증상이나 불편함이 어느 정도 제거되면, '병이 나았다' 또는 '상태가 좋아졌다'라고 합니다. 그런데 이런 상황에서 의사는 다시 병이 재발될 가능성을 언급하면서, 조심스럽게 생활하기를 권합니다. 이런 치료활동은 무엇보다 자기 삶의 독립과 자유를 추구하는 인간의 삶의 방식과 갈등을 일으키기도 합니다.

자신의 삶을 건강하게 살고 싶은 사람일수록 '병이나 아픔의 노예로 살 것인가', 아니면 '자신의 아픔을 어떻게 처리할 것인가'와 같은 심각한 선택의 문제를 직면하게 됩니다. 그 사람에게 '어떻게 살 것인가?'라는 문제가 더욱 부각된다는 의미입니다. 마음의 아픔을 '정신병'이라 진단하는 경우, 일은 더욱 심각해집니다. 이것은 마치 아픔을 일으키는 '악령'의 침입이라 보는 것과 그리 다르지 않습니다. 왜냐하면 의학은 인간에게 일어나는 '아픔'은 몸의 문제이며, 병명을 붙이는 것이 '아픔의 정체를 확인하는 일'이라 믿기 때문입니다.

'의학계'는 아픔을 나타내는 증상에 대해 병명을 붙이는 것이 과학적으로 이루어지고 있다고 설명합니다. 환자에게 '병명'을 붙여 '정신병 약'을 통해 환자를 통제하면서 현대의 신인 '과학'을 소환하는 의사의 모습에서, 아픔을 일으키는 '악령'을 '절대자 신'의 이름으로 쫓아내며, 아픈 사람을 치료했던 퇴마사의 어렴풋한 그림자를 찾게 됩니다.

코로나19 팬데믹 방역의 모순이 알려준, 아픔에 대한 재발견

현대인은 인간이라면 누구나 느낄 '아픔'을 너무나 자연스럽게 '병'으로 취급하고 있습니다. 그리고 현대의학의 혜택을 많이 받은 사람일수록 자신의 아픔을 전문가 의사에게 더욱 의존하는 경향이 있기도 합니다. 자신이 경험하는 아픔을 스스로 인식하지 못하고 전문가라는 누군가에게 맡겨버리는 경우, 우리는 스스로 '아픔의 노예'가 되는 상태에 빠져버리고 만답니다. 왜냐하면, 아픔은 각기 다른 개인들이 가진 삶의 방식에 의해 생겨나는 일이기 때문입니다. 무엇보다, 아픔을 통해 각자 자신의 삶의 문제를 각자의 방식으로 해결해야 할 문제로 삼을 수 있어야 하기 때문입니다. 하지만, 아픔의 문제에 대한 해법을 모든 사람들에게 획일적인 방식으로 적용하게 되는 경우, 전혀 예상하지 못한 파국적 상황을 겪게 될 수도 있답니다. 마치, 하나의 삶의 해법을 모든 사람들에게 각자가 가진 삶의 문제에 대

한 정답처럼 강요하는 것과 비슷합니다. 이는 아픔의 문제에 대한 해법이 아픔을 더 극적으로 증폭시키고 심각한 상황으로 만들 위험이 있습니다. 아픔의 문제를 각자 해결해야 할 '각자도생'의 이슈가 아닌, 집단주의로 정답을 정해 추구하는 방식으로 해결하려고 했던 대표적인 사례가 2020년 코로나19 팬데믹 사건입니다.

2020년 세계보건기구(WHO)가 선언한 코로나 팬데믹(감염병의 세계적 대유행)은 의학 치료에서 환자가 어떻게 만들어지는지 잘 알려줍니다. 코로나19가 한참 유명세를 떨칠 당시, 어떤 사람에게 바이러스의 흔적이 발견되면 그는 '확진자'라는 이름으로 사회적 거리두기의 대상이 되었습니다. 특히 중국과 대만, 한국과 같은 국가에서는 공중위생의 위협을 내세워 개인을 강제격리 수용하는 방역대책을 적극 실시하였습니다. 집단의 안전을 위해 개인의 희생은 어쩔 수 없다는 가치가 잘 발현된 것입니다. 'K-방역'이라는 국가 주도의 보건서비스는 가부장제 국가 운영의 모범 사례가 되었습니다.

하지만, 집단 공포에 좌우되는 방역 대책에서 낯설게 언급되는 단어가 있었습니다. 바로 '바이러스의 악성 영향은 각 개인의 면역력에 좌우된다'는 설명입니다. 이것은 바이러스의 흔적만으로 감염병 가능성 여부를 판단하는 '확진자 색출 방역 대책'과는 전혀 부합되지 않는 설명입니다. 왜냐하면 '면역력'이란 병원균이나 바이러스, 암까지 다양한 병에 저항하는 개인의 생존력이기 때문입니다. 각 개인마다 달리 나타난다면, 모두에게 적용되는 감염병 대책이란 의미가 없다는 뜻이 됩니다.

한 예로, 인도와 같은 끔찍한 공중위생 환경 속의 개인 면역력은 선진국 국민보다 훨씬 뛰어납니다. 높은 수준의 공중위생 환경이 만들어질수록 역설적으로 각 개인의 면역력은 세균이나 바이러스의 공격에 더 취약합니다. 개인 면역력의 문제로 나타나는 질병에는 류마티스 관절염·1형 당뇨(소아당뇨)·루프스·사구체신염·하시모토 갑상선염·베체트병·크론병 등의 다양한 질환들이 있습니다. 이들 병은 불치병처럼 보이지만, 위생환경이 극단적으로 나

쁜 후진국보다 높은 공중위생 수준의 선진국 국민들에게 흔히 나타납니다. 이런 경우, 바이러스나 병원균의 영향을 개인의 면역력과 연관시켜 파악하려 할 때는, 바이러스의 흔적 유무보다 각 개인들이 이런 위협에 대해 어떤 면역력을 발휘하는지에 더 초점을 두어 방역대책이 이루어져야 합니다. 유감스럽게도 K-코로나19 방역 대책에서는 이런 점은 철저하게 무시되었습니다. 코로나19 팬데믹 기간 동안 개인의 면역력이 작용하는 방식에 대한 방역 대책을 찾으려는 노력은 거의 없었습니다. 누구도 바이러스의 악성 영향이 개인의 마음과 관계가 있다고 믿지 않았기 때문입니다. 개인 면역력에 따라 다르다고 하지만, 집단 방역은 철저하게 그것을 무시하는 방식으로 이루어집니다. 바이러스에 저항하는 개인의 면역력이 무엇인지 의학 전문가들은 결코 파악할 수 없기 때문입니다. 전염병에 대한 각 개인의 방어능력을 '면역력'이라 불렀지만, 이것이 인간 마음의 파악에서 출발해야 한다는 것을 전혀 알지 못했기 때문입니다.

'마음'으로 아픔을 다루는 '치료 모델'의 등장

의사 프로이트의 작은 혁명
: 몸 중심 '의학 치료 모델'에서 마음에
주목했지만?

의학 치료 모델의 핵심은 '환자가 아프다고 하는 증상을 없애는 것'입니다. 아픈 증상을 없애는 것이 환자의 병에 대한 치료가 된 것으로 취급합니다. 약이나 시술, 수술 등을 통해 통증을 제거하는 의학 치료 모델은 아픔을 몸의 증상으로만 보게 했습니다. 심지어 '마음의 아픔'조차도 다양한 증상에 따라 분류하고, 정신병이라 이름 붙이기 시작했습니다. 20세기에 들어와서는, 마음의 아픔을 다루는 '정신의학'의 경우, 마음을 '정신'이라 하면서도 몸의 아픔을 다루는 방식으로 각기 다른 사람들이 가진 '아픔의 정체'를 신체의 증상으로 파악하려 했습니다. 이런 혼란스러움의 시작은 프로이트 박사의 '정신분석'에서 나왔습니다. 프로이트 박사의 정신분석은 20세기에 들어와서 아픔의 문제를 몸이 아닌 심리의 문제로 인식할 수 있게 했습니다. 하지만, 몸의 증상 제거를 치료라고 믿는 의학 치료 모델의 한계에서 벗어나기 어려웠습니다.

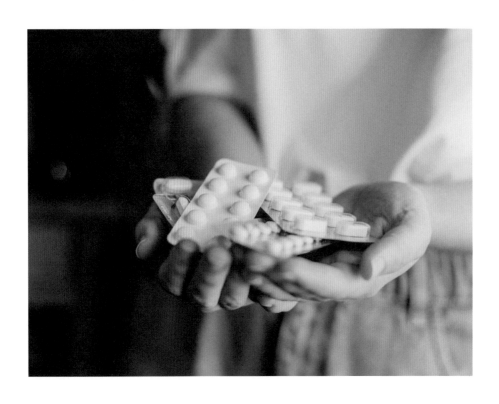

지그문트 프로이트 (Sigismund Schlomo Freud, 1856~1939) 오스트리아 출신의 정신과 의사, 의학자, 생리학자이자 정신분석학의 창시자이다.

19세기 당시 마치 유행병처럼 등장했던 '히스테리아'라는 병명으로 불려졌던 환자들의 아픔의 증상이, 몸이 아닌 마음의 아픔이라는 것을 처음으로 인식하기 시작한 사람은 '정신분석'의 창시자인 프로이트Sigismund Freud(1856-1939) 박사입니다. 그는 인간의 마음의 아픔을 병으로 생각하고, 심리치료라는 방법으로 치료할 수 있다는 생각을 인류에게 처음으로 전달한 의사입니다.

당시의 대부분의 의사들에게 '히스테리아'라는 병은 대응하기 어려운, 골치 아픈 문제였습니다. 프로이트 박사는 1895년 『히스테리아 연구Study on Hysteria』라는 책으로 자신과 동료들이 수행한 환자 치료 사례를 처음 보고합니다. 당시 히스테리아 환자들은 손·발이 마비되거나 심지어 말도 못하는 등 다양한 증상들을 보이고 있었습니다. 몸에서는 아무런 물리적 이상 증상이 없었지만, 아픔을 느끼며 다양한 신체 이상을 호소하는 상황이었습니다. 당시의 의사들은 이런 환자의 증상이나 아픔을 신체기관, 특히 뇌나 신경계의 문제라고 굳게 믿었습니다. 하지만 프로이트 박사는 신경과 전문의로 훈련받았음에도 이런 의사들의 주장에 의문을 가졌습니다. 무엇보다, 자신의 히스테리아 환자들의 뇌나 신경계에서 아무런 문제도 발견할 수 없었기 때문입니다.

프로이트 박사는 '히스테리아' 환자들의 모든 증상은 뇌·신경계의 문제가 아닌 '마음의 작용'이라 믿었습니다. 환자가 과거에 경험한 것과 관련된 기억이 억압된 마음, 즉 '무의식'에 의해 발생한 문제라 주장했습니다. 인간의 마음은 '의식'과 '무의식'으로 이루어져 있고, 히스테리아 환자들의 경우 자신이 의식하지 못하고 억압된 기억에 의해 신체 마비나 다양한 언어 표현의 문제, 이상 행동 등의 증상을 보인다고 믿었습니다. 그는 환자들을 치료하면서 그들의 무의식을 파악하게 되자, 환자들의 신체 증상이 점차 호전되거나 사라지기까지 한다는 것도 알게 되었습니다. '마음(무의식)'을 통해 몸의 아픔을 해소하거나 치료한다는 '정신분석 심리치료'의 시작이었습니다. 그는 "환자의 아픔이란 환자 자신이 자기 마음, 즉 무의식을 억압·무시·거부하기 때문에 일어나는 일"이라고 주장하였습니다. 프로이트 박사의 '정신분석 치료'의 핵심은 아픔을 몸의 문제로 보는 당시 의사들의 통념에서 벗어난 획기적인 생각이었습니다. 거의 100년이 지난 21세기인 지금도 이 생각은 의사들에게 충격적이고 놀라운 생각입니다. 왜냐하면, 21세기 현대의학조차도 여전히 아픔을 '몸의 문제', '몸의 이상', '몸의 고장'으로 보고 있기 때문입니다.

베르타 파펜하임(Bertha Pappenheim, 1859~1936) 지그문트 프로이트 박사가 정신분석의 기본이론을 만들어 내는 데 결정적 역할을 한, 『히스테리아 연구』사례 속 주인공 안나 오(본명: 베르다 파펜하임)의 젊은 시절 모습이다.

마음의 아픔을
몸의 아픔으로 치료하는 '정신의학상담 모델'

의학 치료 모델을 활용하여 '마음의 아픔'이나 '정신적인 문제'를 다루고 치료하는 대표적인 의학 분야가 '정신의학'입니다. 현대 사회에서 대중들은 자신들이 겪는 마음의 문제, 마음의 아픔을 정신의학을 통해 치료받을 수 있다고 믿게 되었습니다. 하지만, 정신의학의 치료가 각자의 마음의 아픔에 대해 어떤 작용을 하고 어떻게 아픔을 해소하는 데 도움을 주는지에 대해 묻지 않았답니다. 절대적으로 의사 선생님을 믿는 것이 일반적인 대응방안이었던 것입니다. 자신의 아픔에 대해 환자가 의식할 수 있는 상태가 아니기에, 의사들은 이런 환자들을 정신병 환자로 취급하여 인간으로 대하는 것조차 거의 하지 않았습니다.

20세기 중반 이후에 의학계에 소개된 '정신병 약'은 그 어떤 것보다 효율적인 치료법으로 받아들여졌습니다. 무엇보다, 빠르게 환자의 행동이 조용해지도록 만들어주었기 때문입니다. 환자들이 겪고 있는 마음의 아픔과 삶의 어려움이 무엇인지 파악할 필요없이, 정신병으로 분류·명명하여 약을 처방하는 일, 그것이 20세기 후반에 지배적인 정신의학의 치료법이 되었습니다. 이로써 의사들은 환자의 마음에 대해 관심을 가질 필요가 없게 되었습니다. 환자는 최소 수년에서 수십 년 동안 약을 먹어야 했지만, 적어도 약을 먹는 동안에는 정상적인 일상생활이 가능한 것처럼 보여지기도 했답니다. 최소한 다른 사람을 놀라게 하는 공격적, 발작적인 행동을 하지 않게 만들 수 있었기 때문입니다. 환자의 보호자 그리고 환자를 관리하는 사람들의 입장에서는 참 유용한 치료방법이었답니다. 사실, 그것은 환자의 병을 치료하기보다, 조용히 있게 하는 것일 뿐입니다.

● **의학 치료 모델** : 몸에서 나타나는 아픔의 '증상'을 제거하는 것을 치료라고 한다.

| 신체 증상:
통증(아픔) | ▶ | 증상(통증)의
원인 파악 | ▶ | 증상(통증)의 처치
(약·시술·수술 등) | ▶ | 증상(통증)의
소실(제거) |

정신의학상담 모델 : 아픔의 증상들을 병명으로 구분하고, 병명과 관련된 약으로 '증상을 제거하는 것'이 정신의학적 해법이자 치료법이다.

**몸의 아픔에 대한
의학 치료 모델**

| 상담이슈:
통증(아픔) | ▶ | 증상 분류 기준에
따른 병명 부여 | ▶ | 병명과 관련된
약으로 증상 제거 | ▶ | 정상상태로의 복귀
(증상제거) |

정신과 의사가 '마음이 아픈 사람'을 '환자'로 만드
는 일은 그 사람의 마음을 살피지 않고, 단지 '몸으
로 나타나는 아픔의 증상'에만 초점을 두기에 벌어
지는 일입니다. 이것은 전혀 과학적이지도 않을뿐
더러 무엇보다 아픔을 겪고 있는 한 개인의 마음을
인정하지 않는 행위입니다. 이런 일이 의사 선생님
에 의해 일어나는 이유는 인간의 아픔은 몸의 문제
이며 또 아픔의 증상을 제거하는 것을 치료하고 하
는 '의학 치료 모델'을 기본으로 치료가 이루어지
기 때문입니다. 정신병 약은 환자 개개인이 가진 마
음의 아픔과는 관련이 없고, 몸에만 작용합니다. 무
엇보다 정신병으로 진단받고 정신과 약을 복용하
는 사람은 '자기 마음을 잃어버린 상태'가 됩니다.
정신과 약은 갑작스런 발작이나 비정상적인 행동
을 진정·마비시키는 기능을 할 뿐입니다. 정신병 약
은 결코 환자가 자기 마음을 찾을 수 있도록 도와주
지 않습니다. '정신병 약'은 마음을 잃어버린 사람
들을 조용하게 관리·통제하는 효과를 가지고 있습
니다. 이들을 통제하고 관리하기에는 좋은 방법이
지만, 환자 개개인이 자신의 마음을 찾고 마음의 아
픔에서 회복할 수 있는 어떤 치료 효과를 가진 약은
전혀 아닙니다. 무엇보다, 장기간 약물 복용으로 인
해 마치 약물 중독의 상태에 빠질 뿐입니다.

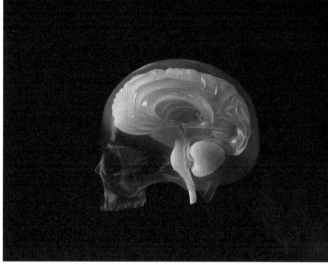

마음의 아픔을 의학 치료 모델로 다루는 가장 큰 이유는 '각기 다른 개인'을
'몸'으로만 인식하기 때문입니다. 각자의 삶의 문제나 아픔을 '자신'과 '자기
삶에 대한 믿음'으로 확인할 수 없기 때문입니다. 개인이 가진 자신에 대한 의
식을 중심으로 마음과 마음의 아픔을 탐구할 수 있다는 것을 심리학에서 찾지
못했기 때문입니다. 아픔의 문제를 몸의 문제로, 또 각 개인을 몸으로만 구분하
고 보려고 했기 때문입니다. 심리학이 자기 마음을 잃어버린 학문이 되었기 때
문입니다. 사실상 '정신병을 마음의 아픔에 의해 일어난 것으로 볼 것인가, 아
니면 몸의 아픔의 반영일 뿐인가'의 문제는 현대의학이나 심리학에서 아직 답
을 찾지 못하고 있습니다. 단지, 아픔의 증상을 몸에서 찾느냐, 아니면 각자의
마음에서 찾느냐에 따라 '병'의 원인에 대해 다른 결론을 가지려 할 뿐입니다.

'마음의 아픔' 치료에
몸에 작용하는 '정신병 약'을 사용하는
'정신의학상담 모델'의 모순

대한민국에서 각 개인이 느끼는 마음의 건강상태는 더욱 악화되고 있습니다. 대표적인 현상이 정신병 진단과 이런 병의 증가율입니다. 일상생활에서 망상·환청·환각 등의 다양한 정신병적 증상뿐 아니라 사회 지도자와 집단 구성원들 사이의 비이성적 또는 비합리적인 사고와 행동은 점점 증가하고 있습니다. 개인의 경우 '동성애'나 '자해' 심지어 '자살' 등과 같은, 통념적 규범으로 볼 때 비정상인 행동은 극적으로 증가하는 상황입니다. 모두 질병의 수준으로 취급되는 정신병 환자로 진단받는 사람들이 증가한 것입니다.

의학의 경우, 1960년대까지 미국 의대 정신의학과의 학과장의 80% 이상이 '정신분석'에 기초하여 환자를 치료하는 교수들이었습니다. 하지만 2020년대 이 비율은 거의 10% 이내로 떨어진 상황입니다. 이에 비해 21세기 미국 의대에서 정신과 전공의들의 90% 이상은 '정신병은 뇌와 신경계의 이상에 의해 생겨난다'는 생물주의에 기초한 믿음을 가지고 있습니다. 따라서, 이들은 환자가 가진 '마음의 아픔'이 환자의 어떤 마음에서 생겨났는지보다, 환자의 증상이 DSM(정신질환 진단 및 통계 편람, *Diagnostic and Statistical Manual of Mental Disorders*)에서 분류된 어떤 병의 증상에 유사한지를 판정하는 데 더 관심을 기울입니다.

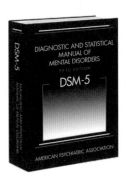

DSM-5, 정신질환 진단 및
통계 편람, (좌)영문판 (우)국문판

마음의 아픔을 정신병으로 진단하고 아픔의 증상을 제거하려는 의학 치료 모델이, 마음의 아픔을 직접 다루는 심리상담 또는 심리치료 활동을 하는 전문가들에게도 그대로 수용되었습니다. '의학 치료 모델'에 근거하여 마음의 아픔을 다루는 '정신의학상담 모델'과 '일반심리상담 모델'이 그것입니다. 모두 환자의 마음의 아픔을 뇌나 신경계의 이상에 의해 발생한다고 믿고 아픈 증상이나 행동을 대화요법이나 정신과 약으로 제거·관리하는 것을 '치료'라고 믿습니다.

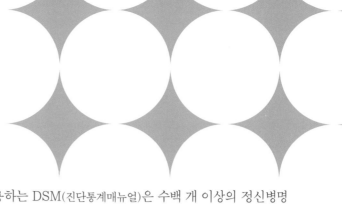

정신과 의사들이 거의 성경처럼 활용하는 DSM(진단통계매뉴얼)은 수백 개 이상의 정신병명에 대해 각기 다른 다양한 증상들을 분류한 책입니다. 정신과 의사가 정신병을 진단하는 것은 환자의 마음이 어떻게 아픈지를 파악하는 것이 아닙니다. 환자가 보이는 신체 증상과 이상행동 증상들을 DSM 속에 분류된 정신 병명의 증상과 '얼마나 부합하는지'를 확인할 뿐입니다. 환자가 스스로 의식하는 환자의 마음, 즉 '자신이 어떤 사람이며, 왜 살아가며 또 무엇을 위해 사는지' 등과 같은 환자의 마음에 대해서는 조금도 관심을 기울이지 않습니다. 아니, 가능한 무시하고 부정하려고 합니다. 왜냐하면, 정신병 환자들이 자신의 마음에 대해 이야기하는 말들은 모두 '망상·환청·환각' 증상들이기 때문입니다. 현대의학에서 '정신병'은 마음의 아픔이 아니라 '몸의 아픔'이 다양한 증상으로 표현되는 것이라 믿습니다.

20세기, 정신의학에서 정신병이라 부르는 '마음의 아픔'은 바로 어떤 한 인간이 스스로 자신을 잃어버린 상태를 의미할 뿐입니다. 이는 자기 삶과 생활을 스스로 만들어 나가지 못하는 인간으로 살아갈 때 겪게 되는 어려움이자 아픔입니다. 뚜렷한 몸의 아픔의 증상을 보이지 않기에, 보통 그들이 '마음의 아픔'을 겪고 있다고 표현합니다. '마음의 아픔'은 '몸의 아픔'과 다르다는 것을 느끼기 시작할 무렵, 몸을 다루는 의사들이 몸의 아픔과는 다른 마음의 아픔을 치료하게 되면서 '심리상담', '심리치료' 등의 활동이 나오게 되었습니다.

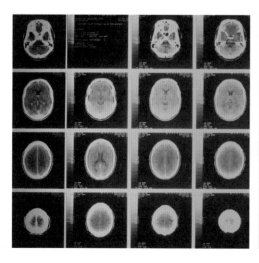

'일반심리상담 모델'이
'마음의 아픔' 치료에 효과적이지 못한 이유는?

21세기 현재에도 '마음의 아픔'을 다루는 다양한 전문가들, 예를 들면 정신과 의사, 심리학자, 심리치료사 모두 마음의 아픔을 느끼는 사람의 '마음'이 아닌 '아픔'에 초점을 두어 치료하고 있습니다. 환자의 아픔을 어떤 특정한 한 사람의 문제로 보지 않고, 의학 치료 모델에서는 아픔을 어떤 '표준적이고 일반적인' 또는 '평균이나 정상'과 같은 어떤 기준이나 병의 증상을 기술하는 매뉴얼에 비추어 진단합니다. 이 경우, 아픔의 증상은 전문가인 의사와 심리상담사가 '병으로 진달할 문제'로 봅니다. 아픔을 느끼는 사람이 자신의 아픔에 대해 가진 마음은 전문가가 고려할 사항이 아닙니다.

심리학은 초기에 마음의 과학으로 등장한 것과 달리, 20세기 내내 개인의 마음을 탐색하는 것은 거의 잊어버렸습니다. 심리학 연구의 핵심적 관심이 '마음'이 아닌 '행동'으로 바뀌었기 때문입니다. 이런 경향을 '행동주의 심리학'이라고 합니다. 세계 심리학 연구의 90% 이상을 차지하는 미국에선 1970년대까지 이런 입장을 유지했습니다. 이런 이유로 각기 다른 사람들이 겪는 삶의 어려움이나 아픔의 문제가 바로 그 사람의 마음과 연결된 것을 밝히려는 시도가 거의 없었던 것입니다. 아니, 심리학계의 주된 관심이 아니었습니다.

몸의 아픔을 치료하는 대부분의 의사들의 1차적 관심은 환자의 마음이 아닌 몸, 특히 '증상'에 있기 때문입니다. 약이 별로 효과가 없을 때에는 환자의 마음보다, 또 다른 약을 통한 증상의 완화나 제거에 더 관심을 기울입니다. 의학 전문가에 의한 병의 치료란, 표준적인 치료절차에 따라 약물이나 각종 시술을 행하여 환자의 아픔을 나타내는 증상을 없애는 데 목표를 둡니다. 아픔의 증상을 제거하는 '의학 치료 모델'에 따라, 마음의 아픔을 치료하는 것은 '정신병 약'을 통해 증상을 제거하는 것입니다.

'마음의 아픔'에 대해 의학 치료 모델을 기본으로 이루어지는 활동이 '일반심리상담 모델'입니다. '일반심리상담 모델'에 기반하여 이루어지는 '마음의 아픔'에 대한 치료는 '정신의학상담 모델'과 기본적으로 다르지 않습니다. 의사들은 병에 저항하고 회복하는 힘을 언급할 때, 그 힘은 일차적으로 '약'에서 나온다고 믿습니다. 하지만, 약으로 더 이상 환자의 증상을 완화시키거나 제거하는 데에 효과가 없을 때, 환자 자신의 의지와 생명력을 언급합니다. 그러면서도, 환자 자신의 마음을 파악하고 환자 자신의 삶의 의지를 강조하기보다 '더 효과있는 약'을 찾는 것이 중요하다고 믿습니다.

● 의학 치료 모델 : 몸에서 나타나는 아픔의 '증상'을 제거하는 것을 치료라고 한다.

| 신체 증상: 통증(아픔) | ▶ | 증상(통증)의 원인 파악 | ▶ | 증상(통증)의 처치 (약·시술·수술 등) | ▶ | 증상(통증)의 소실(제거) |

정신의학상담 모델 : 아픔의 증상들을 병명으로 구분하고, 병명과 관련된 약으로 '증상을 제거하는 것'이 정신의학적 해법이자 치료법이다.

몸의 아픔에 대한 의학 치료 모델

| 상담이슈: 통증(아픔) | ▶ | 증상 분류 기준에 따른 병명 부여 | ▶ | 병명과 관련된 약으로 증상 제거 | ▶ | 정상상태로의 복귀 (증상제거) |

일반심리상담 모델 : 비정상 상태의 사고와 행동에서 정상으로 바뀔 수 있도록 '공감'에 기초한 위로와 격려를 하는 '심리상담'에 심리학 이론과 개념을 활용한다.

마음의 아픔에 대한 의학 치료 모델

| 상담이슈 : 문제 (비정상적인 사고와 행동) | ▶ | 문제(행동)의 원인(이유) 파악 | ▶ | 문제(비정상 상태)의 제거 | ▶ | 정상상태로의 복귀 (합리적 사고와 행동의 회복) |

현재 '심리상담' 또는 '심리치료' 활동을 하는 심리상담사들은 '일반심리상담 모델'에 근거하여 심리상담을 합니다. '마음의 아픔'을 가진 사람들을 치유하는 활동이지만, 이것의 기본적인 토대는 '의학 치료 모델'에 근거하여 이루어지고 있습니다. "마음이 아픈 사람들에게 정신과 의사의 치료가 필요하지만, 때로 심리상담이 도움이 될 때도 있다."라는 말을 종종 듣게 되는데, 이 경우에 해당하는 심리상담을 의미합니다.

마음이 아프다고 느끼는 환자들에게 정신과 의사들은 주로 '정신과 약'을 처방하지만, 일반심리상담을 하는 심리치료사들은 '대화요법'이나 '인지행동치료' 또는 기타 다양한 심리요법 등을 활용한다는 의미입니다. 이런 치료 활동들은 '심리학 이론'이나 '심리학 개념', 또는 '심리법칙' 등을 적용한 심리치료 방법입니다. 하지만, 마음의 아픔을 일종의 '병의 증상'으로 보고 이것을 없애는 것에 초점을 둡니다. 환자(내담자)의 사고나 행동이 평균에서 벗어나 비정상적이라 보여지는 것을 정상으로 돌리려고 하는 것에 치료의 초점을 둡니다. '마음'이 아닌 '아픔'을 나타내는 다양한 증상을 살펴보면서, '비정상적인 사고와 행동'을 그의 아픔의 증상이라 봅니다.

일반심리상담 모델에 근거하여 심리상담을 하시는 분들은 마음의 아픔을 호소하는 환자(내담자)의 '비정상적 행동' 또는 '비합리적·비이성적 사고'를 진단, 평가하는 것이 심리상담의 첫 단계라고 믿습니다. 그 사람의 사고나 행동이 평균에서 벗어난 정도를 파악하기 위해 다양한 심리검사를 사용합니다. 즉, '정상이 아니기에' 마음이 아프다고 믿는 것입니다. 의학 치료 모델에 근거한다고 하는 것은 환자의 '증상'을 제거하는 것, 즉 비정상의 상태에서 '정상 상태로 돌려놓는 것'을 상담치료의 목표로 삼기 때문입니다. 이것을 위해 환자(내담자)의 말을 경청하고 또 공감하며 격려나 위로, 위안을 하는 것을 치료방법이라 믿습니다. 이런 측면에서 의사는 정신과 약, 일반심리상담사는 '대화요법'을 통한 상담으로 환자(내담자)가 '정상'으로 바뀌는 것을 치료라고 합니다.

20세기 초부터 프로이트 박사의 정신분석이론은 이런 심리상담과 치료 활동의 기본틀이 되었지만, 20세기 중반 이후에 다양한 심리학 이론들이 마음의 아픔을 진단하고 환자의 마음을 정상으로 만들기 위해 활용되었습니다. 하지만, '의학 치료 모델'이나 '일반심리상담 치료 모델'의 경우 모두 내담자 개인의 '마음'이 무엇인가에 대해서는 관심을 기울이지 않았습니다. 무엇보다, 내담자의 마음으로 인해 생겨나는 아픔의 정체가 무엇인지를 파악하려 하지 않았습니다. '마음의 아픔'을 치료하는 심리상담을 한다고 하지만, 아픔을 병으로 진단하고, 약 대신에 위로·위안·격려 등의 '약과 같은 효과를 가진 전문가의 말'을 활용하는 것을 '심리상담', '심리치료'라고 믿었습니다. 환자(내담자)의 마음을 파악하지 않고, 증상만을 참고하여 마음의 아픔을 파악하려 했다는 것이 '의학 치료 모델'에 근거한 심리상담, 심리치료의 한계였습니다. 환자의 마음의 아픔을 치료하려 하면서, 환자 개인의 마음은 전혀 고려하지 않고 마치 몸의 아픔을 치료하는 것과 동일하게 치료하려고 했기 때문입니다.

인간 마음을
'정상'과 '비정상'으로 구분하는
20세기 정신의학과 일반심리상담의 한계

20세기 현대 사회에 들어오면서 '아픔'과 관련된 혁명적인 변화는 '몸의 아픔'과 관련된 의학의 발전이었습니다. 그러나 안타깝게도 '마음의 아픔'에 대한 관점은 큰 변화가 없었습니다. 아니, 전통적으로 의학은 '마음의 아픔'을 다루기 까다로운 질병으로 생각했을 뿐입니다. 하지만, 대중들은 프로이트 박사의 정신분석을 통해 정신병을 치료하는 심리치료가 이루어지는 것을 막연히 믿었습니다. 하지만, 프로이트 박사의 정신의학은 인간의 마음이 아닌 몸의 증상에 초점을 두어 각자가 보이는 이상행동을 제거하는 데 중심을 두었습니다. 무엇보다 '의식되는 마음'이 각 인간의 삶과 생활에 미치는 영향 자체를 거의 인정하지 않았습니다.

20세기 현대의학은 아픔을 몸의 문제, 병으로 만들었습니다. 마음과 관련된 아픔조차도 마치 몸의 아픔인 것처럼, 병처럼 만들어 버렸습니다. 심지어, 20세기 초에 의학의 한 분야로 자리 잡은 '정신의학'의 경우에도 그 출발은 '귀신에 들리거나', '저주받은 아픔에 시달리는' 사람들을 관리하는 역할에서 시작했습니다. 그들을 막연히 '마음의 아픔을 겪는 사람'이라 불렀지만, 이들을 대하는 의학자의 역할은 치료보다는 '관리와 통제'에 두었습니다. 마음의 아픔에는 '정신과 약'을 활용하여 사람들이 더욱더 자신의 마음을 알지 못하게 만들었습니다. '마음의 과학'을 표방하고 나선 심리학에 기반하여 '마음의 아픔'을 치료하겠다고 나선 현대 심리상담은 아픔을 제거하는 '의학 치료 모델'을 수용하고 말았습니다. 아픈 '마음'을 호소하는 사람의 아픔에 공감한다고 하지만, 마음은 읽지 않고 '의사 코스프레'를 하면서 '아픔의 증상'을 비정상이라 구분하고 그것을 제거하는 데 열심이었습니다. 심지어, '정신분석'과 같은 마음(무의식)에 초점을 둔 심리치료가 20세기 동안 유행했지만, 마음의 에센스인 '의식'은 무시한 채로 '무의식'에 초점을 두었습니다. 결국 심리학을 활용한 심리상담과 심리치료는 그 정체조차 명확히 할 수 없는 채, 정신과 약의 보조 활동 정도로 '마음의 아픔'을 치료하는 현대의학에 수용되고 말았습니다. 이것이 '마음의 아픔'을 '몸의 아픔'과 구분하지 못한 20세기 '일반심리상담'의 한계입니다.

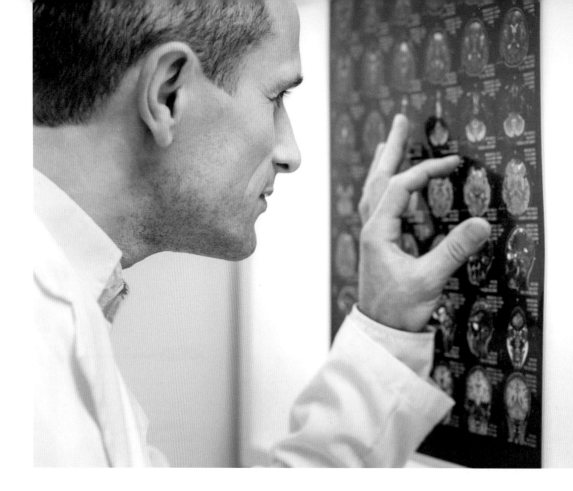

20세기 초, 정신의학자들은 당시 유행했던 '보건 활동'이나 '신체 위생'의 개념을 '정신위생'으로 확장시켰습니다. 따라서, '마음의 아픔'을 귀신이나 신의 벌, 악성 유전인자 또는 세균이나 바이러스와 같은 전염병이 정신적인 문제를 야기한 것으로 취급하기 시작했습니다. 일괄적으로 이런 병의 원인을 '뇌나 신경계의 작용과 관련된 어떤 것'이라고 믿으려 했습니다. 이것은, 20세기 정신의학이라는 분야가 생겨나면서, 몸의 병과 구분되는 것 같은 '정신병'을 발견한 사건이라고 할 수 있답니다. 이런 정신의학의 경향은 1차, 2차 세계대전 전쟁 기간 동안 급속히 발전한 화학공업에 의해 각 개인이 가진 마음에 대한 이해나 파악보다 몸을 통제하고 진정시킬 수 있는 '정신병 약'을 통해 인간의 마음을 조절할 수 있다고 믿게 되는 상황으로 발전합니다. 이로써 요즘 많이 언급되는 '마약성', '향정신성' 약물을 통한 인간의 이상 행동, 부적응 행동을 통제·관리하려는 정신의학이 생겨났습니다.

1950년대 이후, 정신의학자들은 정신병명으로 분류한 환자들의 사고와 행동을 약으로 쉽게 통제·관리할 수 있게 됩니다. 1960년대 이후, 점점 더 많고 다양한 정신병명을 만들기 시작했습니다. 그리고, 진정효과나 마취효과를 가진 약을 '정신병 치료약'으로 적극 활용하기 시작했습니다. 환자의 소란스러운 행동이나 충동성, 불안과 우울 등의 증상들은 억제되거나 사라졌지만, 그들의 '아픈 마음'은 그대로 남아있었습니다. 정신병 약을 최소 수개월, 수년 이상 복용시키는 방식이 의사들의 표준 치료로 도입되었습니다. 이것은 환자를 '약물중독' 상태에 두는 것입니다. 정신의학자들이 마음의 치료가 아닌 것을 치료라 믿으며 실행하게 된 가장 큰 이유는, 그들이 환자 개개인의 마음을 살펴보지 않기 때문입니다. 증상에 따라 병으로 분류, 진단하고 약을 처방하는 현대의학의 비극을 가장 잘 보여줍니다.

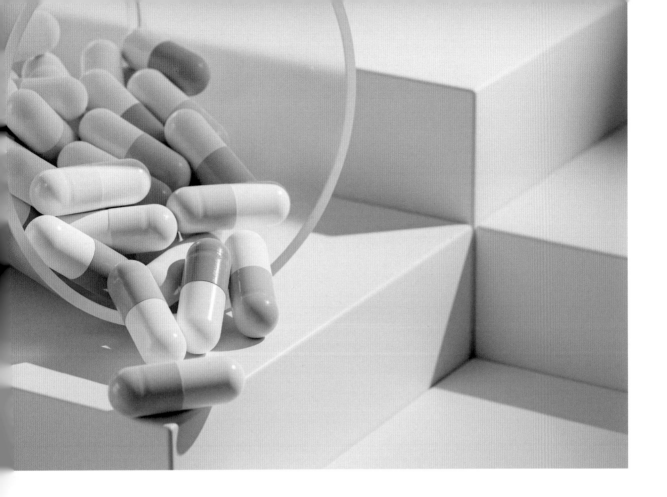

1970년대 이후, 미국과 유럽 국가에서는 마음의 아픔을 호소하는 사람들을 '정신병'으로 진단하고 '정신병 약'을 처방, 복용하는 것이 마치 커피나 담배 등과 같은 기호식품을 섭취하는 대중문화가 되었습니다. 이와 동시에, '정신분석이론'에 근거한 심리치료는 그 존재감을 잃어버리게 되었습니다. 20세기 초 미국에 소개된 프로이트 박사의 정신분석이론은 미국 대중들이 마음을 파악하는 심리치료법으로 널리 알려졌습니다. 하지만 1980년대 이후 정신병 약이 사용되면서, 대중의 관심으로부터 급속하게 사라지게 됩니다. 대중들도 비싸고 오랜 기간이 걸리는 치료방법보다 간편한 알약 몇 개로 자신의 마음을 마비·진정시키는 방식을 더 수용하게 되었습니다.

이런 변화의 기저에는 정신과 의사들이 무엇보다 정신병 진단과 병의 치료를 위해 정신병 약을 적극적으로 사용하기 시작하였다는 배경이 있습니다. 의사들은 자신들이 몸의 증상들을 다루고 있다는 것을 알면서도, 마치 '마음의 아픔'을 치료하기 위해 '정신과 약'을 처방한다고 굳게 믿기 시작했습니다. '몸의 아픔'을 다루는 의사들이 '마음의 아픔'을 개인의 문제, 아픔으로 구체적으로 살펴보기보다 '정신병'이라 이름 붙이기 시작하면서 생겨난 비극입니다. 몸의 아픔을 치료하는 '증상 제거'라는 방법을 정신병 환자에 적용하면서, 환자의 마음을 살펴보지 못하고 '약물중독' 상태로 있게 만들었습니다. 개인이 각기 다르게 가진 마음의 정체를 알 수 없고, 또 개인이 가진 마음의 아픔을 알지 못해 생겨난 20세기 인류의 비극이자 '현대의학의 치부'라고 할 수 있습니다.

'아픔의 비밀'을
'몸'이 아닌 '마음'으로 풀다

심신의학의 늪에서
'의식하는 마음'을 발견하다

'의식하는 마음'에 대한 이야기를 하게 되면, 누구나 '심신의학'을 쉽게 연상합니다. 하지만, 각 개인이 자신의 마음을 확인하고 파악한다는 뜻의 '의식하는 마음'은 심신의학과 전혀 다른 의미를 가집니다. 왜냐하면, 심신의학에서 언급하는 '마음'과 '의식하는 마음'에서의 '마음'은 완전히 다른 마음이기 때문입니다. 심신의학에서의 마음은 철학자 데카르트의 '심신이원론*Mind Body Dualism*'에 기초한 몸에 대비되는 마음일 뿐입니다. 하지만, '의식하는 마음'은 각 개인이 가질 수 있는 각 개인이 의식하는 마음 그 자체입니다. 모든 인간은 자신이 몸을 가지고 있다고 할 수 있지만, 의식하는 마음은 자신의 존재를 스스로 인식할 수 있는 사람에게만 있답니다. 심신의학에서의 마음은 아픔과 관련된 원인을 단순히 환자의 몸이 아닌 마음을 통해 찾아보려는 의학의 새로운 시선이자 관점입니다. 이런 시선은 환자의 아픔이나 병의 증상을 유발하는 데 기여하는 마음의 존재를 인정하려 합니다. 또 환자의 마음을 파악함으로써 환자의 아픔의 원인을 파악할 수 있다고 믿습니다.

심신의학은 병의 치료법에서 전통적인 현대의학과는 다른 다양한 시도를 합니다. 무엇보다 자연의 섭리나 전통의 지혜 또는 첨단 과학기술에 기초한 연구 결과 등을 다양하게 활용하면서, 환자가 자신의 병을 극복하려는 의지를 북돋우며 현대의학의 표준적인 치료와 다른 다양한 치료법을 도입하려고 합니다. 여기에는 무엇보다 각 개인이 가진, '아픔에 관한 마음'을 강조합니다. 대표적인 사례가 바로 환자가 자신에게 부여하는 '사랑의 힘'이나 '긍정적인 사고' 등입니다. 환자의 '희망', '살려는 의지', '사랑' 등이 환자 치료에서 어떤 약보다 더 큰 효과를 발휘한다고 이야기합니다. 이렇게 이야기할 때, 심신의학은 환자가 가진 병의 원인이나 경과와 관련되어 의사에게 쏟아지는 잠재적인 비난을 대신 막아주는 '천사'의 역할도 합니다. 의사는 나름 최선을 다해 노력했지만, 의사가 아닌 환자 본인이 스스로 다하지 못한 역할에 의해 나쁜 결과가 나올 수도 있다고 말할 수 있기 때문입니다. 하지만, 심신의학의 이런 언급들은 그 자체로 의사의 권위와 능력을 부정하는 관점으로 받아들여지기도 했습니다. 보통 환자가 앓는 병의 원인을 파악하지 못했거나, 적절한 치료법을 찾지 못해 의사가 할 일이 별로 없다는 포기선언으로 취급되기도 했답니다. 20세기의 심신의학의 전통은 21세기에 '뉴 통증 패러다임'에서 '의식하는 마음'으로 새롭게 등장하게 되었습니다.

21세기 뉴 통증 패러다임
: '의식하는 마음'과 '말하는 몸'의 정체

'21세기 뉴 통증 패러다임'에서는 현대인이 겪는 아픔과 병의 정체를 환자 개개인이 가진 '마음', 특히 환자가 자신의 아픔에 대해 어떤 의식과 믿음을 가지고 있는가를 탐색합니다. 하지만, 이것은 20세기 의학에서 인정하지 않는 마음의 존재를 인정하기는 하나 여전히 병의 원인을 찾는 '심신의학'의 통념적인 관점이나 치료법과는 다릅니다. 왜냐하면, '21세기 뉴 통증 패러다임'은 심신의학이 뿌리를 내린 '현대의학의 패러다임'과 근본적으로 다르기 때문입니다. 심신의학은 '환자의 아픔이 몸과 연관된 마음의 작용으로 나타나며, 또 아픔의 증상에는 마음이 어느 정도 관여한다'는 심신이원론에서 환자의 아픔, 그리고 몸과 마음의 연결고리에 대한 믿음을 나타낼 뿐입니다. 하지만, '21세기 뉴 통증 패러다임'에서 아픔이란, '환자의 의식하는 마음이 만들어 낸 메시지가 마음과 몸에 각각 전달되어 나타나는 것'으로 봅니다. 20세기 의학이나 심신의학처럼 물리적 혹은 심리적 원인을 찾아 그것을 제거하겠다는 것이 아니라는 의미입니다.

21세기 뉴 통증 패러다임에서 아픔의 인식과 치료는 바로 환자 개개인이 자신의 아픔에 대해 어떤 의미를 부여하고, 또 아픔을 어떻게 인식하여 받아들이느냐에 달려 있습니다. 아픔의 원인이 아니라, 아픔의 정체와 의미를 파악해야 합니다. 아픔이 유발시키는 범인(표면적인 원인) 찾기를 하는 것이 아니라, 현재 자신이 느끼는 아픔의 정체가 무엇인지 그 의미를 파악해야 한다는 것입니다. 그래서 '통증해방'을 위한 치료의 첫 단계는 '말하는 몸'과 '의식하는 마음'의 정체를 파악하는 것에서 시작됩니다. 온몸이 고통으로 절규할 때, 말하는 몸이 전하는 메시지의 내용을 파악하고, 또 마음이 어떤 메시지를 왜 전달하는지를 알아가는 것(의식하는 마음)이 아픔으로부터 해방되려는 노력을 하는 것입니다. 치유의 첫걸음을 내딛는 것입니다.

통증해방을 위한 '21세기 뉴 통증 패러다임'은 '의식하는 마음'의 주인으로 자신의 마음이 의식하는 아픔에 대한 의미를 파악하고 해소하는 치료법이자 통증해방 활동입니다. 아픔을 통해 누구나 자기 자신과 자기 마음이 하는 말을 몸으로 파악하는 일입니다. '마음의 충실한 도구'로써 작용하는 '몸'으로 표현되는 증상이란, 바로 '의식하는 마음'이 자신의 아픔을 표현하는 방식입니다. 인간 개개인은 이런 아픔의 메시지를 통해 자신이 현재 어떤 사람으로 어떻게 살아가고 있는지 등에 대한 삶의 의미를 확인할 수 있습니다. 그리고, 이런 의미를 찾는 과정에서 자신이 겪고 있는 아픔에서 해방될 수 있습니다. 자기 삶의 주인으로 살수 있게 됩니다. 하지만 자기 삶의 주인으로 살지 못하는 사람의 경우, 이런 치유의 경험을 하기 어렵답니다. 무엇보다, 이들은 아픔의 노예로서 자신의 아픔의 의미를 알기는커녕, 무조건 부정하고 피하고자 합니다. 결국, 아픔의 정체를 파악할 수 없게 되며, 절대자 신이나 전문가 의사 또는 '적합한 약'을 찾고 의존합니다. 절대자 신이나 전문가인 누군가가 나를 대신하여 나의 아픔을 해결해 주기만을 기대합니다. 이런 경우, 그의 삶의 어려움과 아픔의 문제는 더욱더 심각해지고, '아픔의 노예', '병의 노예'라는 속박에서 벗어날 수 없게 됩니다.

마음 치유의 기술
: 아픔의 '의미 부여하기'

인간은 오랜 세월, 은밀한 죄가 몸의 병을 만들게 한다고 믿었습니다. 반대로, 병든 사람이 자신의 죄를 '열린 마음'으로 인정하면 병은 치료될 수 있다고 믿었습니다. 여기서 '열린 마음'이란, 아픈 사람이 자신의 죄를 고백하는 것, 또는 아픈 사람의 영혼이 하나님의 존재나 은총에 대해 의식하는 것 정도로 파악했습니다. 인간 개개인이 자신의 몸과 다른 마음을 가지고 있다는 것을 의식할 수 없었기 때문입니다. 따라서, 중세 유럽의 사람들은 악령이 깃든 사람들이 고통의 원인을 고백할 때까지 그 고통에서 해방되지 못하는 벌, 즉 아픔을 겪는다고 생각했습니다.

"그러므로 너희 죄를 서로 고백하며 병이 낫기를 위하여 서로 기도하라."

[야고보서 5:16]

죄를 고백함으로써 용서받는 고해성사와 같은 전통은 수천 년 동안 인간이 신으로부터 받은 아픔을 해결하는 중요한 종교적, 의료적 방편이었습니다. 이런 생각은 '인간이 몸과 마음으로 이루어져 있다'는 데카르트의 '심신이원론'의 주장이 나온 이후에도, 여전히 유지되었습니다. 그리고 19세기 말, 인간 개개인이 자신의 마음의 아픔을 느끼게 되며 이것이 다양한 형태의 병으로 나타날 수 있다고 믿기 시작한 이후에도, 아픔에 대한 사람들의 인식과 그 치유법에 대한 믿음은 별로 달라지지 않았습니다. 왜냐하면, 아픔은 여전히 몸의 문제이며 몸의 증상으로 나타나는 것이라 믿었기 때문입니다.

20세기 이후가 되어서야, 인간은 생물적·물리적 실체인 몸과 영혼과는 다른, 개인마다 각기 다른 '마음'을 가졌다는 인식을 상식처럼 받아들이기 시작했습니다. 바로, '개인주의'라는 문화와 '각자도생'이라는 삶의 양식을 받아들여야 했던 상황이 만든 변화였습니다. 다행히 이 과정에서 사람들은 마음의 아픔에 대해 인류가 인식하고, 또 이 아픔을 치료할 수 있다고 생각하기 시작했습니다. 그러나 상담실의 푹신한 소파에서 진행되는 '정신분석'이나 '심리상담'이라는 형태의 마음 치료법들 역시 마음의 아픔과 그 치료법에 대해 막연함에서 한 발 벗어난 정도였다고 할 수 있습니다. 이 경우에도 여전히 마음의 아픔은 '정신병'이라는 신체의 질병으로 취급되었기 때문입니다. 결국, 21세기 지금까지도 '아픔이나 통증이 그것을 호소하는 사람의 몸의 문제가 아닌 마음의 문제' 또는 '마음에 의해 일어나는 것'이라는 생각은 낯설기만 한 생각입니다. 이것은 마음을 여전히 '영혼'과 다르지 않을 것이라 믿는 마음과 같습니다.

의식하는 마음과 말하는 몸을 통한
통증 메시지 찾기

통증은 인간이 스스로 자신의 마음을 의식하지 못할 때 일어납니다. 하지만, 마음을 대신해서 몸이 어떤 것을 분명히 표현하지는 않습니다. 단지, 자기 마음을 파악할 수 없는 현대인은 아픔을 몸으로 겪을 뿐입니다. 그리고 그런 자기 마음을 인정하는 것조차 '자책'이나 '자해'와 같은 일이 되고 맙니다.

'말하는 몸'이라는 표현은 주인을 모시고 사는 존재(노예)가 자신을 표현하는 방식입니다. 달리 말해, 자신의 마음을 의식하지 못하는 '노예'와 같은 삶을 사는 사람을 상징합니다. 여기에서 '아픔의 노예'란, 아픔을 통해 자신을 인식하고, 몸을 통해 통증을 열심히 호소하는 인간에 대한 비유입니다. 이 '말하는 몸'은 지극히 낡아빠진 유대 기독교의 지식을 비종교적으로 변형시킨, 현대 심신의학의 시선이라 할 수 있습니다.

아픔에 대한 사람들의 이해에 대한 또 다른 예를 살펴보겠습니다. 익명의 중년 여성이 자신이 겪는 '허약성 류머티즘 관절염Debilitating Rheumatoid Arthritis'에 대한 인터뷰에서 '왜 이런 병이 생겼다고 보느냐'는 질문에 이렇게 답합니다.

"우리는 아담의 자손이니 병에 걸릴 수밖에 없습니다.
아니, 어쩌면 단순히 기계적인 이유일지 몰라요. 자동차처럼 인간도 부품이 닳는 것이지요.
저는 가끔 제가 관절염을 자초한 것은 아닌지 의심스러워요. 의식적인 것은 아니겠지만요.

제 몸이 이렇게 말하는 겁니다. '됐어, 이제 입 다물고 앉아. 그리고 아무것도 하지 마.'라고요.
이런 말을 자신 있게 할 수 있는 건, 제 마음 한구석에서 이런 목소리가 들리기 때문이죠.
'네가 안 하겠다면 내가 브레이크를 밟겠어.'"

앤 해링턴, 『마음은 몸으로 말을 한다』, p.80

'의식적'인 것은 아니지만, 자신이 병을 자초한 것은 아닐까 의심스럽다는 중년 여성의 이 말은 무슨 뜻일까요? 어째서 자신의 몸이 주인에게 "입 다물고 앉아서 아무것도 하지 마."라는 말을 한다고 생각하게 되었을까요?

'말하는 몸'이란, '스스로 의식하지 못하는 마음'을 대신해서 몸이 '차마 표현하지 못하는 혹은 표현할 수 없는 마음을 아픔으로 대신 표현한다'는 뜻입니다. 현대인이 자신의 아픔과 관련된 몸의 역할을 상상하는 대표적인 표현이라 할 수 있습니다. 아픔을 마음이 의식하더라도 그것을 그대로 나타낼 수 없기에, 몸을 통해 표현한다는 의미입니다.

때로, 사람들은 자신의 아픈 마음을 의식하지 못하는 상황에서도 몸을 통해 자신의 아픔을 나타내기도 한다는 뜻입니다. '아픔'은 마음에 의해 생겨나지만, 마음이 의식하지도 못하기도 하고, 때로는 마음이 의식하는 분명한 메시지를 몸의 증상으로 나타내기도 한다는 뜻입니다. 이런 경우, 아픔을 겪는 사람은 자기 마음을 의식하지 못해, '의식하는 마음'이 자기 아픔을 몸으로 대신 표현합니다. 다양한 용도와 이유로 아픔의 증상이 몸으로 나타나는 것입니다. 이런 경우, '아픔'을 단순히 몸이 전달하는 메시지, 즉 '말하는 몸'으로만 볼 것인가, 아니면 '의식하는 마음'이 표현하는 다양한 메시지 중에서 몸을 통해 전달되는 것으로 볼 것인가의 문제가 있습니다. 그런데 현대의학은 '말하는 몸'의 메시지에만 초점을 두고 열심히 증상을 파악하고, 메시지에 대한 해독보다는 그냥 메시지 자체를 없애려는 데 집중했다고 할 수 있습니다.

"몸이 말하는 메시지의 의미는 무시해.
그냥 메시지에 해당하는 증상 자체를 없애도록 해."

기계적으로 아픔의 증상을 제거하는 데 주된 관심을 두었던 현대의학은 환자 개개인이 자신의 몸을 통해 말하려는 메시지에는 관심을 기울이지 않았답니다. 류머티즘 관절염을 앓고 있는 중년 여성의 경우에도, 자신은 관절에 염증이 있기 때문에 더 이상 빨리 움직이지 못한다고 말합니다. 하지만, 그녀 통증은 '아무것도 하고 싶지 않은 마음'을 대신하여 몸이 주인에게 열심히 말을 걸고 있는 것입니다. 이 메시지를 의사는 무시하고, 일단 아프다는 증상을 계속 제거하려고 한다면 어떤 상황이 벌어질지, 여러분은 더 쉽게 상상할 수 있을 것입니다.

21세기 뉴 통증 패러다임을 통한 아픔 해방

사실 일상을 돌이켜보면 '마음에서 비롯되는 '통증'의 다양한 사례는, 마치 우리가 공기로 숨을 쉬는 것처럼 너무나 자연스럽게 경험하는 일입니다. 단지, 이것을 잘 보려하지 않았기에 마음과 통증의 관계를 파악하지 못할 따름입니다. 일례로 젊은이 K의 사례를 들어보겠습니다.

'섬세하고 예민하며 불안감을 쉽게 느끼는 젊은이 K는 최근 회사에서 자신에게 주어진 업무로 심한 압박감을 느꼈습니다. 친구와 가족들은 K에게 그렇게 무리하면서까지 일에 몰두할 필요가 없다며, 저마다 옳다고 믿는 이야기를 한 마디씩 했답니다. 하지만, 이런 조언들이 K에겐 별로 도움이 되지 않았습니다. 그래서 K는 그저 꾸역꾸역 참으며, 회사생활을 이어 나갔습니다. '위염'은 항상 그를 괴롭혔고, 두통도 나타났다 사라지기를 반복했습니다.

그러던 어느 날, K는 쓰러지고 말았습니다. 그렇게 실려간 병원에서 K는 자신의 건강을 위해 장기간 휴식을 가져야 할 뿐 아니라, 병원 치료와 약물 처치가 필요하다는 진단을 받았습니다. 주변 사람들은 K가 아픈 원인이, 직장생활의 스트레스나 상사들의 업무성과에 대한 과도한 압박, 협력업체 관련자와의 갑질 횡포 등의 문제라고 보았습니다. 그렇다면, K는 이 힘든 회사생활을 그만둬야만 아픔에서 벗어날 수 있는 것일까 고민하게 되었습니다. 그 과정에서 회사를 그만두지 못하는 자신에게 화가 나고, 전전긍긍하며 버티는 자신이 불쌍하다는 생각도 했습니다. 그럼에도 회사를 그만둘 수는 없고, 결국 이 고통에서 벗어날 방법은 병원 치료 밖에 떠오르지 않았습니다. 그렇게 K는 몇 주간의 병원 치료 이후, 다시 스트레스가 가득한 일상으로 돌아갔습니다. 그리고, 소화기능의 저하, 지속되는 두통과 불면 등 비슷한 패턴의 아픔이나 질병을 호소하며, 병원을 더 빈번하게 이용하는 방식으로 아픔에 대처하며 지내고 있습니다.'

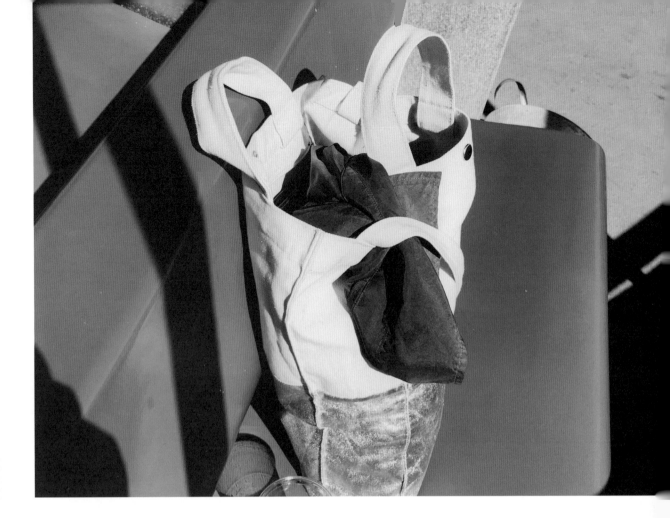

K의 사례는 '아픔'이나 '고통'을 호소하는 환자의 전형적인 상황을 잘 보여줍니다. 그리고 우리가 아픔을 호소하는 사람이 처한 상황을 고려한다고 말을 하긴 하지만, 그 사람의 마음에 대한 인식을 거의 하지 못한다는 것도 알려줍니다. 쉽게 말해, K의 아픔은 단지 K의 몸이 견뎌야 하는 어려움으로 보려고 할 뿐입니다. 아픔을 겪는 사람이 자신과 자신이 처한 상황에 대해 어떤 마음(믿음)을 가지고 있는지를 전혀 고려하지 않았다는 뜻입니다. 아픔을 겪는 사람은 단지 아픔의 고통을 참고 견뎌야 하는 불쌍한 존재일 뿐입니다.

더 구체적으로 설명해보겠습니다. K는 자신의 아픔에 대해 스스로 잘 파악하지 못했습니다. 아니, K 자신뿐 아니라, 그 누구도 K가 겪는 아픔의 정체를 제대로 인식하지 못했습니다. K의 아픔의 정체를 제대로 파악하기 위해서는 무엇보다, K란 사람이 어떤 사람이며, K가 어떤 마음을 가지고 살고 있는지, 또 K가 만드는 삶이 어떠한지를 알아야 합니다. 그러나 누구도 K와 K가 만드는 삶에 대해 제대로 묻지도 파악하지도 않습니다.

이것은 비단 젊은이 K에게 한정된 아픔의 문제가 아닙니다. 21세기 대한민국에서 우울증보다 더 심한 질병으로 취급되는 암이나 기타 불치병, 난치병을 겪는 대부분의 '환자로 만들어진 사람들'이 가진 문제입니다. 어떤 사람이 아프다고 호소할 때, 그 사람이 누구인지, 어떻게 생활하는지 파악하지 않고, 몸으로 나타나는 증상에만 초점을 두어 병명을 붙여 환자가 되게 하는 '20세기 현대의학의 치료 패러다임'이 가진 문제입니다. 아픔을 호소하는 사람들이 가진 아픔의 증상을 제거하는 20세기 현대의학은 아픔을 겪는 사람을 '환자'로 만들고, '아픔의 노예'로 살게 만들었습니다. 환자의 물리적인 몸과 병명으로 한 사람이 자신의 정체를 파악하게 하고, 또 '병의 노예'로 살게 만들었습니다. 이것이 바로, '21세기 뉴 통증 패러다임'으로 아픔을 호소하는 사람들에 대한 새로운 치료법을 찾고 만들게 된 이유입니다.

조현병: 뇌나 신경의 문제가 아닌,
내 삶의 주인이 내가 아닐 때 만들어지는 병

한동안 우리 사회 뉴스 일면을 차지하며 공포의 대상처럼 언급되는 병명이 있습니다.
바로 '조현병(調絃病, Schizophrenia)'입니다. 이것은 어떤 병일까요? 아니, 병이라고 할 수 있을까요?

의학에서는 보통 병명을 붙일 때 어떤 신체 부위에 어떤 증상이 일어나는지를 웬만큼 짐작할 수 있게 합니다. 우울하면 '우울증', 배가 아프면 '복통', 머리가 아프면 '두통', 위가 쓰리면 '위궤양' 등이 그러합니다. '스키조프레니아Schizophrenia라는 영어 병명은 '찢어진 또는 깨어진 마음'을 뜻했는데 뜬금없이 언제부터인가 '조현병(調絃病, 현을 조절해야 하는 병)'으로 불리기 시작했습니다. 의학계에서는 "영어의 뜻을 그대로 번역한 '정신분열증'이라는 병명이 부정적인 인상을 주기에 좀 더 나은 뜻의 이름으로 바꾸었다"고 말합니다. 정신 즉, '마음'과 관련된 병이라는 뜻이 나쁜 인상을 주기에 좀 더 나은 이름으로 바꾸어 부르기로 했다는 말은 바로 이 병은 '이름 붙이기'에 따라 '그 무엇'으로 만들어진다는 뜻이 아닐까요? 보통 신체 부위나 증상을 나타내는 단어로 병의 이름을 부르는 규칙을 적용해 보자면 이 병은 단순히 '악기의 현을 조율한다' 정도의 의미를 가집니다. 마치 '엿장수 마음대로'라는 말처럼, 이 병은 의사가 '붙이기에 따라' 그냥 진단될 수 있는 무엇을 뜻하는지도 모릅니다.

의사들은 조현병을 '뇌의 이상을 동반하는 질환'이라고 합니다. 그런데 이상한 점이 있습니다. 대부분의 조현병 환자를 진단하는 정신과 의료진들은 환자를 대상으로 신체 검진을 통해 이상을 발견하거나, MRI, MRA, fMRI, EEG, NIRS 등을 통해서 신경회로의 이상을 확인한 뒤 그런 자료를 근거로 조현병 진단을 내리지 않습니다. 분명한 것은 의사는 조현병이 뇌와 신경계의 문제라고 이야기하지만, 바로 그 병의 환자라고 자신이 진단한 환자의 뇌의 어떤 부위, 어떤 신경계의 문제인지에 대해서는 분명하게 지적하거나 언급하지 않는다는 사실입니다. 이것은 의료진들이 정신병을 진단하고 확인할 때 막연히 '뇌의 이상'이라고 믿고 싶을 뿐 어떤 구체적인 증거나 근거를 제시하지 않은 채 병을 진단한다는 뜻입니다. 어쩌면 '신은 존재한다'는 종교적 신념과 거의 비슷한 기준으로 환자의 병을 진단하는 일이 바로 '정신병 진단'이라고 할 수 있을지도 모릅니다. "내가 보니 병이 있다." 수준의 진단인 것입니다.

정신과 의사들이 정신병을 진단하거나 판단하는 근거는 DSM입니다. 이것은 다양한 정신과 증상에 대한 통계 진단 매뉴얼입니다. 종교에서 십자가나 불상 등을 믿음의 상징으로 삼는 것과 마찬가지로 과학자인 정신과 의사들은 이 매뉴얼을 환자 판정의 기준으로 활용합니다. 현재 대부분의 정신과 의사들이 누군가를 조현병 환자라고 진단할 때 그들이 사용하는 것은 'DSM-5'라는 통계 매뉴얼에 언급된 유사한 증상 목록입니다. 그런데 DSM 기준 자체에도 문제가 있습니다. 현대 의사들이 적극적으로 수용하는 이론과 달리 이 매뉴얼은 신경, 생리적 기준이나 단서들을 활용한 게 아니라 환자의 심리, 행동적 이상 증상들을 모아 분류해 놓은 것입니다.

이처럼 근거가 불투명한 자료인데도 의사들은 DSM 기준에 기초하여 어떤 환자를 조현병이라 진단합니다. 자신이 막연히 믿고 있는 몇 가지 단서나 증상이 환자들에게서 나타난다고 믿으면, 아니, 환자나 보호자로부터 그 사실을 듣게 되면 바로 '그 병'으로 진단합니다. 정신과 의사의 '주관적인 판단' 즉, 전문가로서의 생각과 믿음에 의해 일어나는 것이 정신병 환자에 대한 진단입니다. 물론 막연히 객관적이라 생각하는 다양한 단서나 기준들을 적용하기도 합니다. 그러나 이 같은 의사의 진단과 판단에 대해 환자나 보호자 누구도 잘 묻지 않고, 또 확인하려고 하지 않습니다. 대개 '전문가니까 알아서 잘 하겠지'라는 마음과 혹시라도 자꾸 의문을 제기하면 까다로운 환자나 보호자로 보여 눈총을 받지나 않을까 염려하기 때문입니다. 물론 염려를 감수하면서 그 병의 원인이나 증상이 일어나는 이유를 물어보아도 의사는 분명 '조현병은 뇌신경 질환'이라고 주장할 것입니다. 그러나 그것은 주장입니다. 자신의 믿음에 대한 막연한 표현이라는 뜻입니다. 진단 기준은 분명 심리적이고 행동적인 요소들인데 병의 이유나 원인은 뇌의 손상이나 신경회로의 손상, 신경전달물질의 문제에서 찾습니다. 이보다 더한 모순이 있을까요?

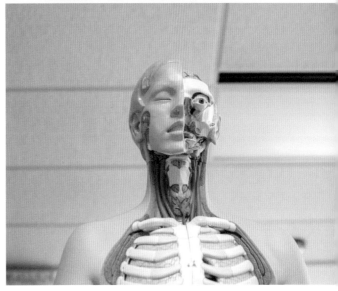

이십대 후반의 젊은이 D는 아주 예민하고 섬세하고 불안감이 높은 청년이었습니다. 그는 남들이 보기에 아주 훌륭한 사회적 배경과 조건을 모두 가졌지만, 그것은 하나도 중요치 않았습니다. 오히려 그런 것들은 인생의 최악의 순간에서 더더욱 그를 괴롭히는 것들이 되었습니다. 그는 말로 다 표현하기 어려운 마음의 아픔을 온몸과 마음을 다해 표현하다가, 결국 정신과를 가서 조현병 진단을 받았습니다. 그러다 우연히 황상민 박사의 『만들어지는 병, 조현병』

을 읽고 황상민 박사의 WPI심리상담코칭센터를 방문하게 되었습니다. 그리고 황상민 박사와 함께 자신의 마음의 아픔의 정체를 파악해 나가는 '마음읽기'를 시작하였습니다. 단번에 문제가 해결되지는 않았지만, 자신이 어떤 사람인지, 어떤 상황에서 어떤 마음의 아픔을 경험했는지 정리하는 과정에서 그는 많이 안정되었습니다. 하지만, 그의 아버지는 황상민 박사에게 자신을 의대교수라 소개하며 이런 메일을 보내왔습니다.

청년 D의 아버지가 황상민 박사에게 보낸 메일

저는 교수님과 상담했던 D의 아빠입니다. 현재 대학 병원에서 근무하는 교수 △△△입니다.

약 1년 반전 무렵부터 이따금씩 우리 아이가 교수님과 상담했던 것으로 알고 있습니다.
교수님과의 상담으로 평상시에는 아이의 상태가 좋아졌다고 생각됩니다.
예를 들어 부모나 주변에 대한 원망과 탓이 많이 줄었습니다.

외고와 명문대를 나왔으나 그동안 오랫동안 방황하였고, 정신병원에도 입원하였습니다.
새로이 가족과의 단절이 반복되고 있으며 최근에는 피해망상이 점점 심해져 급기야는
정신건강의학과 병원에 입원하게 되었습니다.

(유튜브에서 자신을 감시한다, 지나가는 자동차들이 자기를 감시하고 있다, 저희 부부와
함께 타고 있던 버스 안 검은 옷의 여자들이 자신을 공격한다, 집 밖의 세워진 차들이
무슨 일을 꾸미는 것 같다, 병원에 입원 중인 위독한 할머니를 돌보는 엄마에게 자신을
버리고 간다 등의 말들을 하면서 아이를 달래는 부모에게 자신을 믿지 못한다고도 했습니다.
불안한 모습이 점차 심해져 입원을 하게 되었습니다.)

제가 이메일을 보내는 것은 현재 치료에 있어서 아이가 약물투여를 극도로 거부하고 있다는
것입니다. 심리상담도 좋은 접근이라고 생각되지만, 아이가 꾸준히 자신을 조절하기 위해서는
**조현병에 나름 전문이라는 여러 의사 선생님들이 말씀하듯 약물치료의 병행이 필요하다고
판단됩니다.**

교수님께 많은 짐을 드리는 것 같아 죄송하지만, 아이와 상담하시면서 아이에게 약물치료의
병행을 권해주셨으면 합니다. 저희 부부가 나름 최선으로 설득하려 했으나 잘 안되었습니다.
교수님에 대한 아이의 신뢰는 제 상상 이상이라는 것을 알게 되었기에 이렇듯 부탁드립니다.

 황상민 박사의 답신

△△△ 선생님,

안녕하세요? 따님의 상태에 대한 소식을 접하고 놀랐습니다.
현재 병원에 입원해 있는 아이를 퇴원시킬 수 있을까요? 그리고, 저에게 꼭
데리고 오실 수 있으면 좋겠습니다. 정신건강 의사 선생님이 따님을 조현병이라
진단하고 또 따님에게 사용하는 약이 어떤 약인지, 그것이 어떻게 따님에게
작용하는지 정도는 파악을 좀 해주셨으면 합니다.

따님의 상태에 대해 파악을 하시고 싶으시다면, 꼭 저와 상담 약속을 빨리 잡아서
따님의 상태에 대해 제대로 파악하실 수 있기를 바랍니다. 의사로 몸의 아픔을
보는 역할을 하시는 분과 마음의 아픔에 대해 제대로 파악하지 못하는 상황에
대해서는 꼭 차이를 아셨으면 합니다. 저의 졸저 '만들어지는 병, 조현병'도
일독을 권하고 싶습니다. 따님의 마음을 아시는 데 도움이 되실 것입니다.
감사합니다.

황상민 올림

조현병은 심리적이며 정신적인, 마음의 문제로 발생합니다. 그 결과 다양한 행동, 신체적인 증상을 보입니다. 즉, 마음의 아픔이 공격적 행동이나 환청·환각·사고의 와해 등 복잡한 증상들로 나타나는 것입니다. 그런데 도대체 왜 정신과 의사들은 마음의 아픔의 정체를 파악하려 하지 않고 DSM이라는 매뉴얼을 신봉하고 약물치료를 정답으로 말하는 것일까요? 그것은 현대 의료진이 마음에 대해 가지고 있는 통념 또는 기본적 전제에서 그 이유를 찾을 수 있습니다. 그들은 마음이 있다는 것을 가정하기는 커녕 부정하면서 마음의 표현으로 나타나는 심리, 행동적 기준이 바로 뇌의 이상이나 신경회로, 혹은 신경전달물질의 문제를 그대로 드러낸다고 믿기 때문입니다. 이것은 '생물적 환원주의'에 기초한 의학자들의 믿음입니다. 마음은 보거나 측정할 수 없으니, 아예 마음이 없다고 믿습니다. 하지만 아픈 사람을 치료해야 하니, 그들의 마음이 신체 장기인 뇌와 신경계에 있을 것이라 믿고 그것을 치료하면 될 것이라 생각합니다.

정신의학 책에는 '정신적으로 건강하다'는 의미를 다음과 같이 규정하고 있습니다.

> ⓐ 정신장애가 없고 행동에 뚜렷한 이상이 없이 안정되어 있고 유연한 적응 상태
> ⓑ 환경의 요구에 순응을 넘어서 올바른 사회 발전에 기여하는 방향으로의 적응이 가능한 상태
> ⓒ 성격의 통합과 자신과 주변, 사회에 대한 인식이 가능한 상태
>
> 『신경정신의학』 3rd Edition, p.98

어떠신가요? 분명 여러분은 자신을 대체로 ⓑ의 상태라고 진단해볼 수 있을 것 같습니다. 그러나 우리는 때때로 ⓐ나 ⓑ상태가 아닌 듯한 때도 있습니다. 심지어 나를 못마땅하게 생각하는 누군가는 나를 전혀 ⓑ의 상태로 보지 않을 수도 있습니다. 그렇게 '정신적으로 건강한지' 자가 진단조차 하기 힘듭니다. 이제 정신적으로 건강하다는 것이 어떤 것인지 이해 혹은 판단하기 쉽지 않다는 생각이 드시나요? 더 이해를 돕기 위해, 반대되는 말인 상태, 즉 질환 *illness*이 무엇인지도 찾아보았습니다. 병에 걸렸다는 것은 건강과 대비되는 병적인 상태라고 합니다. 그렇다면 우리는 결국 '정신의 병'이라고 하여 '정신병'이라고 부르지만, 정작 그들이 찾는 병의 정체는 '적응'과 '인식'이라는 단어로 확인할 수 있다는 것을 알게 됩니다.

현재 조현병으로 분류된 사람들이 이미 50만명을 넘겼다고 합니다. 그 놀라운 숫자를 듣고 무서워서 어떻게 살겠냐는 호들갑을 떠는 이야기도 심심치 않게 들립니다. 그런데 여기서 우리가 간과한 사실이 있습니다. 노벨경제학상을 받은 경제학자이자 수학자인 존 내시John Forbes Nash, Jr.(1928-2015)와 안무가인 바츨라프 니진스키Vaslav Nijinsky(1890-1950)도 조현병 환자로 분류되었다는 점입니다. 그뿐이 아닙니다. 천재 과학자 알베르트 아인슈타인Albert Einstein(1879-1955), 의식의 흐름이라는 기법으로 『율리시스』라는 대작을 완성한 작가 제임스 조이스James Augustine Aloysius Joyce(1882-1941), 20세기를 대표하는 철학자이자 지성인 버트런드 러셀Bertrand Russell(1872-1970), DNA를 발견한 제임스 왓슨James Watson(1928-)도 조현병과 관련이 있다고 알려져 있습니다. 본인들이 직접 이 병 때문에 고통 당하지는 않았지만, 이들을 쏙 닮은 자녀들은 이 병으로 진단을 받거나 치료를 받기도 했습니다. 어쩌면 본인들도 정신과 의사들을 찾아갔다면 '조현병' 진단을 받고, 약물치료를 받으며 환자로 지내다 자신만의 업적을 남기지 못했을 가능성이 높습니다. 이 반짝이게 눈이 부신 천재들이 말입니다.

이런 상황에서 벗어나기 위해서라도 이제 '마음의 아픔', '마음의 병'이 무엇인지 바로 그 사람을 중심으로 탐색하는 것이 절실히 필요합니다. 의사들이 상투적으로, 아니 당위적으로 이야기하는 환자중심의 치료, 환자를 위한 치료가 바로 이런 탐색이라 할 수 있습니다. 정신병 환자에게 '뇌의 손상' 때문이라고 말할 것이 아니라 그들이 자신의 마음을 잃고 얼마나 힘들어 하는지 이해하고, 그들이 자신의 마음을 찾아 읽을 수 있도록 돕는 노력과 지원활동을 해야 한다는 것입니다. 그리고 이런 안타까운 대한민국의 상황에서 마음의 아픔을 느끼는 그 사람들이 나와 너와 다르지 않은 사람이라는 인식이 그 무엇보다 필요합니다. 또한 내가 오늘 나의 삶에서 아픔을 느낀다면, 그것은 자신의 마음을 잃어버려 누구에게도 말하지 못하는 마음과 몸의 아픔을 느끼는 그들과 전혀 다르지 않다는 생각도 할 수 있어야 합니다. 그러지 않고서는 우리는 인간을 인간으로 보지 못하고, 인간을 기계처럼, 처분가능한 쓰레기처럼 여기며 지내는 세상에서 벗어나기 힘들 것입니다.

어떤 문제나 이슈에 대한 자신의 믿음이 아픔을 일으키지만,
놀랍게도 자신의 문제나 이슈에 대해서
정확한 믿음을 가지면 그것은 아픔이 되지 않는다.

그러나 내가 겪는 그 문제나 이슈에 대해서
아무런 믿음을 가지지 않을 때,
그것은 나를 아프게 만드는 비수처럼 작동한다.

아픔, 통증은 몸의 이야기가 아니라
마음의 이야기이다.

마음이 아픔

'아픔', '통증'은 일반적이고 보편적인 인간의 삶의 이야기가 아니라
아픔을 겪고 있는 바로 그 사람의 이야기이다.
바로 '그의 마음'에 대한 이야기이기 때문이다.

열반지는 나의 정체성을 인식하면서
나의 아픔으로부터 해방되는 공간이자 해방의 순간을 나타낸다.

마음이 다르다면, 같은 단어로 표현되더라도 그것은 다른 의미를 가진다.
마음은, 물리적으로 비슷한 상황이더라도 각기 다른 의미를 부여한다.
마치 쌍둥이라 비슷한 모습이라도 완전히 다른 마음을 가진 사람으로
다른 삶을 사는 경우인 것과 같다.

각 개인의 각자 다른 삶의 정체는 바로 그가 겪는 아픔을 통해 확인할 수 있다.
각자의 정체성을 나타내는 아픔을 마음읽기를 통해 확인하고,
또 그런 삶의 활동을 도와주는 사람들이 'WPI 심리상담사'이다.
'마음치유사 Mind Healer'이다.

WPI심리상담코칭센터
: 마음읽기

**누구나, 자기 마음의 해방을 이룬 사람이라면,
마음치유사로 활동하는 꿈을 키워 나갈 수 있다.**

· 21세기 뉴 통증 패러다임과 WPI 심리상담

· WPI심리상담코칭센터 소개: 심리상담과 심리치료 서비스

· 마음읽기의 과학: 마음의 MRI

· 나의 마음읽기 도구: WPI

· 이슈와 주제로 세분되는 마음: 마음의 MRI로 각기 다른 마음을 읽다

· 마음치유사의 마음의 MRI 활용 사례

· WPI심리상담코칭센터의 상담서비스

· 마음 속 암 세포를 제거한 사람들의 이야기

WPI센터

21세기 뉴 통증 패러다임과
WPI 심리상담

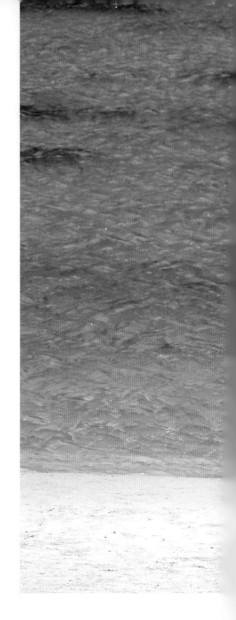

WPI 심리상담과 마음읽기

인간은 누구나 자기 마음을 스스로 파악할 수 있습니다. 그리고, 자기 마음을 파악함으로써 자신이 처한 삶의 문제를 해결할 수도 있답니다. 심리상담은 바로 각자 자기 마음을 읽어, 자신이 처한 삶의 어려움과 아픔의 문제를 해결할 수 있도록 하는 전문 심리치료 서비스입니다. 각 사람들이 가진 '마음의 아픔'이나 '삶의 문제'를 심리상담 전문가를 통해 해결할 수 있게 되는 것, 그것이 심리상담과 치료의 목표가 됩니다.

현재 일반적으로 이루어지고 있는 심리상담과 치료 활동은 환자 개인의 마음의 아픔을 다루면서 '마음'은 잊어버리고 '아픔'만을 다루고 있는 상태입니다. 마음의 아픔을 치료한다 하지만, 마음이 아닌 '아픔'을 제거하는 데 집중하고 있습니다. 심리상담은 누구나 자기 '마음'을 파악하여, 자신의 마음이 만들어 내는 아픔에서 해방될 수 있도록 하는 활동이 되어야 합니다.

미국심리학회에서 2011년에 발간된 책『심리치료의 역사: 변화와 연속성』에서는 심리치료를 이렇게 정의합니다.

"심리치료(心理治療, Psychotherapy)란,
'심리적 수단을 활용하여 정서 또는 신체적 아픔을 처치·치료하는 것'을 뜻한다.
이는 마음이 마음과 몸 모두에 영향을 미친다는 믿음을 내포한다."[•]

● 『심리치료의 역사: 변화와 연속성』, 미국심리학회, 2011년
(Psychotherapy refers to the treatment of emotional or physical ills by psychological means, implying a belief in the influence of the mind on the mind and of the mind on the body)
(J.C. Norcross, G. R. CandenBos, D.K. Freedheim. History of psychotherapy: continuity and change 2nd ed, (Washington, DC : American Psychological Association, 2011)

'심리치료'에 대한 정의에서 강조하는 것이 '심리적 수단psychological instrument'입니다. 마음의 아픔이나 삶의 문제를 해결하기 위해 정신과 의사들이 '정신과 약'을 사용하는 것과 유사하게 '심리적 수단'을 활용하는 것을 언급합니다. 일반심리상담 모델에서는 심리적 수단으로 보통 '심리학 이론'이나 개념들 또는 심리법칙 등을 각기 다른 사람의 적응의 문제에 적용합니다. 이에 비해, 'WPI 심리상담'은 각 사람들이 자신의 마음을

파악할 수 있다는 전제 하에, 내담자(환자)가 자신이 처한 상황과 문제에 대한 믿음을 확인하면서 '믿음의 변화'를 시도합니다. 여기에서 핵심은 아픔을 호소하는 내담자(환자)가 자신에 대해, 자신의 삶에 대해 어떤 믿음을 가지고 있는지를 확인하는 것입니다. 이것을 '마음읽기'라고 합니다. '마음읽기'는 인간이라면 누구나 가지는 마음의 아픔과 삶의 어려움의 정체를 바로 그 사람이 자신과 자기 삶에 대해 가진 믿음을 통해 확인하는 일입니다.

놀랍게도 대부분의 사람들이 겪는 아픔은, 바로 자신이 겪는 삶의 형태와 자신의 경험 심지어 감각에 대해 스스로 어떤 믿음으로 보고 있는지, 어떤 의미를 부여하는지에 따라 구체적으로 그 형태를 드러냅니다. 자신의 마음을 읽을 수 있을 때, 아픔이 사라질 수 있을 뿐 아니라 심지어 문제가 해결되는 새로운 통찰을 가질 수 있게 됩니다. 자신의 '마음의 아픔'에 대한 최고의 대처법, 삶의 문제에 대한 최고의 해법은 바로 '마음읽기'에서 찾을 수 있답니다.

WPI 심리상담에서 '마음'이란 무엇인가?

'마음'이라는 것은 무엇일까요? 인간이라면 누구나 가진 마음이 아닌, '나' 또는 '한 사람'이 다른 사람과 구분되어 가지는 마음이란, '모든 인간'이 가진 마음과 다른 것일까요?

과학을 표방하던 심리학이 탐구하고자 했던 마음은 '일반적이고 보편적인 인간'의 특성인 마음이었습니다. 보편적이고 일반적인 절대자 신의 존재를 찾으려는 그런 기대와 같은 욕망이 반영된 마음의 대한 연구라고 할 수 있습니다. 하지만 신에게서 독립한 인간은 보편적인 마음이 아닌 각자의 마음을 알아야 했습니다. 19세기 이후 점차 각자 자신의 마음에 대한 관심이 증대하기 시작했습니다. 그리고 20세기 이후 '개인주의'라는 개념과 더불어 각자 자신의 존재를 인식하는 일이 더 이상 낯설지 않게 되었지만, '몸'이 아닌 '마음'을 아는 것은 여전히 어려운 일이었습니다.

의학에서는 마음의 존재를 잘 인정하지 않지만, 만약 있다면 뇌와 같은 신체기관 속에 있을 것으로 막연히 가정합니다. 이런 마음에 대한 가정을 심리학의 경우에도 막연히 인정하기도 합니다. 마음을 마치 '영혼'과 유사한 것으로 생각하여, 인간의 몸 속에 있을 것이라고 믿기 때문입니다. 인간에게 마음이라는 것이 있다면 그것은 가장 중요한 신체기관 속에 있을 것이라는 믿음과 같습니다. 하지만 마음은 인간의 신체기관에 자리잡고 있는 물질 대상이 결코 아닙니다. 마음은 마치 '절대자 신'의 존재를 인간이 인식하는 방식과 같은 존재입니다. 마음은 물질로 확인되지 않으며, 그것은 바로 '각자가 가진 믿음'과 같은 것입니다.

'마음'이란 각 사람들이 가진 '특정 주제나 이슈에 대한 믿음'으로 확인할 수 있습니다. 한 사람이 자신과 자신의 삶에 대해 가진 '믿음'입니다. 비물질적인 어떤 것이지만, 살아있는 인간이 자기 마음을 인식하듯이 다양한 방식으로 표현을 할 수 있습니다. 인간은 '의식'의 방식으로, 더 구체적으로 '자신이 어떤 사람인지로 인식하고 표현하는 방식'으로 자신의 '마음'을 나타낼 수 있습니다.

한 사람이 자기 자신을 인식할 때, 이것을 '자아self'라고 합니다. '자기 자신이 어떤 사람인지'를 인식하는 것이 바로 '자아'에 대한 믿음의 표현이자, 자기 마음을 확인하는 것입니다. 교회나 절에서 외치는 "믿습니다!"와 같은 '믿음'이 아니라, 어떤 한 사람이 특정한 주제나 이슈에 대해 가진 자아의 믿음이 바로 그 사람의 '마음'입니다. 마음을 구체적으로 확인하기 위해서는 각기 다른 사람들의 마음을 확인하고 비교하는 것이 필요합니다.

여기, 세 명의 학부모가 각자 자신의 '자녀와 교육'에 대해 가진 각기 다른 '믿음'을 확인하고 비교해 봅시다.

학부모A 우리 아이는 얌전하고 착하고, 말도 잘 들어요. 공부를 조금만 더 잘하면 좋겠는데 그게 항상 걱정이에요.

학부모B 제멋대로인 우리 아이 때문에 머리가 아파요. 제발 생각이라도 좀 하면서 지냈으면 좋겠어요. 수업시간에 집중하지 못하고 엉뚱한 소리만 한다는 담임선생님 말씀을 들을 때마다 창피해서 얼굴을 들 수가 없어요.

학부모C 애들이 꼭 제 시간에 학교에 갈 필요가 있나요? 아직 한참 어린데 조금은 자유롭게 놔둬도 될 거 같아요. 나중에 자기가 하고 싶은 게 생기면 그때 열심히 하면 되지요.

'자녀 교육에 대한 마음'을 이렇게 표현할 때, 여러분들은 그 사람이 누구인지, 어떤 삶을 살고 있는지를 나름 추론할 수 있습니다. 모두 자녀의 공부에 대한 마음을 나타내고 있습니다. 자녀 교육과 관련된 부모의 마음은 마치 '교육'이나 '공부'와 관련된 자녀에 대한 마음을 표현하는 것과 같습니다. 하지만 이런 경우, 부모는 자신의 마음과 자녀, 공부와 관련된 마음을 동시에 표현하는 것입니다.

한 사람의 마음은 그가 하는 말이나 글, 행동 등으로 표현됩니다. 이 믿음은 그 사람이 가지는 다른 믿음과 행동에 영향을 끼칩니다. 각자가 자신의 삶을 산다는 것은 바로 자기 마음을 생활 속에서 표현하는 것입니다. 만일, 자기 삶의 주인으로 산다면, 자신이 가진 믿음을 표현하는 것입니다. 하지만 누군가 자신의 마음을 표현하지 못한다면, 아니 누군가의 지시나 명령에 따라 산다면 그것은 '노예의 마음'으로 사는 것입니다.

각 사람들이 각기 다른 이슈에 대한 자기 마음을 있는 그대로 표현하지 못할 때, 마음의 아픔을 겪게 됩니다. 마음의 아픔은 자신이 겪는 삶의 어려움이나 문제에 대해 정확한 믿음을 가지지 못할 때 생겨납니다. 마음이 제대로 표현되지 못하면, 아니, 자기 마음을 알지 못할 때 우리는 모두 각기 다른 방식으로 '마음의 아픔'을 겪게 됩니다.

마음읽기

보는 만큼 알게 되는 행위

글 이해봄: WPI심리상담코칭센터

마음읽기: '의식하는 마음'을 '보는 만큼' 알게 되는 행위입니다.

대부분의 사람들은 어떤 일이나 문제를 두고 '아는 만큼 보이고', '아는 만큼 해결할 수 있다'고 믿습니다. '안다는 것'에 대한 믿음을 나타내는 말이지요. 하지만, '아는 만큼 보인다'는 문장의 '안다는 것'은 기존 지식과 정보를 소유하여 활용한다는 의미입니다. '딥 러닝'을 통한 '인공지능 AI'의 개발, '챗 GPT' 등을 활용하여 뭔가를 새로 만들었다는 것도 모두 기존의 지식과 정보를 활용하여 인간이 마치 이전에 몰랐던 뭔가를 알게 되었다고 믿게 되는 것입니다. 특정한 분야의 전문가들이란 보통 이런 지식과 정보를 각 분야에서 더 잘 활용하는 인간이라는 뜻입니다. 챗 GPT와 같은 인공지능이 전문가를 대체한다는 것도 기존의 지식이나 정보의 기계적, 자동적 활용을 의미합니다. 하지만, 이런 존재나 전문가가 우리 각자가 느끼는 일상생활의 삶의 문제나 어려움, 또는 아픔을 해결해 줄 수 있을까요? 만일, 어떤 절대적 힘을 가진 존재나 전문가들이 나를 대신하여 나의 문제를 해결해 줄 것이라 믿는다면, 그런 기대를 할 수 있을 것입니다. 하지만, '절대자 신'이나 '국가권력', 또는 '전문가'가 우리가 겪는 문제나 어려움을 해결하는 데 약간의 도움은 줄 수 있겠지만, 나를 대신하여 나의 문제를 해결해 주지는 않습니다.

나를 위한 소개서를 챗 GPT 와 같은 것을 활용하여 멋지게 쓸 수는 있지만, 그것을 읽는 사람은 나를 발견하기보다, 멋진 하지만 진실성이 없는 누군가를 발견하게 됩니다. 전문가를 사용하여 나의 문제나 어려움을 해결하려 할 때에도 마찬가지입니다. 대부분의 경우, 그 전문가는 나를 위해 일한다고 하지만, 자신의 이익을 위해 나를 이용하는 이상한 상태로 몰아넣게 되는 경우가 대부분입니다. 물론, 전문가는 자신의 고객 *client*을 위해 일한다고 하지만, 그 일은 단지 전문가로서 해야 할 역할을 할 뿐인 상황입니다.

이것을 '전문가 활용의 비극'이라 합니다. 어떻게 하면, 우리 각자는 이런 비극에서 벗어나서, 나의 삶의 어려움과 문제를 해결하기 위해 전문가를 잘 활용할 수 있을까요? 특히, 내가 '아픔의 노예', '병의 노예'가 되지 않고, 나의 삶의 주인으로 살아가면서, 전문가라는 의사나 심리상담사 또는 변호사, 건축사, 세무사 등의 사람들을 잘 활용할 수 있을까요? 그것은 바로 내가 '아는 만큼 본다'가 아니라 '보는 만큼 안다'는 것을 실천하는 것입니다.

'보는 만큼 아는 상황'은 어떤 것일까요? '보는 만큼 안다는 것'은 나 자신이 가진 감각과 지성을 활용하여 나의 마음을 읽음으로써 '나의 문제에 대한 분명한 이해를 한다'는 뜻입니다. 기존의 지식과 정보를 기반으로 어떤 대상이나 나의 문제를 인식하고 이해하는 것이 아닙니다. 내가 어떤 상황에 처해 있으며, 또 이 상황에서 어떤 마음으로 이 문제를 보고 있는지를 파악한다는 뜻입니다. 이것을 '의식하는 마음'이라 할 수 있습니다. 자신이 처한 상황이나 문제에 대해 가진 자신의 인식을 분명히 표현해 낸다는 것입니다. 이것은 바로 자기 마음을 읽어내는 것으로 가능합니다. '절대 자신'이나 '엄청난 부' 또는 '사회적 지위나 권력' 등과 같은 외부의 힘을 의식하거나 가진 사람일수록 자신을 인식하거나 자기 마음을 읽는 것은 더 어렵습니다.

'마음읽기'에서 누구나 자신의 마음을 '보는 만큼' 알 수 있습니다. 이 말은, 자기 마음을 의식할 수 없다면, 자기 마음을 읽을 수 없다는 뜻입니다. 누구나 가진 삶의 어려움, 문제, 또는 '아픔'이나 '통증'의 문제도 마찬가지입니다. 인간은 두렵고 힘든 것을 피하고 싶은 본능적인 반응을 하듯이, 자신의 어려움이나 문제 또는 아픔에 대해 의식을 하기보다 피하려 합니다. 그리고, 이런 것은 나 대신 다른 누군가가 해소해 주기를 바랍니다. 바로 전문가라는 사람들을 통해 그 문제가 해결될 것으로 기대하는 것입니다. 하지만, 대부분 이런 경우 전문가가 만들어 내는 또 다른 비극의 희생양 또는 주인공이 될 수 있습니다. 따라서, '마음읽기'는 자기 삶의 주인이 되고자 하는 사람들을 위한 일종의 '치유와 수련' 활동이라 할 수 있습니다. 스스로 자신의 마음을 의식할 수 있는 만큼, 또 자신의 마음을 보는 만큼 자신의 문제나 삶이 바뀔 수 있다는 것을 경험할 수 있는 것입니다.

자기 마음을 '보는 만큼', 자신의 문제와 어려움, 특히 아픔이 해소되는 과정은 단시간에 이루어지지는 않습니다. 누구도 자신에게 정답과 같은 길을 줄 수도 없습니다. 단지 무엇에 대한 자신의 마음이 무엇인지를 아는 것을 통해 마치 스스로 자신의 마음을 보게 되는 것과 같은 경험을 할 뿐입니다. 이것이 바로 '의식하는 마음'을 '스스로 보게 된다'라는 것입니다. 과거 명상이나 참선 또는 다양한 깨달음의 길을 강조했던 종교적 행위에서는 이런 과정을 절대자 신을 향한 인간의 지혜의 탐구라고 언급했습니다. 하지만, 21세기 뉴통증 패러다임에 기초한 '자기 삶의 주인'으로 살아가는 사람들은 자신의 아픔과 혼란을 야기하는 마음의 정체를 파악하는 것을 '의식하는 마음'의 활동으로 체험할 수 있습니다. 이것이 WPI 심리상담에서 이루어지는 '마음읽기' 활동입니다.

우리는 자기 자신이 겪는 아픔에 대해 의미를 부여할 때, 더 이상 아픔의 노예가 아니게 됩니다. 그리고, 아픔에서 벗어나는 힘을 얻게 됩니다. 자신이 겪는 아픔에 의미를 부여한다는 뜻은, 그 아픔과 관련된 마음을 의식하여 읽어내는 일입니다. 여기서 '의식'한다는 것은 아픔의 원인이나 이유를 찾는 것이 아니라, 아픔이 자신에게 어떤 의미를 가지고 있는지, 자신이 현재 겪고 있는 자신의 아픔에 어떤 의미를 부여하고 있는지 등의 아픔과 관련된 자신의 믿음을 탐색한다는 의미입니다. '의식하는 마음'은 자신의 경험을 있는 그대로 인정하고 받아들일 수 있느냐가 핵심입니다.

내가 가진 어려움이나 아픔, 내가 처한 곤란한 상황 등에 대해 그것을 온전히 내 것이라고 받아들이느냐, 혹은 내가 아닌 누구 탓으로 돌리는 등의 상황이냐에 따라 '마음읽기'는 큰 차이를 만들어 냅니다. 이런 마음읽기에는 '옳고, 그름'과 같은 답은 없습니다. 단지, 자신이 가진 문제나 아픔에 대해 자신이 어떤 믿음으로 보고 있는지를 파악할 수 있느냐, 아니면 하지 않으려고 하느냐로 구분될 뿐입니다. '남 탓', '상황 탓' 또는 '부정'이나 '부인', '회피' 등의 방식으로 의식하고 행동하는 것에선, 결코 '마음읽기'가 일어날 수 없습니다. 자기 마음을 의식하는 활동은 무엇이든 그것이 자신의 것이라고 믿을 때, 자신의 마음을 읽을 수 있습니다. '자기 삶의 주인이 되는 삶'이라는 것이 물질적인 것을 소유하는 것이나 전문가에게 답을 구하는 것이 될 수 없는 이유도 바로 여기에 있습니다. 물질이나 전문가 등은 마치, 과거 노예를 소유하고 활용하는 사람을 주인이라고 했듯이 내가 활용하는 대상이지, 결코 나의 마음을 대신하여 나의 어려움이나 아픔을 대신 해결하는 주인이 되어서는 안되는 것입니다.

'있는 그대로'의 자기 자신의 마음을 읽는다는 것은, 어떤 정해진 프레임(세상에 이미 존재하는, 나 아닌 외부에서 부여한 정보나 지식) 없이, 그냥 세상에 존재하니 내가 마주하여 보는, 어떤 그림을 보는 만큼 아는 행위입니다. 그림을 앞에 두고, '나는 본다, 이 그림은 나에게 어떤 의미가 있고, 어떤 메시지를 줄까' 생각을 하는 일입니다. 정말 어렵게 느껴집니까? 그렇습니다. 누가 던져주는 먹이를 그대로 받아먹는 것보다 힘들기는 합니다. 하지만, 자기 마음을 가지고 있는 사람이라면, 자기 삶의 주인으로 살고 싶은 마음이 있는 사람이라면, 이것이 바로 살아있는 인간이 할 수 있는 최고의 행위입니다. '마음읽기'를 한다는 것은, 자신을 생생하게 느끼면서, 자신만의 삶의 의미를 찾고 부여하는 일입니다. 자신의 삶에 생명력을 부여하고, 또 자신이 인간으로 더 잘 살아나갈 수 있는 '마음 수련'이자 '자기 마음 찾기'의 과정입니다.

WPI 심리상담 치료 모델은 무엇이며,
어떻게 이루어지나?

WPI 심리상담 모델은 아픔을 호소하는 사람의 '마음이 무엇인지 파악하고', 그에게 아픔을 야기하는 그의 마음이 무엇인지를 확인합니다. 아픔의 야기하는 마음의 정체를 파악하여, 그의 마음이 바뀔 수 있는 길을 찾습니다. 내담자(환자)가 자기 마음을 스스로 표현하는 과정을 통해 자신의 마음을 읽게 되면, 자신이 처한 상황을 다른 시각에서 바라보고 파악할 수 있게 됩니다. 자신을 족쇄처럼 속박하고 있던 통념적인 믿음의 정체를 확인하고, 표면적인 문제가 아닌 실제문제를 알게 됩니다. 내담자는 자신의 정체성과 삶의 의미를 새로이 인식하여, 예전과는 다른 변화된 삶을 살 수 있게 됩니다. 내담자(환자) 자신이 자기 마음을 확인하고 읽어가게 되면서, 스스로 자신의 마음이 바뀌는 경험도 하게 됩니다.

'아픔'은 몸의 문제나 신체 기관의 이상으로 발생하는 것이 아니라,
우리 마음이 만들어 내는 '심리현상'입니다.
'아픔'과 같은 '심리현상'을 야기하는 마음의 정체를 파악하면,
누구나 아픔을 해결하는 주체가 될 수 있습니다.

역사적으로, 전통적으로 인간은 이런 아픔의 정체를 파악하고 해결하는 데 자신의 마음을 살펴보기보다, 종교의 '사제'나 '무당' 또는 '의사'와 같은 전문 직업인의 서비스에 의존했습니다. 그리고 아픔은 자기 마음이 아닌, 몸의 문제인 신체 기관의 이상이나 외부의 충격이나 영향에 의해 생겨난다고 믿었습니다.

WPI 심리상담 모델에 의한 '마음읽기'는 누구나 자신이 가진 아픔을 자기 마음을 읽는 것으로 해소할 수 있다는 것을 알려줍니다. 자신의 간절한 욕망을 충족시키려는 믿음이 자기 삶의 변화를 일으키기도 합니다. 막연한 믿음, 막연히 기대하는 마음이 아닌 스스로 자기 삶의 주체가 되는 믿음이 아픔과 삶의 문제를 해결한답니다. 이것은 약물이나 수술, 처치(카이로프랙틱, 도수 치료, 마사지 등) 등과 같이 직접 몸을 통한 아픔의 변화와 근본적으로 다른 형태의 '마음의 아픔'에 대한 '심리치료'입니다.

WPI 심리상담 치료 모델과 마음읽기

대부분의 사람들은 자기 마음을 파악하기 힘듭니다. 이런 사람들을 위해 누군가 그 사람의 마음을 읽어준다는 것이 가능할까요? 특히, 마음이 아플 때나 자기 삶이 힘들다고 느낄 때, '중이 제 머리 못 깎는다'라는 속담처럼, 자기 마음을 파악하기란 정말 어렵습니다. 누군가가 자기 대신 마음을 읽어주고, 또 마음을 잡아주기를 바라게 됩니다. 신체의 아픔을 겪을 때 바로 병원에 가야 한다고 믿는다면, 이런 아픔의 순간을 대신 처리해주기를 바라는 것은 전혀 이상한 일이 아닙니다. WPI 심리상담사는 어떤 사람이 처한 상황에서 그 사람이 처한 문제에 대한 바로 그 사람의 마음을 대신 읽어줍니다. 마음을 읽어주는 서비스, '마음치유사'의 역할을 하는 것이 바로 WPI 심리상담, 심리치료 활동입니다.

'WPI 심리상담가(마음치유사)'와 함께 하는
'WPI 심리상담'은 어떻게 진행되나요?

'WPI 심리상담 전문가'는 사전에 보내온 내담자의 상담사연을 통해 내담자가 현재 처해 있는 상황과 믿음을 파악합니다. 상담사연에서 확인한 내용과 WPI 심리검사 프로파일의 단서를 입체적으로 해석하여 내담자의 마음과 아픔의 정체를 명확하게 읽어나갈 준비를 합니다. 내담자와의 실제상담에서 수집한 단서를 통해 내담자의 마음을 '정밀 해부'합니다. 비슷한 WPI 심리검사 프로파일 유형을 가진 사람이더라도 그 사람이 처한 환경에 따라 다르게 해석될 수 있기에, WPI 심리상담 전문가는 사전에 수집된 정보와 내담자와의 실제 상담에서 얻게 되는 단서들을 종합적으로 분석합니다.

개개인의 삶은 모두 다르기 때문에, 다양한 이슈에 따라 반응하는 인간의 내면을 정밀하게 해부하는 '과학적 사고 훈련'을 마친 WPI 심리상담 전문가만이 내담자의 삶의 변화를 가능하게 하는 통찰을 가지게 됩니다.

WPI 심리상담 전문가는 'WPI 심리상담 모델'을 활용하여 내담자 스스로 자기 마음을 직면하고 살펴보도록 도와줍니다. 내담자는 WPI 심리상담 과정을 통하여 자신이 존재조차 모른 채 갖고 있거나 막연히 인식했던 자신의 삶의 문제와 자신의 상황에 대한 통념적인 자기만의 믿음을 뚜렷이 인식하게 됩니다. 내담자는 WPI 심리상담 전문가의 도움으로 스스로 자신을 얽매고 있는 자신과 자신의 삶에 대한 통념적 믿음의 사슬을 끊어낼 수 있게 됩니다. 내담자가 가진 문제의 해결은 바로 현재 내담자의 마음이 변화하는 것으로 가능합니다. 그것은 바로 자신이 처한 상황과 문제와 관련된 이슈들에 대한 새로운 믿음을 가지게 되는 것으로 가능해집니다. 내담자는 변화된 시각으로 자신의 문제를 바라보게 됩니다. 그리고, 마음의 아픔에서 해방되는 경험을 하게 됩니다. 자기 마음을 인식하는 것으로 통증해방, 마음해방의 경험을 하게 되는 것입니다.

WPI 심리상담 과정을 통해
내담자는

- 자신의 정체성을 뚜렷이 인식할 수 있게 됩니다.
- 자신의 삶의 의미를 일상생활과 자신의 일에서 찾을 수 있습니다.
- 자신의 생활과 일에서 분명한 상담의 효과를 확인할 수 있게 됩니다.

WPI 심리상담 모델에 의한
심리상담 및 치료 활동 단계

WPI
심리상담·치료 | **'생각(고민)'을 통해 스스로 문제를 해결**
정체성을 되찾고, 살아갈 힘을 얻음(부작용 없음)

○ **표면적 문제 파악**
사연으로 내담자의 상태 및 단서 파악

○ **믿음의 정체 발견**
내담자의 믿음·통념·욕망 확인

○ **실제문제 파악**
표면적 문제 폐기, 상담 및 WPI검사결과를 통한 추가 단서로 실제문제 파악

○ **해결방법, 솔루션 제공**
불쾌감·좌절감·우울감 사라짐, 일상생활로 복귀

WPI 심리상담 치료 모델

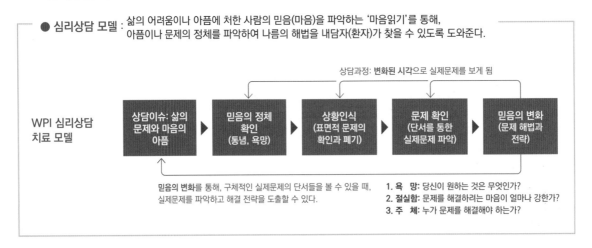

- **심리상담 모델** : 삶의 어려움이나 아픔에 처한 사람의 믿음(마음)을 파악하는 '마음읽기'를 통해, 아픔이나 문제의 정체를 파악하여 나름의 해법을 내담자(환자)가 찾을 수 있도록 도와준다.

상담과정: **변화된 시각으로 실제문제를 보게 됨**

WPI 심리상담 치료 모델

상담이슈: 삶의 문제와 마음의 아픔 ▶ 믿음의 정체 확인 (통념, 욕망) ▶ 상황인식 (표면적 문제의 확인과 폐기) ▶ 문제 확인 (단서를 통한 실제문제 파악) ▶ 믿음의 변화 (문제 해법과 전략)

믿음의 **변화**를 통해, 구체적인 실제문제의 단서들을 볼 수 있을 때, 실제문제를 파악하고 해결 전략을 도출할 수 있다.

1. **욕 망:** 당신이 원하는 것은 무엇인가?
2. **절실함:** 문제를 해결하려는 마음이 얼마나 강한가?
3. **주 체:** 누가 문제를 해결해야 하는가?

WPI 심리상담은 현재 내담자가 가진 마음의 정체를 확인하고, 현재의 어려움과 아픔을 해소하기 위한 변화를 일으키려 합니다. 이 변화는 내담자가 자신의 마음을 읽게 되면서 자신의 어려움과 아픔에 대한 새로운 통찰과 믿음을 가지게 될 때 일어납니다. 믿음의 변화를 통해 '표면적 문제'가 아닌 '실제문제'를 파악하며, 문제를 해결할 수 있는 자신의 일과 생활에서 구체적으로 변화를 일으킬 수 있는 전략까지도 세울 수 있습니다. 마음의 변화를 통해 삶의 변화를 일으키는 것입니다.

WPI 심리상담사로 '마음치유사'의 역할을 하는 사람들은 'WPI 심리상담 치료 모델'에 따라 내담자의 마음을 읽을 수 있기 때문에, 내담자를 대신해 현재 처한 상황에서 겪고 있는 문제를 파악하고 바로 그 사람의 마음을 읽어줄 수가 있답니다. 물론, 이것을 잘 하기 위해 '마음치유사'는 내담자의 마음에 대한 다양한 파악을 할 수 있어야 합니다.

'마음읽기'라는 활동이 내담자와 마음치유사 사이에 잘 일어나기 위해서는 무엇보다 내담자 스스로 자신의 상황과 문제를 제대로 파악하고자 하는 욕망이 있어야 합니다. 여기에서 '욕망'이란 자신에 대해 알고 싶다는 욕망, 자기 삶을 잘 살아가고 싶다는 욕망, 또 무엇보다 자신이 어떤 마음으로 어떻게 살아가고 있는가를 있는 그대로 알고 싶다는 욕망이 뚜렷해야 합니다. 이것을 제대로 잘 하여야 한다는 '절실함'도 있어야 합니다. 이와 동시에 마음치유사의 도움을 받기는 하지만, 자신이 처한 상황을 파악하고 자신의 문제를 자신이 해결하려는 '주체'이어야 한답니다. WPI 심리상담 치료 모델은 한 사람의 마음을 '합리와 비합리' 또는 '정상과 비정상'으로 평가·판단하는 일이 아닙니다. 한 개인의 특성과 마음을 있는 그대로 인정하면서 삶의 어려움과 아픔을 해결할 수 있게 하는 심리상담·심리치료 활동입니다.

WPI 심리상담의 치료 목표
: '주인된 삶'

WPI 심리상담·코칭은 21세기 대한민국, 심리학자 황상민 박사가 만든 자기 마음을 알아볼 수 있는 'WPI 심리검사'에서 시작되었습니다. WPI 심리상담·코칭은 WPI 심리검사를 활용하여 누구나 자기 마음을 읽을 수 있을 때, 각자 자신의 삶의 어려움과 아픔을 해결할 수 있다는 사실에서 시작한 심리상담·심리치료 방법입니다. 무엇보다, 이 심리상담 치료 모델은 내담자(환자)의 마음이 무엇인지 규정합니다. '자신에 대한 인식을 명확히 하는 것', 그리고 그것을 통한 '자기 문제의 정체를 파악하는 것', 그리고 '아픔을 해결해 나갈 수 있는 힘을 갖게 되는 것', 이 모든 것이 '마음읽기'를 통해 일어납니다. 그뿐 아니라 내담자의 어떤 마음이, 그 사람이 호소하는 아픔을 어떤 방식으로 유발하는지를 확인할 수 있습니다.

WPI 심리상담 모델에서 자기 마음을 확인하고, 또 이 마음의 변화를 일으키는 기본 기제는 바로 내담자가 자기 삶의 주인으로 살아가겠다는 분명한 삶의 목표와 욕망을 가지는 것입니다. WPI 심리상담 모델을 통해 아픔을 겪는 내담자가 삶의 용기와 목표를 새롭게 설정할 수 있는 이유가 바로 여기에 있습니다. 자신의 삶에 대한 간절함과 자기 삶을 어떤 방향으로 이끌어 가겠다는 뚜렷한 욕망이 'WPI 심리상담 모델'을 통해 삶의 어려움과 아픔이 해결될 수 있는 핵심 기제입니다. 물론, 이런 마음읽기를 통한 변화는 저절로 이루어지지 않습니다. 시간이 걸리더라도, 내담자(환자)가 스스로 자신과 자기 삶에 대한 마음이 무엇인지, 아니 자신이 이것에 대해 어떤 믿음을 가지고 있는지 스스로 파악하겠다는 최소한의 의지와 힘은 있어야 합니다.

이런 측면에서 지난 50년의 일반적으로 가져왔던 심리상담과 치료의 역사에 대해 조금 다른 해석도 해 볼 수 있을 듯합니다. 일반심리상담 모델에서는 마음의 아픔을 겪고 있는 많은 사람들에게 최소한의 자기를 알 수 있는 의지와 힘을 제공하는 '공감'에 기초한 위로·위안·격려 활동에 치중해왔습니다. 아픔을 겪는 사람들에게 이런 심리상담도 분명 나름의 효과가 있었습니다. 하지만, 비정상 상태를 정상 상태로 돌려 놓는다는 심리상담이나 치료의 목표는 어떤 삶을 살 수 있다는 삶의 방향을 바꾸는 것은 아닌 듯합니다. 누구나 자기 삶의 주인으로 살아가려 하기보다, '어렵고 힘든 상황에서 주인님을 위한 성실한 종의 마음으로 살아가도록 도와주는 심리상담·심리치료의 기능은 아니었나' 하는 우려도 해보게 됩니다. 누구나 어떤 기준에 맞추어진 삶을 사는 것이 목표가 되어서는 안 될 것입니다. 각자도생의 삶을 추구하는 21세기에, 각자 자기 삶의 주인으로 살아갈 수 있는 '아픔의 치유'라는 목표가 모두에게 공유되기를 바랍니다.

마음읽기는 먼저, 나 자신이 어떤 마음으로 사는가를 확인하는 것에서 시작한다.

나의 마음이 무엇인지 아는 것은
현재 나 자신이 어떤 사람으로, 어떻게 사는지를 아는 것이다.

나의 마음을 읽게 되면,
'마음치유사'로 주위 사람들의 마음을 읽을 수 있는 준비가 된 것이다.

모든 인간은 누구나
자기 마음을 스스로 파악할 수 있고,
또 자기 마음을 파악함으로써
자기 삶의 문제를 해결할 수 있다.

당신을 알고
당신을 믿고
당신을 표현하세요.

모두를 위한 하나의 정답은 없습니다.
오직 당신만을 위한 확실한 해법을 제시하는

통증해방:
WPI심리상담코칭센터

WPI심리상담코칭센터
황상민 대표

마음의 아픔을 치료하는 심리상담과 치료,
삶의 문제와 어려움을 해결하는 코칭 서비스

WPI심리상담코칭센터는 누구나 가진 삶의 어려움과 아픔이
자신의 마음과 어떻게 관련되어 있는지 스스로 인식할 수
있는 '심리상담'과 '심리치료'를 하는 곳으로, 삶의 문제와
어려움을 해결하는 '라이프 코칭 서비스'를 제공합니다.

서울대 심리학과 졸업, 미국 하버드 대학에서 심리학 석사와
박사를 받고, 세종대 교육학과 교수, 연세대 심리학과 교수를
거친 황상민 박사로부터 삶의 어려움과 마음의 아픔에 대한
심리상담과 치료 서비스를 받으실 수 있습니다.

* 대부분의 심리학이나 정신의학에서의 상담은 심리학 이론이나 개념에
맞추어 마음의 아픔을 병으로 지칭하여 약으로 치료하려 하거나, 심리개념
이나 이론에 근거하여 공감이나 위로, 위안을 주면서 환자(내담자)가 가진
아픔을 해소하려 합니다. 아픔의 증상을 제거하거나 비정상적인 행동 특성
들을 없애는 데 초점을 둡니다. WPI 심리상담 모델에 기초하여 각 사람들
의 마음의 아픔을 치유하는 '마음치유사Mind Healer'는 아픔을 겪는 바로
그 사람의 '마음'에 초점을 둡니다. 누구나 자기 마음을 인식할 수 있다면,
삶의 문제와 아픔에 대한 해법을 찾아낼 수 있기 때문입니다.

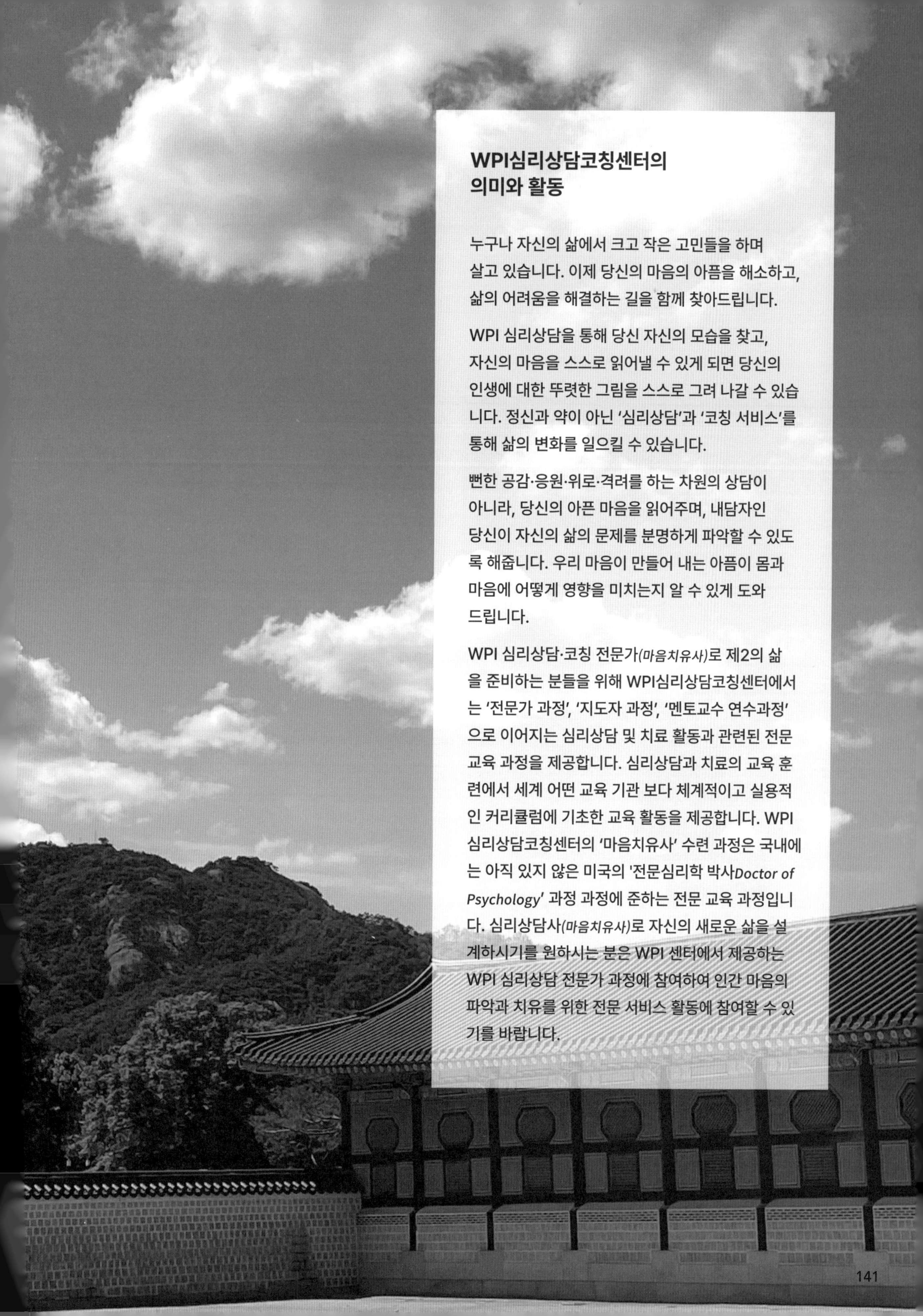

WPI심리상담코칭센터의
의미와 활동

누구나 자신의 삶에서 크고 작은 고민들을 하며
살고 있습니다. 이제 당신의 마음의 아픔을 해소하고,
삶의 어려움을 해결하는 길을 함께 찾아드립니다.

WPI 심리상담을 통해 당신 자신의 모습을 찾고,
자신의 마음을 스스로 읽어낼 수 있게 되면 당신의
인생에 대한 뚜렷한 그림을 스스로 그려 나갈 수 있습
니다. 정신과 약이 아닌 '심리상담'과 '코칭 서비스'를
통해 삶의 변화를 일으킬 수 있습니다.

뻔한 공감·응원·위로·격려를 하는 차원의 상담이
아니라, 당신의 아픈 마음을 읽어주며, 내담자인
당신이 자신의 삶의 문제를 분명하게 파악할 수 있도
록 해줍니다. 우리 마음이 만들어 내는 아픔이 몸과
마음에 어떻게 영향을 미치는지 알 수 있게 도와
드립니다.

WPI 심리상담·코칭 전문가(마음치유사)로 제2의 삶
을 준비하는 분들을 위해 WPI심리상담코칭센터에서
는 '전문가 과정', '지도자 과정', '멘토교수 연수과정'
으로 이어지는 심리상담 및 치료 활동과 관련된 전문
교육 과정을 제공합니다. 심리상담과 치료의 교육 훈
련에서 세계 어떤 교육 기관 보다 체계적이고 실용적
인 커리큘럼에 기초한 교육 활동을 제공합니다. WPI
심리상담코칭센터의 '마음치유사' 수련 과정은 국내에
는 아직 있지 않은 미국의 '전문심리학 박사*Doctor of
Psychology*' 과정 과정에 준하는 전문 교육 과정입니
다. 심리상담사(마음치유사)로 자신의 새로운 삶을 설
계하시기를 원하시는 분은 WPI 센터에서 제공하는
WPI 심리상담 전문가 과정에 참여하여 인간 마음의
파악과 치유를 위한 전문 서비스 활동에 참여할 수 있
기를 바랍니다.

WPI심리상담코칭센터
: 심리상담과 심리치료 서비스

WPI심리상담코칭센터에서 이루어지는 '심리상담'과 '심리치료', '라이프 코칭 서비스'는 내담자의 마음을 읽을 수 있는 'WPI 심리상담 모델'에 기반하여 이루어집니다. 누구나 자신의 '마음'이 무엇인지를 파악하면서 자기 삶의 어려움과 아픔의 문제를 해결할 수 있습니다.

마음의 해방: WPI심리상담코칭센터

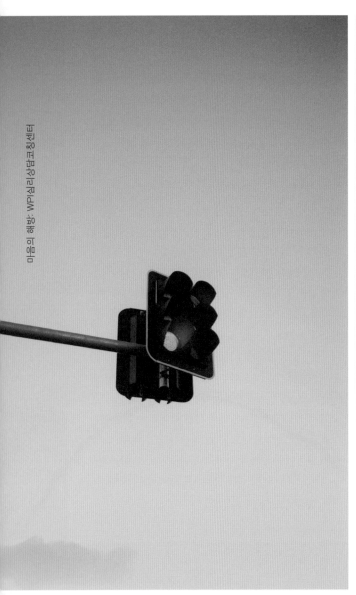

'어쩔 수 없다'고 참고 지내야 했던 마음의 혼란, 불안, 두려움 등의 감정과 더불어 단지 '아프다'는 말 밖에 표현할 수 없었던 자신의 고통이 어떤 믿음에서 생겨나는 것인지 파악해 보세요. 그리고, 이런 어려움과 아픔에 대해 어떤 해법을 찾을 수 있을지에 대한 통찰을 얻기 바랍니다. 자신의 마음을 읽게 되면 자신이 생활하면서 겪는 아픔을 해소하고 또 자신의 문제를 해결할 수 있게 됩니다.

누구나 '마음읽기'를 통해 각자의 삶을 변화시킬 수 있는 길을 찾게 합니다. 겉으로 드러나는 표면적인 문제가 아닌, 실제문제를 파악하여 문제와 아픔에 대한 해법을 찾게 됩니다. 몸과 마음의 아픔으로 나타나는 다양한 형태의 자기 삶의 어려움에 대한 해법을 자기 '마음읽기'를 통해 찾게 됩니다.

그들은 엘박지에서 통중해서 이렇듯 이동은 가능한가?

다음과 같은 삶의 어려움과 아픔을 호소하는 분들이 WPI심리상담코칭센터에 방문합니다.

인생을 잘 살고 싶어요. 최소한 남들이 하는 만큼은 하려고 열심히 쫓아가고 있어요. 나름대로 성취도 했는데, 왜 갈수록 공허한 마음이 들까요? 내가 맞게 살고 있는 건가요?

정신과에서 '공황장애' 진단을 받고 '항우울제'를 먹고 있어요. 심장이 두근거리거나 감정적으로 힘든 경험은 줄었는데, 일상생활도 함께 멈춰버린 느낌이에요. 제가 꼭 로봇이 된 것 같아요.

단체생활이 힘들어요. 어떻게든 사람들과 어울려 보려고 노력했는데, 여전히 어색하고 외로워요. 저는 왜 이 모양일까요?

이유없이 불안해요. 특히 사람들이 많은 곳에서 더 심해요. 신경이 예민해져서 밤에 잠도 잘 못 자고 생활이 엉망이 되었어요. 어떡하면 좋죠?

우리 아이와 잘 지내고 싶은데, 도저히 아이의 마음을 알 수가 없어요. 어떻게 해야 하죠?

어째서 아이가 제대로 하지 않는 걸까요? 어떡하면 아이가 좀 생각이라도 하면서 살 수 있게 할까요?

분명 몸이 아픈데, 병원에서는 아무 이상이 없대요. 심리상담도 받아봤는데 그때만 위로가 될 뿐 크게 달라진 것은 없어요.

WPI 심리상담가 황상민 박사와의 직접 상담 또는 WPI 심리상담 전문가들이 제공하는 각기 다른 수준의 WPI 심리상담·코칭 서비스를 경험할 수 있습니다. 스스로 믿는 문제의 경중, 가성비 또는 시간과 해법의 갈급함 등에 기초하여 황상민 박사와의 상담이나 전문가 상담을 선택하여 신청할 수 있습니다.

WPI 심리상담을 경험해보신 분들은 이것이 일반심리상담에서 흔히 경험했던 뻔하고 의례적인 공감이나 응원, 위로, 격려에 초점을 맞춘 것과는 다르다는 피드백을 합니다. 무엇보다 내담자의 아픈 마음을 정확히 읽어주어, 자신이 어떤 마음으로 현재 처한 상황과 문제를 인식하고 있는지 알게 되었다고 합니다. WPI 심리상담은 내담자의 아픔에 대해 공감과 위로, 지지뿐 아니라 그 무엇보다 내담자의 삶의 어려움이나 아픔이 바로 내담자의 마음에 의해 만들어진다는 것을 내담자 스스로가 인식할 수 있게 하기 때문입니다. 내담자가 자신의 아픔의 정체를 자기 마음을 통해 파악할 수 있게 되는 것이 바로, 'WPI 심리상담'을 통해 내담자가 자기 삶의 어려움과 문제를 해결하는 방법입니다. 내담자가 자신의 마음읽기를 통해 마음의 아픔을 야기하던 자신의 믿음을 확인하게 되면, 마음의 아픔뿐 아니라 몸의 통증에서도 벗어날 수 있습니다.

'마음읽기'로 심리상담·심리치료가 어떻게 가능한가?

WPI 심리상담 모델에서는 내담자(환자)가 가진 삶의 어려움과 아픔은 그 사람의 마음에 의해 생겨난다고 전제합니다. 마음치유사 역할을 하는 WPI 심리상담사는 각자의 믿음이 만들어 내는 문제상황과 위기를 자신의 마음읽기를 통해 해결할 수 있도록 도와주는 역할을 합니다. 다시 말해, 내담자(환자)가 가진 삶의 어려움과 아픔을 그 사람의 마음을 파악하는 것으로 해결 또는 해소하는 것입니다. 이런 역할을 잘 하기 위해 가장 필요한 것이 내담자(환자)가 아픔을 호소하는 '마음'을 파악하는 것입니다.

달의 색은 무엇일까?

그렇다면, 누군가 '마음의 아픔'을 가지고 있다면, 그때 마음은 무엇이며, 어떻게 표현되는 것일까요? 위의 두 개의 그림을 통해 달의 색을 알아봅시다. 하나는 검은색, 다른 하나는 하얀색으로 보입니다. 이때 사람들은 '왼쪽과 오른쪽의 달은 각각 무슨 색인가요?' 또는 '두 달의 색깔은 같은가요, 다른가요?' 등의 질문을 하게 될 것입니다. 사람들이 겪는 삶의 어려움과 아픔의 문제는 마치 이 그림 속의 달에 대해 묻는 것과 같습니다. 달의 색이 검은색인지, 흰색인지 물어볼 수 있고, 그림 속의 달이 같은 것인지, 다른 것인지에 대해서도 질문할 수 있습니다. 어떤 질문을 하느냐에 따라 답도 달라질 것입니다. 어떤 사람의 마음을 파악하는 일은 바로 이런 그림에 대해 '어떤 질문을 하느냐'와 같습니다. 여기에서 답이 무엇이냐는 중요하지 않습니다. 마음의 갈등은 자신이 기대하고 믿는 달의 색에 따라 생겨나기도 하고, 또 바뀌기도 합니다. 삶의 어려움이나 우리가 가지는 일상의 문제도 마찬가지입니다.

하늘 위의 달의 그림은 마치 우리가 마음을 무엇이라 규정하고, 그것에 대해 어떻게 알아갈 수 있느냐의 한 사례입니다. 눈에 보이는 달에 대해 우리가 어떤 질문을 던지고, 또 무엇을 알려고 하느냐에 따라 두 개의 그림에 있는 달은 완전히 다르게 보이기도 하고, 또 동일한 달로 보이기도 합니다. 마음을 읽는다는 것은 '누군가'의 '어떤 마음'을 알려고 하느냐에 달려 있답니다.

달의 색은 무엇일까?

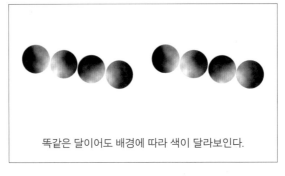

똑같은 달이어도 배경에 따라 색이 달라보인다.

사실, 두 그림 속의 달의 색은 동일합니다. 그림의 배경을 제거했을 때, 두 달의 색깔은 검은색이든 흰색이든 상관없이 동일하게 보입니다. 이런 경우, 누구도 두 그림 속의 달의 색에 대해 이상하다고, 문제라고 생각하지 않을 것입니다. 배경이나 맥락을 충분히 고려하지 않은 단순한 착오나 실수라고 할 수 있을 것입니다. 하지만, 21세기 사회에서 '마음의 아픔'을 호소하는 대부분의 내담자(환자)들은 자신이 겪는 문제를 마치 검은색 달이 하늘에 있지만, 자신의 눈에는 흰색 달로 보인다고 호소하는 그런 상황이라고 할 수 있답니다. 자신이 기대하는 하늘의 달과 자신이 보는 달이 다를 때 혼란과 불안을 느끼게 되는 상황에 처하게 되는 것입니다.

누구도 두 그림 속의 달의 색에 대해 이상하다고,
문제라고 생각하지 않을 것입니다.
하지만, 대부분의 사람들은 자신이 겪는 문제를 마치
"하늘의 달이 '흰색'이어야 하는데 어떻게 '검은색'으로 보이지"
하는 믿음으로 받아들인답니다.

마음의 해방: WPI심리상담코칭센터

일반지에서 통증해방은 어떻게 가능한가?

분명 같은 것이지만, 배경 하늘에 의해 달라질 뿐 아니라, 달의 색이 무엇이라고 믿느냐에 따라 달라집니다. 이것은 각 사람들이 자신의 삶의 어려움 또는 아픔을 각기 다른 마음으로 파악하는 것과 유사합니다. 각자의 마음에 의해 달의 색이 다르게 파악되듯이, 삶의 어려움이나 아픔은 바로 자기에 대한 인식, 자기 삶의 문제에 대한 인식에 따라 달라집니다. 어떤 문제이든 그것은 문제 자체에 의해 만들어지는 것이 아니라, 그 문제를 받아들이는 사람의 마음에 의해 정해집니다.

WPI 심리상담 및 치료 활동의 에센스는 각기 다른 사람들이 가진 마음에 대한 파악, 바로 '마음읽기'입니다. 마음읽기란 보편적이고 일반적인 법칙이나 기준에 따라 한 사람의 마음을 파악하는 것이 아니라, 각 사람이 믿고 있는 바로 그 사람의 믿음을 통해, 바로 그 사람의 마음을 읽어 나가는 활동입니다. '마음치유사'가 내담자의 마음을 파악하는 것은 무엇보다 내담자의 이야기를 통해 내담자가 가진 자신과 자신의 삶에 대한 믿음을 구체적으로 확인하는 것입니다. 이 과정에서 내담자 스스로도 분명히 규정하지 못한 자신의 삶의 방식, 자신이 처한 상황이나 문제의 정체를 뚜렷하게 확인할 수 있게 도와줍니다. 내담자가 굳게 믿고 있는 자기 삶의 문제의 정체를 내담자가 보다 더 분명하게 파악할 수 있도록 표현해주는 역할을 합니다. 내담자 자신이 자신에 대해 가진 믿음, 자신의 삶의 어려움과 아픔에 대해 가진 믿음을 스스로 이해할 수 있는 수준으로 대신 말해줍니다. 이 과정을 통해 내담자는 스스로 인정하기 힘들고 심지어 부정했던 자신의 마음을 읽게 됩니다.

WPI 심리상담사를
'마음치유사 Mind Healer'라 부르는 이유

'WPI 심리상담사'는 내담자가 자신의 '삶의 어려움과 아픔'의 문제를 '마음읽기'를 통해 파악할 수 있도록 지원합니다. 이 과정에서 무엇보다 내담자의 '마음'이 무엇이며, 이 마음이 현재 내담자가 처한 삶의 어려움을 어떻게 만들어 내며, 특히 내담자가 의식하는 아픔의 감각으로 어떻게 나타나는지 확인합니다. 이를 통해 내담자가 자신의 마음을 뚜렷이 인식하고 또 자기 마음이 만들어 내는 아픔의 정체를 알 수 있게 됩니다. 이것이 내담자의 '마음읽기'입니다. 내담자가 자신의 마음을 'WPI 심리상담'을 통해 파악할 수 있게 되면, 삶의 어려움과 문제가 해소될 뿐 아니라 자신이 겪는 아픔도 사라지는 경험을 하게 됩니다.

'마음의 아픔'을 상담하고 치료하는 '마음치유사'는 무엇보다 내담자(환자)의 '마음'이 무엇인지를 파악할 수 있어야 합니다. WPI 심리상담·코칭 서비스를 제공하는 마음치유사들은 '마음의 MRI'라고 할 수 있는 다양한 심리검사를 통해 마음의 아픔을 겪고 있는 사람들의 마음을 읽어줍니다. 마음의 MRI 검사를 도구로, 삶의 다양한 이슈들에 대한 각각의 사람들의 마음을 파악하여 자기 자신의 삶에 대한 믿음을 확인할 수 있게 합니다. 아픔을 치료하는 과정에서 각자의 '마음'을 확인하며, 마음의 변화를 일으킵니다. 마음의 MRI를 활용하여 각자가 각기 다른 이슈에 대해 가진 마음이 삶의 어려움과 아픔에 대해 어떤 의미를 부여하는지, 그리고 이것이 어떤 다양한 신체적 증상이나 아픔의 경험으로 나타나는지 파악합니다.

WPI 심리상담사와 함께하는,
아픔에서 벗어나는 '마음읽기'

많은 경우, 마음이 아프다고 생각하는 사람들은 정신과를 찾아가게 됩니다. 그런데, 의학 치료 모델에 의해 처방되는 정신과 약은 몸의 다양한 기능을 억제 또는 활성화시킵니다. 따라서 환자의 몸의 활동을 억제하고 진정시키는 효과는 있지만, 정작 환자가 자신이나 자기 삶에 대해 가지는 믿음을 더욱더 살펴보지 못하게 합니다. 왜냐하면, 정신과 약의 대부분은 일반적인 감각과 사고기능을 억제하고 거의 마비시키기 때문입니다. 그러므로 마음의 아픔은 약이 아닌, 자신의 마음을 직접 확인하고 또 자기 마음을 변화시키려는 노력으로 해소될 수 있다는 것을 먼저 인식해야 합니다.

몸과 마음의 아픔에서 벗어나기 위해선, 아픔을 호소하는 사람의 마음을 파악하여, 아픔을 일으키는 마음을 읽어주어야 합니다. 아픔이 몸의 증상으로 나타났지만, 사실상 그가 경험하는 아픔은 바로 그 사람 자신이 자신에 대해, 자기 삶에 대해 가진 믿음에 의해 생겨났기 때문입니다. 이 아픔에서 벗어나려면, 아픔을 야기하는 자기 마음을 알아야 합니다. 이것이 바로 아픔을 호소하는 사람의 아픔에 대한 '마음읽기'입니다. 마음읽기는 스스로 할 수도 있지만, WPI 심리상담사, 즉 마음치유사들의 도움을 받아 진행할 수도 있습니다.

다음은 마음치유사들이 어떻게 내담자의 마음을 읽는지에 대한 설명입니다. 아픔과 관련된 '마음읽기'의 첫 단계는 내담자(환자)가 어떤 상황에서 어떤 문제를 가지고 있는지, 또는 어떤 상황에서 어떤 아픔이 생겨난다고 믿는지를 분명히 파악하는 일에서부터 시작됩니다.

155

마음을 읽기 위해서는 아픔을 호소하는 내담자(환자)의 '마음'이 구체적으로 어떤 이슈와 연결되어 있는지 규정하고 확인합니다. 내담자(환자)가 현재 믿고 있는 삶의 어려움과 아픔이 무엇인지 내담자 스스로 확인할 수 있게 합니다. 내담자의 마음이 현재의 아픔을 어떻게 만들어 내고 있는지 표현하거나 대신 말해 줄 수도 있습니다. 내담자가 막연하게 느끼는 자신을 파악해 나가도록 도와줍니다. 때로 내담자는 이런 마음치유사의 활동에 동의하지 않거나 심지어 부정할 수도 있습니다. 마음치유사는 항상 현재 있는 그대로의 내담자의 마음을, 내담자가 있는 그대로 직면하는 것을 부담스럽지 않게 또 천천히 인식할 수 있도록 도와주어야 합니다.

'마음읽기'는 마음치유사의 주요 활동이지만, 읽어야 할 마음은 치유사의 마음이 아닙니다. 내담자(환자)의 마음입니다. '마음을 먹는다', '마음을 갖다', '마음을 품다', '마음에 들다', '마음에 새기다', '마음을 놓다', '마음이 맞다' 등의 다양한 표현들은 마음을 구체적으로 확인하는 일입니다. 누군가가 새로운 마음을 가질 수 있도록 도와주는 일입니다. 몸을 단련시키는 활동은 뼈와 근육 등의 자세한 관계를 일깨워주면 되지만, 마음읽기는 특정 이슈나 주제와 관련된 내담자의 믿음을 확인하는 일입니다. 이 과정을 통해 내담자는 자신이 어떤 사람이며, 어떻게 살고 있는지, 또 어떻게 살 것인지'를 확인하며, 자신의 아픔을 유발하는 믿음으로부터 벗어나 아픔에서 해방되는 놀라운 경험을 할 수 있습니다. 그것이 마음읽기의 효과입니다.

한 사람이 가진 삶의 문제와 아픔의 해법은
'자신이 누구이며, 어떻게 살아야 하는가?'라는 질문에 비추어
WPI 심리검사의 결과인 WPI프로파일을 해석하는
방식으로 찾아낼 수 있답니다.
현재 그 사람이 겪고 있는 삶의 어려움과 문제들은
바로 그 사람이 가진 자신과 자신의 생활에 대한
믿음의 결과입니다.

마치, 셜록홈즈가 사건현장에서 발견되는 단서들을 통해
사건의 범인을 찾아내듯, 믿음이 만들어 내는
한 사람의 현실적인 삶의 아픔이나 문제를 추론해 내는 것입니다.
한 사람의 마음에서 확인되는 성격 단서들을 통해
그 사람의 인생 궤적을 확인할 수 있답니다.

이것이 한 사람의 삶의 어려움과 아픔에 대한
'마음읽기'입니다.

마음읽기의 과학

'마음읽기'의 도구들
: 마음의 MRI

WPIpainfree.com

· 마음읽기의 과학: 마음의 MRI
· 나의 마음읽기 도구: WPI
· 이슈와 주제로 세분되는 마음
  : 마음의 MRI로 각기 다른 마음을 읽다
· 마음치유사의 마음의 MRI 활용 사례

삶에서 겪는 아픔이나 문제를 제대로 해소, 해결하고 싶다면
그 누구도 아닌 내 삶을 살아가는 주체로서, 내 삶을 이끌어 가는 운전자로서
나 자신은 어떤 특성이 있는 사람인지부터 파악해야 합니다.
그래야 나에게 맞는 삶의 방식도 알 수 있기 때문입니다.

그리고 무엇을 향해, 어떤 삶을 살아가고 싶은지 원하는 바를 구체적으로 그려 나가야 합니다.
또한 나의 특성을 고려하여 나 자신이 어떻게 하면 그 삶을 살아갈 수 있는지 이해해야 합니다.
마지막으로 그 삶을 살고자 하는 마음이 절실할수록 실현 가능성은 높아집니다.
이 모든 것을 간편하게 확인할 수 있는 도구가 바로 '마음의 MRI'입니다.
특정 주제와 관련된 한 개인의 현재 마음과 삶의 모습을 있는 그대로
드러내기 때문에 '마음의 MRI'라고 불립니다.

다양한 마음의 MRI로 활용되는 심리검사 중에서
WPI(Whang's Personality Inventory)는 심리학자인 '황상민 박사가 만든 성격검사'입니다.
이 검사는 각 사람들의 마음을 WPI프로파일로 나타내며,
검사를 통해 누구나 자신의 성격 및 삶의 방식(라이프 스타일)을 확인할 수 있습니다.

이 검사는 각 사람들이 가정이나 학교, 조직 등 다양한 삶의 장면에서
자신이 어떤 심리상태로, 인간관계는 어떻게 맺으며 살아가는지,
또 삶에서 어떤 문제와 아픔을 경험하고 있는지 알려줍니다.

마음의 MRI는 어떤 것들을 알려주는 검사인가?

WPI 심리상담사들이 '마음치유사'로서 활동할 수 있는 가장 큰 이유는 바로 그들이 '마음의 MRI'에 해당하는 다양한 심리검사를 활용하여 '마음읽기'를 할 수 있기 때문입니다. 당신이 확인하고픈 당신의 마음이 무엇인지, 그 주제(이슈)에 맞춰 당신의 마음을 확인해볼 수 있습니다.

마음의 MRI 검사는 다음과 같이 여러 주제로 나뉘어져 있습니다.

- WPI 현실 검사
- WPI 이상 검사
- WPC E&R 통증인식·반응 검사
- WCM 암 심리검사
- WLP 리더십 검사
- MCDC 경력 및 자기계발 검사
- WMC 짝과 결혼 검사
- WAC 연애 검사
- LSI 공부법 검사

마음의 MRI 중 가장 유명하며, 널리 활용되는 WPI검사에 대해 다음 페이지에서 더 자세히 확인하실 수 있습니다.

마음의 MRI를 만든 심리학자, 황상민 박사

황상민 박사는 서울대학교 심리학 학부를 졸업하고 하버드대학에서 심리학 석사와 박사 과정을 거친 후, 한국사회에서 심리학자로 활동하면서 한국인의 다양한 심리에 대해 심층적인 연구를 수행하였습니다. 그의 연구결과는 그의 저서 〈독립연습〉, 〈한국인의 심리코드〉, 〈짝, 사랑〉, 〈나란 인간〉, 〈대통령과 루이비통〉, 〈만들어지는 병, 조현병〉 등에도 잘 나타나 있습니다. 이런 연구들이 모두 WPI 검사와 다양한 주제와 관련된 마음의 MRI를 만들어 내는 바탕이 되었습니다.

약 30년 이상의 한국인의 심리에 대한 탐구를 토대로, WPI 검사(Whang's Personality Inventory)와 더불어 다양한 삶의 어려움과 아픔을 상담하고 해결할 수 있는 마음의 MRI 검사들을 개발하였습니다. 마음의 치유사로 활동하는 WPI 심리상담사는 이런 '마음의 MRI'를 활용하여 마음읽기 과제를 수행합니다.

황상민 박사 ————

하버드대학교 심리학 석사·박사
서울대학교 심리학 학사
세종대 교육학과 교수,
연세대학교 심리학과 교수 역임
통증해방센터 대표
WPI 심리상담 코칭 전문가·지도자·
멘토교수 교육 프로그램 개발 및 운영

20세기 성격심리 이론과
마음 탐구의 한계

나란 사람이 누구인지 알아보기 위해,
MBTI, DISC 등 다양한 심리검사를 해보셨나요?
그런데 어째서 나란 사람이 어떤 사람인지
충분히 알았다는 생각이 들지 않을까요?

사실 사람을 단지 몇 가지 유형으로 분류하는 심리검사와 성격 테스트들은 많습니다. 하지만 어떤 검사도 현재 내가 가진 문제가 무엇인지, 나의 어려움이 어떻게 해결될 수 있을지 알려주진 못합니다. 그래서 사람들은 '어째서 MBTI나 DISC 같은 성격검사들은 재미있는 듯하지만, 왜 정작 나의 마음과 나의 삶의 문제를 해결할 수 있는 단서를 주지 못할까?' 하고 고개를 갸우뚱하게 됩니다. 그것은 바로 그런 심리검사·성격검사가 나의 마음을, 나의 생활을 알려주는 것이 아니라, 그냥 일반적인 사람들의 특성들을 알려줄 뿐이기 때문입니다. 쉽게 말해, '내가 어떤 사람이며 어떻게 살고 있는가'를 알려주기보다는 '평균적인 인간에 비해 내가 어떤 사람이다'라는 정도를 알려준다는 뜻입니다.

20세기 과학자들은 심리학보다 생물학이나 유전학을 통해, 인간이 각기 다를 수 있다는 것을 더 인정하려 했습니다. '다름'이란 물리적, 생물적으로만 구분된다고 믿었기 때문입니다. DNA라는 유전자는 인간이 같은지 다른지를 구분하는 유일한 기준이 되었습니다. 하지만 이런 기준에 대해 의문을 가지게 하는 사례가 바로 '일란성 쌍둥이'입니다. 일란성 쌍둥이는 물리적으로, 생물적으로 완전히 같은 DNA를 가지고 있음에도 각기 다른 심리적, 성격적 특성을 가진 인간이기 때문입니다.

대다수의 사람들은, 어떤 한 사람을 다른 사람과 구별한다고 할 때, 많은 경우 쉽게 '몸이 다르다' 정도로 생각합니다. 하지만, 정작 진짜 각기 다른 사람이라는 것을 확인할 수 있는 것은 각 사람들의 성격, 그 사람의 마음이 다르다는 것을 통해서입니다. 놀랍게도 심리학에서는 '성격'을 어느 한 사람이 다른 사람과 뚜렷하게 구별되는 특성이라고 인정하면서도, 동시에 어떤 한 사람의 변화하지 않는 일관된 특성이라고도 정의하였습니다. 이런 정의는 1980년대까지 심리학에서 어느 정도 수용되었던 성격에 대한 정의입니다. 심리학이라는 학문이 얼마나 한 개인에 대해, 한 사람의 마음이 다른 사람과 어떻게 다른지를 잘 파악하지 못했던가를 잘 보여주는 사례입니다.

어느 한 사람의 특성이 다른 사람과 얼마나 다른가를 알기 위해, 우리는 서로 다른 사람을 비교하는 것으로 파악하려 합니다. 하지만, 정작 각 사람들이 자신만의 고유한 특성을 가지고 있을 뿐 아니라 이런 특성이 바로 그 사람을 잘 나타내는 마음이라는 것은 다른 사람과의 비교에서 확인되지 않습니다. 그 사람의 고유한 특성은 그 사람이 각기 다른 환경에서, 각각 환경에 따라 다르게 표현된다는 것을 통해 더 잘 알 수 있습니다. '누구누구는 집에서 조용하고 얌전한데, 밖에서는 엄청 활달하게 움직인다.' 즉, 어떤 사람의 특성은 그 사람이 어떤 환경에 처해 있느냐에 따라 달라지는가, 아니면 비슷한가를 통해 더 잘 확인할 수 있습니다. 한 사람의 성격, 마음을 누군가와 또는 어떤 기준으로 비교하는 방식이 아니라, 있는 그대로의 특성을 각기 다른 환경, 상황 속에서 파악하는 방법입니다.

이런 각 개인의 특성은 자녀를 키워본 부모라면 더욱 쉽게 이해할 수 있습니다. 학교에서 보이는 아이의 행동은 집에서와 비교적 다릅니다. 부모를 대하는 아이의 행동은 다른 어른들에 대한 행동과 다릅니다. 친구와 어울리는 아이의 행동은 낯선 사람들을 대할 때와는 다릅니다. 이런 아이의 특성을 잘 이해한다면, 부모가 자신의 아이에 대해 놀라는 일이 그리 많지 않을 것입니다. 하지만, 자신의 아이가 항상 부모가 볼 때처럼 집에서와 같은 모습을 그대로 다른 곳에서, 다른 사람들에게도 비슷하게 나타낼 것이라 믿는 부모의 경우, 전혀 상상도 하지 못하는 그런 일을 경험할 수 있을 것입니다. 어떤 한 사람의 성격이나 마음은 고정불변한 어떤 것이 아닙니다. 그 사람이 속한 환경에 따라 각기 다른 모습으로 바뀌기도 합니다. 따라서, 21세기에 나온 많은 심리학 교과서에서는 성격에 대한 정의를 다르게 규정합니다. '성격은 한 사람의 고유한 특성이라 할 수 있지만, 바로 그 사람이 속한 환경의 산물이다.' 성격은 환경에 따라 각기 변화하는 어떤 한 사람의 특성이라는 뜻입니다.

WPI에서는 한 사람이 자신에 대해 가진 믿음, 즉 '자신이 어떤 사람이다'고 믿고 있는 것이 바로 그 사람의 성격이자 마음이라고 정의합니다. 이런 마음은 한 사람이 가진 '자신에 대한 믿음'과 그 사람이 속한 환경에서 '나는 이렇게 살고 있다'라는 믿음의 결합입니다. 누군가에 대해 우리가 '그는 자기 성격대로 살고 있어'라고 한다면, 어떤 사람이 '자신이 어떠하다'라는 믿음대로 자신이 처한 환경에서 살고 있다는 뜻입니다. 자신에 대한 믿음으로 자신이 원하는 삶을 나름 만들어 나가면서 살고 있다는 뜻이기도 합니다.

한국인을 위한 심리검사,
한국사회에서 살고 있는 당신의 현재 마음을 알려주는 검사,
WPI 심리검사로 당신의 마음과 당신이 '어떻게 살아야 하는지'를 확인해 보세요.

의사가 MRI를 사용하여 환자의 몸 상태를 확인하듯, '마음의'MRI'인 'WPI 심리검사'를 통해
자신의 성격과 심리상태를 알 수 있습니다. WPI 심리검사를 통해 내 마음을 정확하게 알면
현재 자신의 삶을 바꿔나갈 수 있습니다.

인간을 평균으로 나눠 줄세우는, 일반 성격 검사의 한계
: MBTI, DISC, 빅5 요인 검사 등

심리학자들이 서로 구분되는 어느 한 사람의 특성을 '성격personality'이라고 규정하고 탐색하기 시작한 것은 1950년대 이후부터입니다. 대중적으로 많이 알려진 'MBTI'와 같은 심리검사는 1930년대에 등장하기 시작했지만, 심리학자들이 마치 '과학'으로 인간의 성격을 탐구한다고 믿으며 연구한 결과물이 등장한 것은 훨씬 이후의 일입니다. 1980년대가 되어서야, 심리학 연구에서는 각기 다른 개인의 성격을 5가지 요인의 점수로 표현할 수 있게 되었습니다. 이런 심리검사가 만들어지면서, 심리학에서는 마치 인간의 성격에 대한 비밀을 밝혀내고 또 각기 다른 사람의 성격을 측정할 수 있게 된 것으로 믿었습니다. 이런 성격검사가 만들어진 논리는 물 분자를 H_2O, 이산화탄소 분자를 CO_2로 표현하듯, 사람들의 성격을 각기 다른 성격 요인으로 표현하는 것이었습니다. 이 과정에서 대표적인 성격이론으로 수용된 것이 '빅 파이브Big 5 이론'입니다.

빅 파이브(Big5) 검사 결과 예시

#이○○님의 Big5 검사 결과

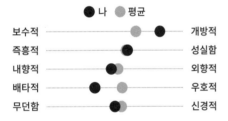

▪ 이런 성향이 강해요

▪ 이런 성향이 약해요

빅 파이브 성격 이론은 5가지 성격요인으로 사람들의 성격을 나타낼 수 있다는 이론입니다. 인간의 성격은 '외향성Extraversion', '신경증Neuroticism', '친화력Agreeableness', '개방성Openness', '성실성Conscientiousness'으로 구분할 수 있습니다. 마치 물 분자가 수소 원자 2개와 산소 원자 1개로 이뤄져 있다고 설명하는 것처럼 한 인간의 성격은 바로 이 5가지 요인이 각기 다른 정도로 혼합된 것이라는 주장입니다. '외향성'은 어떤 사람이 자신을 얼마나 잘 표현하는가 하는 정도를 나타냅니다. '신경증'은 정서 안정의 정도, 즉 얼마나 감성적인가, 감정적인가를 나타냅니다. '친화력'은 얼마나 붙임성이 있는가, 공감을 잘하는가를 뜻합니다. '개방성'은 새로운 일이나 생각에 얼마나 유연하며 수용적인가를 나타냅니다. '성실성'은 일에 얼마나 열중하고 또 일관되고 지속적으로 수행하는가를 의미합니다. 한 사람의 성격은 이들 5가지 요인의 합이 된다는 이론입니다. 이것은 마치 한 학생의 학업능력을 '국어·영어·수학·사회·과학'의 5과목 점수를 합한 평균 점수로 판단하는 것과 같은 논리입니다. 전체 집단의 평균보다 높으면, 비교적 뛰어난 학생이라 판단할 수 있을 것입니다.

평균과 같은 기준과 비교하여 한 사람의 특성을 파악하는 논리를 따르는 것입니다. 이것이 한 사람의 학업능력이든 또는 성격이든, 제대로 된 한 사람의 특성에 대한 파악이 되기 어렵다는 것도 알 수 있을 것입니다.

Big 5(O·C·E·A·N) & MBTI

MBTI나 빅5 성격검사는 한 사람이 처한 환경과 상황에서
그 사람의 성격이 어떻게 표현되는지 알려주지는 못합니다.
이는 마치 베이킹에서 '빵의 재료가 무엇이다'라는 것을 알려줄 뿐,
오븐의 온도와 재료를 조합하는 순서, 만드는 사람의 방식 등에 따라
각기 다른 빵(크로와상·식빵·카스테라 등)이 만들어진다는 핵심은 빠진 채,
'빵'에 대해 파악하겠다는 것과 같습니다.

평균에 비교하여 한 사람의 능력이나 특성을 평가하는 것이 결코 한 사람을 있는 그대로 제대로 파악하는 것이 아니다라는 말에 동의할 수 없다면, 한 개인의 심리적 특성을 파악한다는 것에 대해 거의 이해할 수 없고 결코 수용할 수 없다는 뜻이기도 합니다. 이것은 개별 인간을 있는 그대로 인정할 것인가, 아니면 한 사람의 특성은 다른 사람과의 비교로만 파악될 수 있다고 믿느냐와 같이 각기 다른 인간에 대한 완전히 다른 이해의 관점에 대한 논쟁이 될 수도 있습니다. 예를 들어 '빅 파이브' 성격검사의 결과표는 O·C·E·A·N이라고 적힌 성격 5요인 점수를 보여줍니다. 이것은 어떤 사람의 '성격'을 성격 요인의 점수로 표현하는 것입니다. '평균'이라는 일반적 기준에 비해, 어떤 한 사람의 성격 요인이 어느 지점에 있는지를 알려줄 뿐입니다. 이것은 결코 한 사람의 성격에 대한 제대로 된 언급이 아닙니다. 그럼에도 불구하고, 심리학 연구에서 아니 '빅5 검사'에서 한 사람의 성격을 이렇게 표현하는 이유는 무엇일까요? 인간의 심리에 대한 연구를 마치 '화학 성분 분석표'처럼 보여주면서 과학적 리포트를 작성하는 것이라 믿었던 전통에 따른 활동이기 때문입니다.

'성격의 5요인' 검사와 비슷한 대중적 심리검사가 MBTI입니다. 하지만, 이 MBTI 검사의 경우에도 한 사람의 특성을 4가지 차원의 8가지 지표를 기준으로 구분해 줄 뿐입니다. 한 사람의 성격을 8가지 지표 중 4개로 나타나는 성향으로 구분합니다. 이런 측면에서 MBTI와 같은 검사는 '빅5 성격검사'와 큰 차이가 없습니다. MBTI나 빅5 성격검사는 모두 인간의 보편적이고 일반적인 심리요인을 찾아내려는 고전적인 심리검사 제작과정을 거쳐 개발되었습니다. 이런 검사들은 각 사람들이 가진 심리적 특성을 통해 서로 변별, 분류하는 용도로는 활용될 수 있습니다. 일반적인 성격이나 마음을 탐구하는 고전적인 유형의 심리검사는 한 사람이 자신이 누구이며(정체성 파악), 어떤 마음으로 어떻게 살아야 하는지에 대해 알려주지 못합니다. 왜냐하면, 일반적이고 보편적인 인간의 성격이나 마음의 특성을 기준으로, 한 개인이 평균에 비해 어떤 위치에 있는지만을 알려줄 뿐이기 때문입니다. 그리고 그 사람이 어떤 상황에서, 어떤 어려움이나 문제를 가지고 있을 때, 어떻게 반응하게 되는지에 대한 파악을 하기는 힘들었습니다.

나의 마음읽기 도구: WPI

나의 마음읽기,
WPI 심리검사로 가능한 이유

한 개인의 마음의 특성을 파악하는 심리검사는 그 사람이 현재 어떤 마음으로 사는지, 또 자신이 원하는 삶을 어떻게 살아야 하는지에 대한 나름의 방향타(가이드 라인)를 제공해 줄 수 있어야 합니다. WPI 심리검사는 각 사람들이 현재 자신이 어떤 사람이라고 믿고 있으며, 또 자신이 추구하는 삶의 방향이 무엇인지를 알려주는 성격 검사입니다. 기존의 고정적이고 단편적인 심리검사의 한계를 넘어서, 각 사람들이 자신이 처한 삶의 어려움과 문제를 해결하는 실용적인 용도로 활용할 수 있습니다. 각 사람들이 자신의 마음을 손쉽게 파악할 수 있기에 '마음의 MRI'라고도 불립니다.

어떤 한 사람이 가진 삶의 문제와 아픔을 그 사람의 특성을 고려하여 파악할 때에는, 단순히 그 사람의 특성이 무엇인가를 확인하는 것뿐만 아니라 그 사람이 속한 환경 속에서 그 특성이 어떻게 나타나는지를 알아야 합니다. 우리의 마음도 마찬가지입니다. 심리학자 황상민은 각기 다른 개인의 마음을 탐구할 때, '성격의 5요인'은 일반적인 인간의 성격을 구성하는 요인이라 보았습니다. 따라서, 한 개인의 마음은 성격의 5요인을 통해 파악할 수 있지만, 마치 그것은 성격을 이루는 재료와 같은 것으로 보아야 한다고 믿었습니다. 빅5 요인 문항들은 각기 다른 사람들이 각자 자신과 자신의 삶에 대한 믿음을 나타내는 문항들입니다. 그는 이들 문항들을 활용하여, 마치 빵을 만드는 재료를 가지고 다양한 맛과 모양의 빵을 만들어 내듯이, 다양한 사람들의 각기 다른 마음을 확인할 수 있는 심리검사, 'WPI 검사'를 만들었습니다. 성격 5요인을 빵의 재료라고 가정할 때, 제빵사는 밀가루, 버터, 계란, 우유, 이스트로 다양한 빵을 만들 수 있습니다.

> "빵은 밀가루, 버터, 계란, 우유, 이스트로 만들어집니다.
> 당신은 밀가루 10g, 버터 5g, 계란 2g, 우유 5g, 이스트 1g으로 이뤄진 빵입니다."

재료가 얼마나 사용된 빵이라는 소개는 하지만, 어떤 레시피로 빵을 만드는지에 대해서는 결코 설명하지 않습니다. 빅5 요인 검사로 한 사람의 성격을 소개하는 것은 마치 이렇게 이야기하는 것과 같습니다. 하지만, 같은 재료라도 오븐의 온도나 반죽의 정도, 만드는 사람의 베이킹 과정에 따라 각기 다른 맛과 모양의 빵이 만들어집니다. 한 개인의 마음이나 성격이 형성되는 것도 이와 같습니다. 마치 한 사람이 각기 다른 맛과 모양의 빵이 되는 것은 재료의 비율도 있지만, 어떤 제조방법을 거쳐 만들어지느냐가 핵심입니다. 이것을 인간의 삶에 있어, 마음의 경우 '발달과정'이라 하고 신체로 표현할 때 '성장과정'이라고 합니다. 자신이 어떤 사람인지 아는 것은 '부드럽고 바삭한 곰보빵'인지, '거칠지만 담백한 통밀빵'인지, '부드러운 우유식빵'인지, '쫄깃한 바게트'인지, '달콤하고 바삭한 크로와상'인지 뿐 아니라, 내가 즐겨 사서 먹는 빵이 무엇인지, 또 내가 어떤 빵으로 나 자신을 팔고 싶은지 알아야 합니다. 자신이 어떤 환경에서 살아가고 있으며, 어떤 방식으로 자기 삶을 만드는지를 알아야 합니다.

인간이 겪는 성장 단계에 따라 각 개인이 자신과 자신의 삶에 대해 가진 믿음은 바뀌기도 합니다. 스스로 가진 믿음이 얼마나 고정적이고 안정적이냐의 이슈는 그가 어떤 환경 속에서 어떻게 경험하고 생활하느냐에 달려 있습니다. 우리가

'성격이 바뀌느냐, 아니냐'라고 질문을 하기 전에 어떤 한 사람이 얼마나 다양한 환경 속에서 다양하게 경험을 하였는지부터 살펴볼 일입니다. 마음이나 성격 자체가 고정적으로 있는 것이 아니라, 어떤 사람이 자신의 마음을 어떻게 찾아가고 또 그것이 그 사람의 경험에 따라 어떻게 바뀌느냐의 문제이기 때문입니다. 비교적 안정적인 자신의 삶에 대한 믿음을 가지고 살아가는 사람은 자신의 믿음에 맞추어 살려고 할 뿐입니다.

한 개인의 마음의 특성을 파악하는 심리검사는 그 사람이 현재 어떤 마음으로 사는지, 또 자신이 원하는 삶을 어떻게 살아야 하는지에 대한 나름의 가이드라인을 제공해 줄 수 있어야 합니다.

WPI 심리검사는 각 사람들이 현재 어떤 사람이라고 믿고 있으며, 또 자신이 추구하는 삶의 방향이 무엇인지를 알려주는 검사입니다. 기존의 고정적이고 단편적인 심리검사의 한계를 넘어서 각 사람들이 자신이 처한 삶의 어려움과 문제를 해결하는 실용적인 용도로 활용할 수 있습니다. WPI 심리검사는 당신이 어떤 사람이며, 어떤 마음으로 살고 있으며, 어떤 것을 중요하게 생각하며, 어떻게 살고 있는지를 알려주는 검사입니다.

개인이 속해 있는 **환경, 성장과정, 관계**에 따라서 기본 성격 특성들이 버무려지며 각기 다른 **다양한 특성**을 가진 개개인의 모습으로 나타난다.

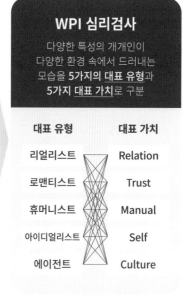

성격요인에서 WPI 유형이론으로, 마음을 읽자!

WPI 검사를
대표 '마음의 MRI' 검사라고 하는 이유는?

대부분의 사람들은 '당신은 어떤 사람인가요? 누구신가요? 무엇을 위해 왜 사시나요?' 등의 질문을 받으면 아주 곤혹스러워합니다. 많은 사람들이 이 질문을 두고 대답하기 힘들어 하기도 하지만, 또 평소에 늘 고민하는 문제라고도 말합니다. 이럴 때에 가장 먼저 WPI 심리검사를 통해 '어떤 마음으로, 어떻게 사는지'에 대한 자신의 마음을 알아갈 수 있답니다.

나 자신은 어떤 사람일까?

WPI 심리검사는 한 사람의 '기본 성향'과 그 사람이 중요하게 생각하는 '가치'를 함께 고려하기에, 한 개인이 어떤 마음으로 무엇을 중요시하며 자신의 삶을 살고 있는지 총체적으로 알려줍니다. 나의 성격과 더불어 지금 내가 어떤 식으로 살고 있는지 확인할 수 있습니다. 이것은 곧 '자신이 어떤 마음으로, 어떤 방식으로 사는지'를 묻는 질문입니다. 이에 대한 답을 파악하기 위해서는 '마음'이 무엇을 뜻하는지부터 알아야 합니다. 마음은 어떤 사람이 자기 자신에 대해 갖고 있는 '믿음Belief'입니다.

'자기 자신에 대한 믿음'이란 바로 '나는 누구인가?', '나는 어떤 사람인가?', '나는 무엇을 위해, 왜 사는가?'와 같은 질문에 대한 답이랍니다. 여기서 '자신에 대한 믿음'에는 자기 생활에서 쉽게 접하거나 겪는 '다양한 사회 이슈나 삶의 방식에 대한 믿음' 또는 '특정 사람에 대한 믿음'까지 다 포함됩니다. 다시 말해, 어떤 사람이 현재 자신과 자기 삶에 대해 가진 생각이나 믿음이 모두 그 사람의 '마음'이라고 할 수 있습니다.

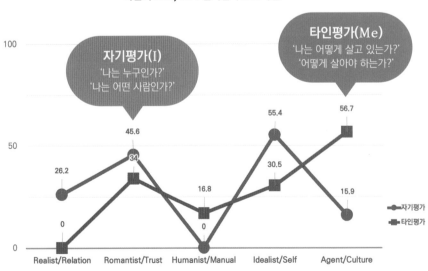

마음의 MRI, WPI 심리검사 프로파일

172

WPI 검사는 어떤 한 사람의 마음이 각자 생활하는 가정, 학교, 조직 등과 같은 다양한 삶의 장면에서 각기 다른 삶의 모습으로 나타나는 것을 확인할 수 있습니다. 인간관계뿐 아니라 각 사람들이 자신을 어떤 방식으로 표현하고, 또 어떤 관계를 맺는지, 그리고 어떤 마음으로 살아가는지를 구체적으로 알려줍니다. 이런 내용을 이 검사에서 어느 정도 파악하는 것이 가능한 이유는 바로 두 가지 서로 다른 차원으로 이 검사가 이루어져 있기 때문입니다. 검사는 '나는 누구인가?', '나는 어떤 사람인가?'에 대한 믿음을 확인할 수 있는 '자기평가'와 '남이 보는 나'의 모습, 즉 남에게 보여지거나 보이고 싶은 나의 모습'에 대한 믿음을 나타내는 '타인평가'로 이루어져 있습니다. 일상생활에서 삶을 어떤 방식으로 표현하는지, 무엇을 중요시하고 있는지를 확인할 수 있습니다. WPI프로파일에 나타나는 자신에 대한 믿음belief과 자기

삶의 방식에 대한 믿음을 통해 그 사람의 삶의 문제와 아픔을 해결할 단서들을 찾을 수 있습니다. 현재 있는 그대로 스스로 믿고 있는 자신에 대한 인식입니다.

WPI 검사를 통해 확인할 수 있는 한 사람의 마음에 대한 단서들은 바로 그 사람이 '어떻게 살아야 하는가?'에 대한 질문에 답을 제공합니다. 삶의 문제와 아픔에 대한 해법을 '자신이 누구이며, 어떻게 살아야 하는?'라는 질문에서 찾듯이, WPI 프로파일의 특성들은 현재 바로 그 사람이 겪고 있는 자신에 대한 믿음의 특성과 그 정도를 잘 알려줍니다. 이것이 바로 어떤 사람의 삶의 어려움이나 문제와 연관된 그 사람의 믿음의 정체가 구체적으로 어떻게 표현되는지를 해석 또는 추론하는 일입니다. 바로 그 사람에 대한 '마음읽기'입니다.

WPI 검사는 '자기평가'와 '타인평가'로 이루어진 한 사람의 마음을 나타내는 '성격 검사'입니다.

자기평가는 '나는 누구인가?', '나는 어떤 사람인가?'라는 질문에 대한 답입니다. 달리 말해, 스스로 믿고 있는 '자신에 대한 인식'을 나타내는 것입니다. 이는 자신에 대한 믿음을 표현하는 것으로, 리얼리스트, 로맨티스트, 휴머니스트, 아이디얼리스트, 에이전트라는 각기 다른 이름으로 표현됩니다.

리얼리스트 Realist	타인의 인정을 통해 존재감을 획득하는 사람으로 주어진 상황과 주위 사람들에게 자신을 맞추려고 노력합니다. 다른 사람들을 잘 배려하고 권위와 분위기에 순응합니다. 일을 할 때 업무 자체보다 관계를 더 중요시 여기기도 합니다.
로맨티스트 Romantist	감성적이고 예민한 한편, 꼼꼼하여 일에서 완벽을 추구합니다. 타인에게 자신의 감정이 공유되고 공감받을 때 존재감을 느낍니다. 모르는 사람 앞에서 수줍음을 타고 걱정이 많습니다.
휴머니스트 Humanist	다른 사람들과 함께 어울리는 것을 좋아하는 외향적인 사람으로 긍정적인 에너지를 가지고 있습니다. 규범과 위계를 중요하게 생각하고, 리더 역할을 맡는다면 구성원들이 결속을 다지도록 잘 이끌 수 있습니다.
아이디얼리스트 Idealist	자신만의 세계와 취향을 소중히 여기고 상상력이 풍부합니다. 개방적 분위기에서 자신의 생각을 현실화시켜 나갈 때 성장할 수 있고, 문제를 창의적인 방식으로 풀어나갑니다. 그러나 공동체 생활에는 취약한 면도 있습니다.
에이전트 Agent	일을 통해 자신을 실현하는 데서 성취감을 느낍니다. 주어진 일을 확실하게 수행하고자 열심히 노력하고, 수준 높은 결과를 냅니다. 하지만 미묘한 감정이나 상황 파악에는 약합니다.

타인평가는 자신이 '어떻게 살고 있는가?'라는 질문에 대한 답을 알려준답니다. 일상생활에서 무엇을 중요시하고 있는지를 확인할 수 있습니다. 타인평가를 통해선 그 사람의 기본 성향과 더불어 현재 그 사람의 삶의 가치나 라이프스타일 등을 나타내는 관계와 믿음, 매뉴얼, 셀프, 컬처라는 단서들 중 어떤 것을 추구하는지 확인할 수 있습니다. 타인의 시선에 부각되는 자기의 모습을 의미하며, 그 사람이 지향하는 삶의 방식이 자기평가와 어떻게 일치하는지에 대한 단서를 제공합니다.

릴레이션 Relation	친밀감, 호감을 통해 자신의 존재를 인정받는 것을 중요시 여기는 성향입니다.	
트러스트 Trust	책임감 있고 믿음직한 모습을 보이고자 하고, 끈기가 있습니다. 새로운 일을 도전하려 하기보다는 결과가 보장된 쪽을 선택합니다.	
매뉴얼 Manual	주변 환경을 관리하고 통제하고자 하는 의지가 강하고, 규범과 틀을 중요시 여깁니다. 그러나 새로운 상황이 나타났을 때 유연하게 대처하는 능력이 부족할 수 있습니다.	
셀프 Self	스스로의 인정과 스타일이 중요합니다. 다른 사람들의 이목을 신경쓰지 않아서 타인에 대한 관심과 몰입이 떨어질 수 있습니다.	
컬처 Culture	무언가에 몰입하기 좋아합니다. 어떤 일을 할 때 그것의 성과보다는 자신의 즐거움이 더 중요합니다. 자신이 하고자 하는 일을 뒷받침해 줄 수 있는 자원이 있는 경우가 많고, 스스로 우아하게 표현할 수도 있습니다.	

WPI 프로파일은 한 개인의 성격 유형과 삶의 지향성을 통합하여 한 개인을 입체적으로 이해할 수 있게 합니다.

자기 마음을 잘 알게 되면, 더 이상 이 세상을 사는 것에 두려움을 갖지 않아도 됩니다. 적어도 나의 마음이 타인의 마음에 의해 좌우되거나 무시당하는 상황은 피할 수 있습니다. 나 자신의 특성을 찾아 내 마음대로 살 수 있기 때문입니다. 이것은 자신의 성향과 삶의 방식에 대해 뚜렷하게 이해할 수 있을 때 가능합니다.

자기 마음을 아는 일은 거기서 끝나지 않습니다. 자신의 마음을 알게 되면 주위에 있는 사람들의 마음도 파악할 수 있게 됩니다. 특히 자신의 마음과 유사한 사람과 그렇지 않은 사람을 구분하게 되면, 자신과 다른 마음들이 어떤지를 알 수 있습니다. 막연히 '사람들의 마음이 다 다르다' 또는 '서로 다른 사람들의 마음을 이해해야 한다'는 당위적인 수준의 이해가 아닙니다. 자신이 마치 다른 사람의 마음을 읽게 되는 듯한 경험을 할 수 있습니다. 있는 그대로 보게 된 것에 대해 감사해하고 감탄하기도 합니다. 이런 마음이라면 자기 문제를 더 쉽게 해결할 수 있습니다.

이럴 때 WPI 심리검사를 해보세요!
알 수 없는 마음의 아픔으로 힘들 때
누구도 내 마음을 이해해주지 못해 괴로울 때
나와 내 주변 사람이 어떤 성격인지 알고 싶을 때
학생 지도나 상담을 앞두고 있을 때
대인관계에서 잘 지내는 방법을 알고 싶을 때
조직 구성원들의 업무 효율을 높이고 싶을 때

WPI 검사하기

WPI 심리검사 언제, 어떻게 사용할 수 있나?

WPI 심리검사를 통해, 자신의 성격 특성이 삶에서 어떤 양상으로 드러나는지, 현재 자신이 '삶과 인간관계의 문제'를 어떤 심리상태로 경험하고 있는지 등, 자기 마음을 읽을 수 있답니다. 자기 마음을 스스로 읽게 됨으로써, '삶의 문제'와 '마음의 아픔'에 대한 해법을 스스로 찾아낼 수 있게 됩니다.

인기 방송인 김○○님의 WPI 심리검사 결과는?

방송인 김○○님의 고민 사연
*2019 MBC 〈마리텔〉 방영

정신과에 갔더니 우울증이라더군요. 나이 오십, 집안 빚을 갚느라 바쁠 땐 몰랐는데, 오히려 여유가 생긴 지금 더 무기력하고 우울합니다…. 정신과 약을 먹어 봐도 크게 달라지지 않네요. 어떻게 하면 이 상황에서 벗어날 수 있을까요?

자기평가 높은 아이디얼리스트, 낮은 에이전트
타인평가 아이디얼리스트와 거의 일치하는 셀프, 높은 매뉴얼과 컬처

① 아이디얼리스트, 일치하는 셀프
  : 엉뚱함 / 강한 자기 표현 / 남다름 / 주변 눈치보지 않음

② 낮은 에이전트와 높은 매뉴얼·컬처: 불명확한 목표 / 일에 관심 떨어짐

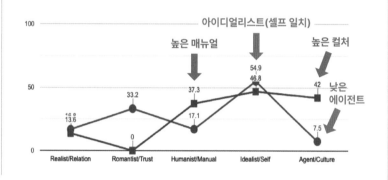

남들이 보기에 매사 당당하며 특유의 시니컬하고 유머러스한 멘트로 대중의 호불호가 분명한 인기 방송인 김○○씨. **그의 마음을 나타내는 WPI 검사 프로파일은 바로 현재 그가 가진 삶의 방향과 가치를 잘 보여주고 있답니다.**

김 씨의 성격 유형은 엉뚱하고 남다른 생각을 하며 사는 아이디얼리스트로, 다른 사람의 눈치를 보지 않고 자신을 잘 표현하는 생활(셀프)을 하고 있습니다. 그러나 주어진 과제에 충실한 에이전트 성향이 매우 낮은 것으로 보아 현재 자신이 집중해야 할 일이 무엇인지 정하지 못한 상태로 지내며, 현재 주어진 현실에 되는 대로 맞추려는 생활(높은 매뉴얼, 높은 컬처)을 하고 있다는 것을 알 수 있습니다.

따라서 자신의 마음의 아픔이 왜 나타나게 되었는지 모른 채로, 막연히 '아픈 증상'만을 해소하기 위해 정신과 약의 도움을 받으면서, 자신의 삶의 무게를 견디고 있는 것이랍니다. 자신의 미래와 삶의 방향이 불명확하고 혼란스럽다고 느끼는 상황입니다.

누구에게도 이런 마음을 표현하지 못하고, 스스로 삶의 무게를 자책하듯 견디며 지내고 있네요. 스스로 자신의 문제나 어려움을 혼자만의 의지로 꿋꿋하게 버텨내겠다는 마음이라, 자신의 문제 자체를 인정하거나 수용하기도 쉽지 않습니다.

김○○씨가 현재의 아픔에서 벗어나는 길은 무엇보다 자신이 원하는 삶, 자신의 미래에 대한 새로운 꿈과 역할을 찾는 것에서 시작될 수 있습니다.

내 마음을 읽어주는
WPI 심리검사로
깜짝 놀란 사람들의 후기

WPI 심리검사를 해보고 깜짝 놀랐어요.
제가 생각보다 감수성이 풍부하고 섬세한 사람인줄
모른 채, 내 감정을 속시원히 표현하지 않고
억제해왔다는 것을 알았어요.
WPI 심리검사를 통해 비로소 내 문제가 무엇인지
명확히 알게 되었어요.

이○○님(로맨티스트)

상사와의 갈등으로 퇴사 후 방황하다가
MBTI, 사주까지 보러다니다 WPI 검사를 해보고서야
그동안 내가 왜 힘들었는지 알게 되었어요.
WPI 심리상담을 통해 지금은 새로운 직장에서
제 능력을 인정해주는 상사를 만나
만족하며 지내고 있어요.

주○○님(에이전트)

남편과 소통이 안 되어 답답했는데
WPI 심리검사를 해보고 남편의 마음을 알게 되니
평상시 미웠던 남편이 애틋하게 느껴졌고
저를 대하는 남편의 태도도 달라지더라고요.
요즘은 남편이 주변 사람들에게 WPI 심리검사를
적극 추천하고 있답니다.

고○○님(로맨티스트)

WPI 심리상담은
무작정 Talk하는 일반상담과 달리,
그 사람 마음을 Identify하고
마음을 읽어주는 Talk를 한다는 측면에서
완전히 다른 Talk Therapy이다.

★온라인(핸드폰)으로 WPI 검사를 바로 할 수 있다고요?

WPIpainfree.com

① 홈페이지 URL 또는 QR코드를 이용해 **WPI 심리검사 사이트로** 이동, **로그인**한 후

② 메인화면에서 **[WPI 검사하기]** 버튼을 눌러주세요.(WPI 현실 또는 WPI 이상 검사)

③ **결제방법을 선택**합니다. 신용카드, 계좌이체, Paypal 등은 **[일반결제]**에서, **WPI 심리검사 쿠폰**이 있는 경우 **[이용권]** 버튼을 누르고 쿠폰번호를 입력해주세요.

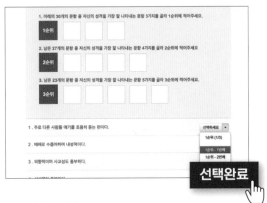

④ **자기평가 검사**
제시된 문항을 끝까지 읽고, 자신의 성격을 비교적 잘 나타내는 문항을 우선순위대로 고른 후, **[선택완료]** 버튼을 눌러주세요.

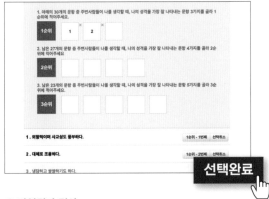

⑤ **타인평가 검사**
제시된 문항을 끝까지 읽고, 주변 사람들이 나를 어떤 성격으로 보고 있을지에 대한 자신의 생각을 비교적 잘 나타내는 문항을 우선순위대로 고른 후, **[선택완료]** 버튼을 눌러주세요.

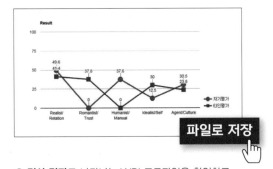

⑥ **검사 결과**로 나타나는 WPI 프로파일을 확인하고, 하단의 **[파일로 저장]** 버튼을 누르면, WPI 프로파일 결과를 PDF로 다운받을 수 있습니다.

⑦ WPI 프로파일과 함께 제공하는 **[프로파일 분석 결과지]**를 통해 당신의 성격에 대한 보다 자세한 설명을 확인하세요. PDF로도 다운받을 수 있습니다.

WPI 검사 결과에 대한 전문적인 설명과 해석, 현재 내 삶의 문제와 해결책이 검사결과에서 어떻게 확인되는지 알고 싶다면, WPI 전문 심리상담사와의 상담을 신청하세요!

📞 02.6263.2440 ┃ 010.2203.7430
✉ wpipc@naver.com
💬 카톡 채널에서 'WPI심리상담코칭센터' 검색

WPI 프로파일 결과지에 대한 자세한 피드백과 함께 자신의 성격과 관련하여 삶의 고민에 대한 해결책을 얻고 싶다면, 반드시 WPI 심리상담·코칭 전문상담사에게 프로파일 해석과 상담을 받도록 하는 것이 좋습니다.

개개인의 성격이 모두 다르듯, 비슷한 WPI 프로파일을 가졌더라도 그 사람이 처한 환경, 생활방식, 고민 이슈에 따라 다르게 해석될 수 있으며, 복합적인 해석을 하기 위해서는 상담수련을 거친 전문 심리상담사의 도움이 꼭 필요합니다.

FAQ

Q1

WPI를 전문적으로 해석하는 법을 배우고 싶어요.

ⓐ WPI 프로파일을 해석할 수 있는 능력을 키우고 싶으신 분, 심리상담가로서 제2의 인생을 꿈꾸는 분, 자신의 상담 역량에 의문을 느끼는 현직 상담가 분들께서는 〈WPI 전문가 과정〉을 수료하는 것으로 그 첫걸음을 떼실 수 있습니다.
※ WPI 검사의 제대로 된 해석법과 마음읽기를 배우고 싶다면, 본 책자 241p의 〈WPI 전문가 과정〉을 참조하세요.

Q2

WPI 심리상담·코칭 전문가가 되려면 어떻게 해야 하나요?

ⓐ 몸의 아픔이나 병을 치료하는 의사가 되기 위해 몇 년의 임상 수련이 필요하듯, 인간의 '삶의 문제와 마음의 아픔'을 치료하는 심리상담·코칭 전문가로 활동하기 위해서는 자격증 취득 후 최소 3년 이상의 임상수련이 꼭 필요합니다. 이에 통증해방: WPI심리상담코칭센터에서는 심리상담·코칭 전문가로서 활동하기를 원하는 분을 위한 임상수련 교육 프로그램을 운영하고 있습니다.

Q3

일상생활에서 WPI를 어떻게 유용하게 쓸 수 있을까요?

ⓐ 조직 내에서 인간관계의 핵심을 파악하는 용도로 활용하거나, 교사로서 학생들의 마음을 읽고 각 학생들의 특성을 잘 파악하여 학습 및 생활지도에 활용할 수 있습니다.

다른 사람들의 성격 특성과 마음이 각기 다른 상황에서 어떻게 드러나는지 파악하여, 현재 일하고 계신 분야에서 여러분의 능력을 크게 향상시키고 싶으신가요? 그렇다면 WPI 검사를 활용하여 자신의 마음을 스스로 읽는 방법을 알려주는 '마음읽기' 교육 활동, WPI 워크숍에 참여해보세요. 다양한 임상 사례를 근거로 대중이 WPI 검사를 활용하여 자기 마음을 이해하는 방법, 주위 사람들의 마음을 제대로 알아가는 방법을 학습할 수 있습니다. 심리학적 지식이나 배경이 없더라도 워크숍을 통해 WPI 프로파일(WPI 검사 결과)을 해석하는 능력, 자신과 주위 사람들의 마음을 읽고 파악하는 통찰력을 키워 나갈 수 있습니다.

'WPI 전문가 과정', 'WPI 지도자 과정'을 수련 받으시면, WPI 심리상담·코칭 전문가로 활동할 수 있습니다. 진정한 마음치유사 Mind Healer로서 새로운 삶의 영역을 개척해 나갈 수 있답니다. 자신뿐 아니라 누군가의 마음 주치의로서 활동하는 당신의 모습을 그려나가시기 바랍니다.

아픔과 통증에 대한 나의 마음 읽기

통증인식과 통증반응 검사

WPC-E   WPC-R

통증으로 언급되는 '아픔'은 '신체적인 증상', '생물적인 반응'으로 생각되지만,
사실 한 사람이 느끼는 '주관적인 심리적 반응'입니다. 따라서, 통증은 '물리적인 강도'가
아닌 각 사람들이 각기 다르게 느끼는 '아픔'의 정체로 파악해야 합니다.

'통증인식·반응검사'는 '각자 어떻게 자신의 아픔을 인식, 반응하는지를
측정, 진단하는 심리검사'입니다. 각자가 가진 아픔과 관련된 심리적 경험을 파악하여,
누구라도 통증이 생물적·신체적 증상에서 심리적 경험인 '아픔'이 되는 구체적 현상을 알 수 있습니다.
'통증인식·반응 검사'가 바로 '통증심리검사'입니다.

이상에서 주제로 세분되는 마음 마음이 MRI로 자기 다른 마음을 읽다

'아프다'라는 감각은 신체 외부의 물리적 압력이나 신체 내부의 생리적 장애 (예. 염증이나 신체 기관의 손상 등)로 생겨난다고 막연히 믿는 '통증'입니다. '아프다'라는 감각에 신체 부위나 기능과 연결된 '병명'을 부여하지만 '통증'은 신체 부위의 손상으로 인한 결과가 아니라, 인간이 느끼는 '감각과 지각sensation & perception' 경험으로 생겨나는 '심리 현상'입니다. 아픔은 아픔을 경험하는 바로 그 사람이 자신의 아픔을 어떻게 '인식epistemology 하고 또 그것에 대해 어떻게 '반응response' 하는지에 따라, 그 정체가 달라집니다. 통증으로 인식되는 아픔은 물리적, 생물적 특성에 의해 결정되기보다 아픔을 인식하는 인간의 주관적인 심리적 반응이기 때문입니다. 만일, 통증의 원인을 신체 부위에서 찾는다면, 직접적인 물리적 자극으로 생겨난 증상만을 보게 되어, 통증의 원인을 거의 제대로 찾아낼 수 없습니다.

아픔은 신체 기관의 문제가 아닙니다. 통증은 인간의 마음이 만들어 내는 주관적, 심리적 경험입니다. 통증을 인식하는 그 사람의 마음에 의해 '아픔'으로 표현하는 '통증'은 일차적으로 생겨나며, 때로 신체적인 증상으로, 구체적으로 각자에게 각기 다른 의미를 가집니다. 이러한 '통증'의 정체를 파악하는 일, 각 개인이 자신의 통증 감각을 어떻게 인식하고 어떤 의미를 두는지에 따라, 개개의 사람들이 동일한 신체 증상을 보인다고 할지라도 각 개인에게 있어 통증의 영향은 각기 다르게 나타납니다. 따라서, 개인이 겪는 통증에 대한 치료는 각 사람들이 자신의 통증에 부여하는 심리적 정체를 파악하는 것에서 시작되어야 합니다. '통증 인식'과 '통증 반응' 검사는 이런 주관적인 속성의 통증이 각 사람들에게 어떻게 나타나는지를 객관적으로 측정, 파악할 수 있게 하는 검사입니다. 통증이라는 경험을 통해 자신에 대한 인식과 삶의 방식도 파악할 수 있습니다.

WPC-E 통증인식 체크리스트

Whang's Pain Checklist - Epistemology

통증이란? '아픔'을 어떤 '의미'로 의식하거나 파악할 수 있는지 알려줍니다.
통증을 진단, 치료하는 입장에서도 환자의 통증이 가지는 의미를 확인할 수 있게 합니다.

통증은 외부의 충격이나 영향으로 발생하는 물리적인 신체 반응이 아닙니다. 통증은 어떤 한 사람이 자신의 삶을 어떻게 이끌어 나가는지를 보여주는 하나의 지표입니다. 스스로 '자기 존재'를 잘 인식하며 자기 삶을 잘 만들고 있다고 믿느냐, 아니면 자기 존재를 인식하지 못한 채로 살고 있다고 느끼느냐에 따라 달라지는 '아픔'입니다. 심지어, 아픔은 '자신에 대해 주위 사람들이 어떻게 반응하는지 등에 대한 인식으로도 달라집니다.

'통증'에 대한 바로 그 사람의 '믿음'이 아픔을 만들어 냅니다. 따라서, 통증의 이슈는 순전히 이것을 '몸의 문제'로만 보려는 사람과 통증을 개인의 존재나 생활 방식 등과 관련된 '마음의 문제'로 보려는 사람으로 구분할 수 있습니다.

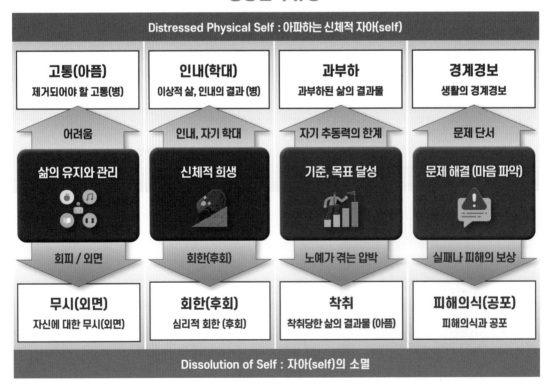

통증인식 유형

이슈어 주체로 세팅되는 마음: 마음의 MRI로 자기 다른 마음을 읽다

WPC-R 통증반응 체크리스트

Whang's Pain Checklist - Response

아픔을 느끼는 사람이 '통증 감각'을 통해 '자신'과 '자신의 삶'에 부여하는 '각기 다른 의미'를 알려줍니다.

각 사람들이 느끼는 통증 감각을 확인, 구분할 수 있게 되면, 바로 그 사람이 겪고 있는 통증을 해소하는 방안에 대한 통찰을 가질 수 있습니다.

왜냐하면, 통증이라는 불편한 감각의 정체는 물리적 자극의 강도나 환경적 요인이 아니라 통증을 느끼는 사람이 바로 '자기 자신'에 대해 가진 '믿음'과 '자신의 존재'에 대해 어떤 '인정'을 하느냐에 달려 있기 때문입니다.

'통증반응 체크리스트'는 '통증 치료 전문가(의사나 심리상담사 또는 운동 치료사 등)'의 역할을 하는 사람이 환자가 느끼는 통증 감각에 대해 어떤 대응을 할 수 있는지를 알려주는 일종의 안내판 역할을 합니다.

자신에 대한 '믿음', 자기 존재에 대한 '인정', 그리고 자신이 느끼는 아픈 감각에 대해 부여하는 '의미' 여부에 따라, 그 사람에게 적용되는 통증 치료 방안이나 치료의 효과가 달라집니다.

통증반응 유형

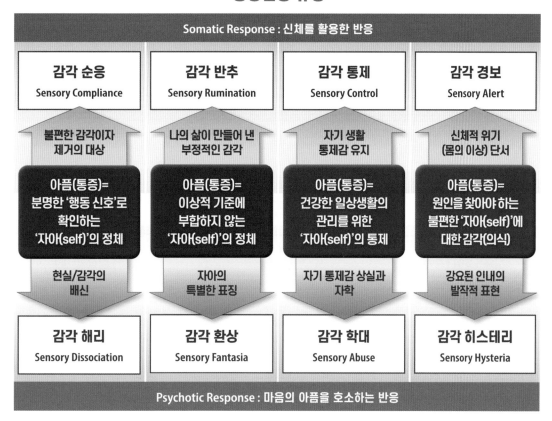

WCM
암에 대한
나의 마음 알아보기

WCM(암에 대한 황당한 믿음 검사)는 암에 대한 사람들이 가진 마음의 정체를 확인하는 심리검사, 마음의 MRI입니다. 각기 다른 사람들이 자신이 가진 암에 대한 마음이 어떤 '인식'으로 어떻게 나타나며, 또 암이라는 진단을 받게 되면 어떻게 반응할지 예상해 볼 수 있습니다. 자신이나 주위 사람들이 겪을 수 있는 '암'이라는 아픔에 대한 마음을 알 수 있습니다. 암과 관련된 아픔을 다루는 사람들의 입장에서 이런 검사 결과는 각자의 마음에 맞춘, 이 아픔에 대한 최적의 대응 방안을 찾을 수 있게 합니다.

아픔의 노예 또는 암이라는 아픔에 굴복하지 않고 스스로 자신의 삶에서 겪는 다양한 아픔의 하나로 암으로 받아들여, 아픔과 함께 살아가듯 암과 함께 살아갈 수 있는 방안을 누구나 찾을 수 있게 하는 '암에 관한 마음의 MRI'로 사용할 수 있습니다. 암에 대한 처리와 대응은 의사의 손에 달린 것이 아니라, 암이라는 아픔을 겪는 환자가 스스로 자신의 삶의 아픔을 다루는 방식으로 얼마든지 아픔을 잘 견디고 헤쳐 나갈 수 있다는 새로운 해법을 찾게 합니다.

암과 관련된 '마음읽기' :
암과 관련된 '마음'은 자기 삶이나 운명, 몸과 관련된 믿음이다.

똑똑이 (형편좋은)	베테랑	순종
암은 내 몸의 문제, 전문의사의 수술과 치료로 해결 가능. 최고의 치료 환경으로 치료됨.(본인 체면 중요)	본인의 마음보다 주위 의료진들의 암과 관련된 믿음에 관심을 둠. 의료진 코스프레를 하려 함.	의료진의 조언이나 치료에 묵묵히 따르면서, 가능한 자신의 마음을 부정하고 몸의 문제로 돌리려 함.

암은 중병이며 경제적 문제로 보려 함. 가난이 암보다 더 무서움	암은 자신의 아픈 삶의 결과이며, 주위 모든 사람들의 탓이라 믿음	아픔을 삶의 조건으로 참고 사는데 마지막 짱돌이 암으로!
헝그리 복서	별 다섯	설상가상

WCM으로 암에 대해 각 사람들이 가진 마음의 정체를 6가지 서로 다른 유형으로 구분할 수 있습니다. 보통, 한두 개의 믿음을 토대로 암에 대한 마음을 가지고 있습니다. 만일 자신에게 암이 생긴다면, 그것을 자신의 어렵고 힘든 삶에서의 '설상가상'으로, 또 그냥 '똑똑하게 의사의 지시에 순종하고 따르려는 마음'으로 각각 반응할 것 같은 서로 다른 암에 대한 믿음을 확인할 수 있습니다. 암에 대해 알고, 암을 보려는 마음이 있는 만큼 암에 대해 현명하게 대응하고 치료받을 수 있습니다.

WCM을 통해 '암'이라는 병의 '노예'가 아닌 주인의 삶을 살 수 있는 길을 찾을 수 있습니다. 암에 대한 주인된 삶이 자신에게 어떤 모습으로 나타나는지를 인식하면, 의사나 주위 사람들의 조언이나 지시에 무조건 따르는 '병의 노예'에서 벗어나게 됩니다. 자기 삶의 아픔에 스스로 잘 대응하는 현명한 사람으로 암에 대응할 수 있게 됩니다.

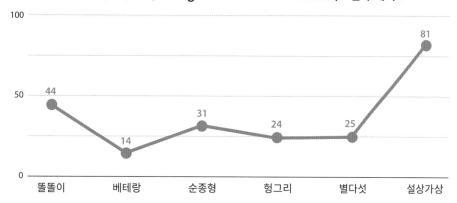

◎ 암 체크리스트(Whang's Cancer Mind Checklist) - 결과 예시1

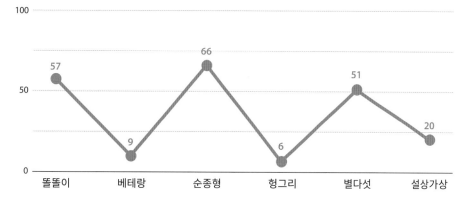

◎ 암 체크리스트(Whang's Cancer Mind Checklist) - 결과 예시2

WLP 나의 리더십과 리더가 되고 싶은 마음을 알아본다

1. 나의 리더십은 무엇인가?

리더십 발휘의 조건 : 자기이해 + 타인과 공유 → 자신의 리더십 패턴 인식 → 자신의 색깔 형성

2. 리더십 유형

1) 영웅형

"개인적 특성 아님"

영웅형 리더는 일과 성장을 위해 사는 편이기 때문에, 목표지향적이며 뚜렷한 성과만을 인정합니다. 그리고, 결정적 순간에 냉정할 듯한 이미지를 가지고 있습니다. 이런 리더십은 특정 개인의 속성이 아니라, 보통 신격화된 형태로 이상화한 리더십 이미지입니다. 보통 위인전이나 리더십 교과서에서 상투적으로 언급되는 리더나 리더십의 속성입니다.

2) 열정형

"예측과 통제 가능한 변화시도"

열정형 리더십은 전문성에 기반한 자신감을 보여줍니다. 하지만, 주위 사람들에게 이 열정을 가진 사람의 창의적이고 새로운 속성이 제대로 이해되지 못할 때, 돈키호테적인 속성이 부각되는 경우도 있습니다.

3) 치밀형

"정도 경영이지만 답답"

치밀형 리더십은 치밀, 꼼꼼, 세심하며, 완벽주의를 추구합니다. 워커홀릭 속성이 있지만 그렇다고 주목받는 성향은 아닙니다. 때때로 권위적이고 타인의 평가에 민감하기 때문에 타인의 인정을 원하나 기대만큼 인정받지는 못합니다.

4) 관계형

"강한 결단력과 저돌적 특성"

관계형은 큰 형님 같은 보스형의 리더십을 발휘합니다. 현실적 판단이 뛰어나고 순발력이 높은 편입니다. 카리스마를 보이면서 변화하는 환경 속에서의 적응력도 높습니다.

3. WLP와 WPI

WLP와 WPI를 통해 자신의 성향과 방향을 확인할 수 있습니다.

MCDC
직장인의 경력 계발에 대한 마음을 알아본다
My Career Development Checklist

1. MCDC란?

My Career Development Checklist
황상민 박사가 '경력개발에 대한 심리'를 연구를 통해 개발해 낸 직장 경력관리 유형 진단 도구입니다.

많은 직장인들이 조직 생활에서의 어려움을 느끼고, 더 나아가 자신의 경력을 어떻게 개발해야 할지 몰라 혼란스러워합니다. 누군가는 뒤늦게 대학원 진학이나 유학을 고민하기도 하고, 누군가는 전혀 다른 분야로의 이직을 꿈꾸기도 합니다. 또 한편에서는 톱니바퀴처럼 돌아가는 하루하루를 그저 묵묵히 견디며 살아가기도 합니다.

하루 중 많은 시간을 보내는 직장에서 자신이 어떻게 지내고 있으며, 조직과 자신의 경력에 대해서 어떤 마음을 가지고 있는지 파악하는 것은 매우 중요합니다. 막연히 남들이 좋다 하는 유망업종에 휩쓸려 따라가거나, 아무런 보람과 의미를 못 느끼면서 감옥에 수감된 죄수처럼 조직 생활을 이어 나가는 것은 '일'의 문제를 넘어 우리의 '삶'과 직결된 문제라고 할 수 있습니다.

경력개발 유형 체크리스트(MCDC)를 통하여, 자신의 경력 개발에 대해 어떤 생각을 가지고 있는지, 조직생활을 할 때 드러나는 특성과 조직에 대해 기대하는 것은 무엇인지를 알 수 있습니다. 또한 조직생활의 어려움이 있다면 그 문제점이 무엇인지도 진단할 수 있습니다.

2. MCDC 유형

1) 모범사원형

당신은 착실하고 성실하게 조직생활을 하는 것이 경력개발이라고 믿고 있습니다. 자신이 맡은 업무를 성공적으로 수행하는 과정이 곧 경력개발이라고 생각하며, 조직이 이끄는대로 열심히 살면 자신이 발전할 거라고 생각합니다.

2) 회사탈출형

당신은 직장에서 탈출할 수 있는 기회를 모색하여 전문직을 보장받는 경력 전환을 이루는 것이 경력개발이라고 생각합니다. 또한 당장 회사를 벗어나지 못하며 자신의 커리어를 전환할 수 있는 기회를 놓치게 될까봐 초조하기도 합니다.

3) 취미직장형

당신은 경력개발이라는 것이 삶 속의 많은 활동 중 하나에 지나지 않는다고 여깁니다. 당신의 삶에서 회사는 우선순위에 있지 않으며, 당신에게 있어 자신만의 시간과 워라밸은 무엇보다 중요합니다.

4) 열혈직장인형

당신은 회사의 요구에 부응하고 회사에 충성하는 것을 인생의 최우선 과제로 삼고 있습니다. 그렇기에 자신과 가족의 삶을 신경쓰기보다 회사에서 보내는 시간도 많습니다. 당신은 상사에게 인정받고 승진하는 것이 경력개발에 있어 매우 중요하다고 생각합니다.

5) 능력직장인

당신은 자신의 능력을 키우고 자신이 몸담은 업계에서 자신의 가치를 높이는 것을 경력개발이라고 믿습니다. 당신은 자신의 가치를 더 높은 값으로 인정해 줄 누군가를 기다리며 그런 곳이 나타난다면 주저 없이 이직을 선택할 가능성이 있습니다.

6) 회사맞춤형

당신은 직장생활이 힘들고 어려워도 불평 없이 회사의 요구에 맞추어 묵묵히 자신의 일을 해내는 것을 경력개발이라고 여깁니다. 남보다 높은 위치로 올라가겠다는 마음보다는, 한 자리에서 어떤 일도 묵묵히 견디며 경력을 쌓아 나가는 것을 중요시합니다.

WMC
결혼과 짝에 대한 나의 마음을 알아본다

1. WMC란?

Whang's Marriage Checklist
황상민 박사가 결혼 심리에 대한 탐구와 상담을 통해 개발해 낸 현실과 이상의 결혼 유형 진단 도구입니다.

WMC를 통하여,
기혼자는 누구에게나 똑같고 당연하다고 생각했던 결혼을 '나'는 어떤 태도로 살아가고 있는가, 배우자와 나는 서로에게 어떤 모습으로 비춰지고 있는가, 그리고 자신이 어떤 결혼을 마음속으로 바라고 있는가를 알아보고, 자신이 원하는 결혼 생활을 만들어가기 위해서는 어떻게 해야 하는가, 그리고 결혼에 어떤 의미를 부여할 수 있는가를 성찰하는 계기를 맞이할 수 있습니다. 미혼자는 자신이 생각하는 결혼과 현실의 차이, 연애와 결혼의 차이, 결혼 안에서 '사랑'의 의미와 현실의 결혼 생활에서 부딪칠 수 있는 난관이 무엇인지 생각해 볼 수 있습니다.

2. WMC 현실 유형

1) 규범형

당신은 보수적인 성향의 사람으로써 결혼을 할 때에는 비슷한 집안과 환경을 가진 사람들끼리 하는 것이 중요하며, 결혼 후에는 가정을 안정적으로 유지하는 것이 최우선이라 생각합니다. 남들에게 번듯한 가정으로 보이는 것이 중요하기 때문이죠. 전통적인 남녀의 역할을 자연스럽게 받아들이며 자녀들의 결혼에 적극적으로 개입하려는 마음이 있습니다. 그러나, 성공적인 결혼은 무엇인가, 성공적인 결혼식이 과연 성공적인 결혼으로 이어지는가에 대해서 생각해 볼 필요는 있습니다.

2) 연애 지상형

결혼 전이나 결혼 후 모두 '자기 자신'이 삶의 중심이 되고, 자신의 감정이 상대방보다 중요하며 상대방은 감정 이입과 표현의 대상이 됩니다. 결혼했더라도 상대방과 더 이상 자신의 감정을 교류할 수 없다고 느낄 때 새로운 연애 대상을 찾으려 하기도 하죠. 당신의 연애 세포는 현재 배우자가 연애의 대상 여부와 관계없이 언제나 활성화되어 있습니다. 자신을 연애 감정에 취할 수 있도록 하는 대상에 언제나 올인할 준비가 되어있기 때문이죠.

3) 풍류형

당신은 결혼은 했더라도 결혼은 구속과 통제인 동시에 안정을 보장해 주는 안전장치일 뿐이며, 속으로는 최대한 자유를 만끽하며 살고 싶은 마음입니다. 실제로 다른 사람들이 보기에 번듯한 결혼생활로 자신을 포장해 놓고, 자유로운 연애를 즐기는 상태이거나 즐기고 싶은 마음인 경우가 많습니다. 한편, 당신은 배우자에게는 스스로와 다른 잣대를 적용하여 보다 규범적이고 전통적인 역할을 수행하고 가정에 충실하기를 바라고 요구할 확률이 높으며 자녀와 좋은 관계를 유지하거나 자녀의 인생에 큰 영향을 주고 싶은 마음도 있습니다.

4) 생계형

당신은 경제적인 측면에서는 배우자에게 전적으로 의존하지만, 배우자에 대한 애틋하거나 동반자라는 감정은 전혀 없는 생활을 하고 있습니다. 배우자는 오히려 돈을 대주는 사람에 가까워 그 혹은 그녀가 누구인지 알아볼 생각은 하지 않으며, 돈이 결혼 생활의 만족도를 결정한다고 믿죠. 이는 자신을 '누구의 남편' '누구의 아내' '누구의 엄마 아빠'라고 밖에 규정짓지 못하는 약한 자아감에서 출발하기 때문에 결혼이 인생에서 보호막이 되기도 했지만 어떤 측면에서는 자신의 자존감을 훼손시켰다고 생각하기에 미혼 남녀의 자유를 막연히 부러워하기도 합니다.

** WMC는 주로 기혼자가 자신과 자신의 결혼 생활, 그리고 자신이 바라는 결혼 생활을 돌아볼 수 있는 검사입니다. 자신이 바라는 결혼이나 미래의 결혼이 어떤 모습일지 궁금한 미혼자는 이상 결혼 유형에 대한 설명만을 읽기를 적극적으로 권합니다. 미혼의 상태에서는 현실과 이상 결혼이 아직 분화되지 않았기 때문에 현실 결혼 유형은 무의미합니다. 결혼 검사만 한 미혼자는 반드시 연애 검사를 통해 현재 어떤 마음으로 사랑을 하고 있는지도 알아보면 좋습니다.

5) 로망형

당신은 결혼에 대한 판타지를 가지고 있으며 당신의 배우자가 자신의 운명적인 짝이라고 믿고 있을 것입니다. 미혼인 상태에서 로망형이 나왔다면 결혼에 대한 막연한 판타지와 높은 기준을 가지고 있다고 볼 수 있지만, 결혼을 하고 갈등과 실망을 경험했음에도 불구하고 로망형이 나왔다면 서로 힘든 일을 극복하면서도 서로에 대한 감정과 애정을 유지하며 '사랑의 판타지'를 살아냈다고 볼 수 있을 것입니다. 많은 역경을 함께 극복한 당신의 배우자에 대한 충만한 애정과 믿음을 가지고 있으며 스스로의 결혼이 완벽하고 모범적인 사례라고 생각하는 마음도 강할 것입니다.

6) 자기관리형

당신은 자신의 이력과 결혼 이전의 삶을 잘 관리해 왔던 것처럼 자신의 배우자와 자녀를 엘리트와 엄친딸, 엄친아로 관리해 나갑니다. 당신에게 가장 중요한 '자기 자신'에 걸맞은 품격과 스펙을 갖춘 사람을 만나 번듯하고 풍요로운 결혼 생활을 추구하죠. 겉으로 보면 내공과 수준을 모두 갖춘 결혼생활처럼 보일 수도 있지만, 한편으로는 배우자와의 감정적인 교류와 애틋함을 충분히 나누고 있는지 그 사람을 배려하고 있는지 돌아보는 것도 좋을 것입니다.

3. WMC 이상 유형

1) 보헤미안형

당신은 가족의 구속 없이 자유롭게 연애하고 마음대로 사는 인생을 꿈꾸지만, 이상적 짝은 현재 배우자가 아닌 다른 곳 어디엔가 있으리라고 믿고 싶어하기도 합니다. 그러나 실제 생활에서는 가정을 깨고 싶지는 않다는 마음이 강합니다. 규율과 욕망 사이에서 갈등하며 어디에 있을지 모르는 이상적인 짝을 찾아 여러 사람에게 단발적인 관심을 주는 방식은 어쩌면 스스로의 욕망을 충족시키지는 못할 수 있습니다.

2) 좀비형

이는 당신이 결혼에 절망한 채 배우자나 생활에 대한 어떠한 기대 없이 그저 살아가고 있음을 나타냅니다. 상대방과의 감성 하나만 믿고 온갖 반대를 이겨내고 겨우 결혼했는데, 결혼 후의 생활로 인하여 설렘은 사라지고 허전함과 상대에 대한 원망, 자신에 대한 실망과 절망만이 남은 상태입니다. 현재 생활을 바꾸려는 노력은 하지 않으며 아무런 희망이 없다고 생각하기 때문에 딱히 바라는 것도 없는 상태입니다.

3) 책임형

당신은 결혼이 두 사람이 만나서 돈을 벌고 자식을 키우며 사는 부모의 책임과 역할이라고 생각하며 다른 의미를 찾으려고 하지는 않습니다. 결혼을 유지하고 가족을 부양해야 한다는 책임감 하나로 살고 있는 상태입니다. 조건을 잘 따져보고 결혼했는데 실제 생활이 상상과 달라지자, 이혼은 할 수 없다는 마음에 '결혼'이라는 것에서 책임감만 남긴 채 인간적인 교류와 감성들은 도외시하고 있는 마음을 보여줍니다.

4) 패밀리형

당신은 결혼을 남녀 개인들의 결합이라기보다 가족과 가족 간의 만남으로 여깁니다. 두 사람의 새로운 출발이라기 보가 자신의 가족에 새로운 구성원이 추가되는 것이기 때문에 자신뿐 아니라 부모님의 마음에도 드는 사람을 찾는 것이 중요합니다. '가족'으로부터 '나'가 분리되지 않은 상태이며, 상하관계, 규범 등을 중요하게 생각하는 당신은 가족을 위한 어떠한 희생과 봉사도 마다하지 않는 마음으로 어떻게 해서든 가족을 유지하려 합니다.

5) 맞춤형

당신은 미래에 대한 불안, 자신이 지금 가지고 있는 것들을 잃지 않으려는 의지에서 무엇보다 조건이 맞는 배우자와 하는 결혼이 좋다고 여깁니다. 조건이 맞다면 현재 가진 것들이 안전하게 유지되리라 믿는 마음이죠. 조건이 결혼 후에도 유지된다면, 부부 사이에 애틋함과 정이 피어날 수 있지만, 그렇지 않을 경우 자신의 결혼이 완벽하지 않다는 불안감 때문에 생활에 하나씩 균열이 생기게 됩니다 .

6) 감성형

당신은 결혼을 꼭 특별하고 사랑하는 사람과 해야 하며, 결혼 생활의 시작부터 죽을 때까지 배우자와 당신은 서로 애틋하고 섹시하며 아름답고 멋지리라 믿고, 뜨거운 감성을 간직한 채 생활하고 싶은 마음입니다. '불타는 사랑은 허구, 결혼은 현실'이라는 말을 싫어하죠. 그러나 만약 나의 마음은 사랑으로 가득 차 있어도 상대방이 어떤 상황에 있는지, 무엇을 원하는지를 보지 못한다면 이기적인 사랑을 하는 것이라는 사실 또한 생각해 볼 필요가 있습니다.

WAC

연애에 대한
나의 마음을 알아본다

이슈어어 주제로 세분되는 마음: 마음이 MRI로 각기 다른 마음을 읽다

1. WAC란?

Whang's Amour Checklist
황상민 박사가 연애 심리에 대한 탐구와 상담을 통해 개발해 낸 연애
유형 진단 도구입니다.

2. WAC를 통하여,

지금 연인과 표면으로 드러나지 않는 갈등은 무엇인지, 어떤 연애와 연
인을 이상적이라고 생각하고 바라는지, 앞으로 나의 연인과 어떻게 사
랑을 할 것인지, 그리고 어떤 사람을 만나면 좋은가에 대한 통찰을 얻을
수 있습니다.
현재 연애에서 충족되지 않는 그 무언가를 찾고 싶은 사람, 과거의 연애
가 왜 실패하였는지 알고 싶은 사람, 앞으로 어떤 마음으로 누구와 사랑
을 하고 싶은지, 스스로에게 잘 보이지 않는 자신의 연애 심리를 알고 싶
다면 WAC를 해보시기 바랍니다.

3. WAC 유형

1) 즉흥 연애

당신은 스스로의 감정을 믿고 충실히 따르기 때문에 갑자기 좋아지거나 싫어진 연인에게 자신의 감정을 여과없이 표현합니다. 그 순간 서로 좋아하는 감정이 중요할 뿐, 관계에 대한 책임은 크게 느끼지 않죠. 한편, 열정적으로 꾸밈없이 사랑을 고백하는 당신이지만, 상대방과 환상을 유지하기 위한 거리는 존재할 수도 있습니다. 순간적인 사랑의 감정도 중요하지만 한 사람의 다채로운 면을 알아가고, 나를 불편하게 하더라도 이해하려고 노력하며 신뢰를 쌓을 때 관계에 새로운 국면이 온다는 생각해 볼 수 있을 듯합니다.

2) 의리 연애

당신은 서로에 대한 막연한 믿음과 편안함, 성적 교감과 책임으로 이루어진 관계를 중요시합니다. 오랫동안 함께했음이 운명적인 유대가 있는 듯 느끼도록 하고, 연애 감정을 강화합니다. 또한, 당신은 관계를 잘 깨지 않으며, '더 좋은 사람이 얼마나 있겠어'하는 생각, 편안함, 이해와 수용을 통해 관계를 잘 유지해 나가는 한편, 헤어짐에 대한 두려움도 가지고 있습니다. 어쩌면, 만남 자체의 유지 외에 만남이 자신에게 어떤 의미가 있는지 다시 한번 생각해보는 것도 좋을 것입니다.

3) 보헤미안 연애

당신은 아무런 제약도 받지 않는 마음, 심지어 좋아하는 마음마저도 제약받지 않는 완전히 자유로운 연애를 추구합니다. 당신의 연인은 마치 욕망을 충족하기 위한 소모품이 된 것처럼 느낄 수도 있겠죠. 서로 욕망을 충족시켜 줄 수 있을 때 만나고 그렇지 않을 때에는 미련 없이 헤어지는 것이 당신의 자유로운 철학이라고, 당신 스스로는 어필하고 싶기 때문입니다. 그러나, 이러한 자유분방함의 적극적인 표현은 어쩌면 스스로 어디에 마음을 두어야 할지 모르겠다는 마음과 함께 헌신에 대한 막연한 두려움을 보여줄 수도 있답니다.

4) 부모님용 연애

전통적인 규범을 중요시하고 보수적인 당신에게 연애는 가족의 가치를 승계할 파트너를 찾는 활동입니다. 연인이 누구인지에 대해 관심을 갖기보다 부모님의 말씀에 따라 연애와 결혼을 할 확률이 높습니다. 학벌, 집안, 연봉 등 굵직한 조건을 따져 연애를 하고, '부모님을 위해' '가족을 위해' 상대방에게 희생을 요구할 수 있다고 생각하기도 합니다. 현재 연애를 하고 있다면, 부모님과 자신의 기준 간에 어떤 차이가 있는지 생각해보고 미래를 부모님이 아닌 스스로가 그려갈 수 있도록 준비하는 것이 필요할 수도 있겠죠.

5) 쇼윈도 연애

연애는 당신이 자부심을 느끼는 근원입니다. 남들이 부러워할 만한 스펙과 외모를 가진 연인을 고르고, 누군가 당신에게 부러운 눈빛을 보낸다면, 당신은 연인이 더욱 만족스럽게 느껴질 것입니다. 만일 연인이 덜 멋져지거나 힘든 시기를 보내게 된다면 함께 힘이 되어주기보다 떠날 확률이 높겠죠. 연애를 할 때 다른 사람들이 좋다고 하는 것보다 자신이 어떤 사람과 함께 있을 때 편안하고 행복한지 고민해 본다면 아직 찾지 못한 연애의 '그 재미'를 느끼게 될지도 모릅니다.

6) 결혼 연애

당신에게 연애란 '결혼'이라는 목적을 달성하기 위한 과정에서 일어나는 행동일 뿐입니다. 사랑의 감정을 나누기보다, 연인이 따뜻한 가정에서 자랐는지, 얼마나 성실하게 결혼 생활을 해나갈 사람인지, 정치관과 종교관이 조화를 이루는지 검증할 수 있는 시간인 것이죠. 만약 '적합하지 않다'라는 판단이 내려진다면 당신은 오래 사귄 상대로부터 미련 없이 돌아서버린 수도 있습니다. 연애를 수단으로만 여기기보다 과정을 즐길 수 있는 방법을 스스로 찾아본다면, 자신에 대해서도 새로운 발견을 할 수 있을 것입니다.

7) OFF 연애

당신은 연애하고 있지 않거나 연인 관계를 정리하는 중일 확률이 높으며, 연애가 삶에 주는 '구속'을 싫어하고 피하고자 하는 모습을 보입니다. 어쩌면 과거의 관계에 대한 뼈저린 후회를 하고 있을 가능성도 있죠. 연인 관계에 대한 허무감으로 아무것에도 헌신하지 않고 '자기자신'과 '혼자 있는 자유'만 가장 중요하게 여기려는 마음을 가지고 있지는 않나요? 가끔 이전의 연애에 대한 기억을 억누르거나 자신이 진정 원하는 사랑은 무엇인지 마음속으로 정리해 본다면 언제나 나만의 편리함을 주장하며 외롭게 살아갈 필요는 없을 수도 있다는 사실 또한 느낄 수 있을 것입니다.

8) 생활 연애

당신은 아주 소소한 순간과 감정까지 연인과 함께하고 공유하는 것을 중요하게 여기기 때문에, 전화기를 자주 붙들고 있을 것입니다. 옷 입는 습관, 좋아하는 음식 등 세부적인 정보까지 알아내려 하며 자신을 연인에게 꾸밈없이 드러내고 그 모습이 받아들여지고 사랑받기를, 당신과 연인이 어떤 이상적인 연인 관계를 실현할 수 있기를 바랍니다. 연인과 좋은 사이를 유지할 때는 그보다 더한 활력소가 없지만, 사이가 좋지 않아질 때에는 일상생활에 집중하기 어려울 정도로 에너지가 떨어지고 방해를 받습니다.

LSI

공부에 대한
나의 마음을 알아본다

1. LSI란?

Learning Style Indicator
황상민 박사와 이은주 박사가 '공부에 대한 심리'를 연구를 통해 개발해 낸 공부 스타일 진단 도구입니다.

학생뿐 아니라 어른이 되어도 공부에서 벗어나기 어려운 현실입니다. 대학 입학 전까지는 대입을 위해서 공부하고, 대학 입학 후, 심지어는 대학 졸업 후에도 취업과 미래를 위해서 공부에 매달리는 것이 현실입니다. 공부를 하면서 자신이 공부를 하고 있는 마음을 파악하는 것은 공부라는 길을 성공적으로 달려가기 위한 가장 기본적인 자료가 될 것입니다. 자신이 어떤 마음으로 공부하느냐에 따라 각자가 따라야 할 공부 방법 또한 달라지기 때문입니다.

초중고 학생으로 공부를 한다는 것은 중요한 과제로, 아이들은 초등학교에 입학하여 학생이 되는 순간부터 매일 어떤 형식으로든 공부를 마주하고 살아야 합니다. 더군다나 공부가 미래의 성공에 대한 지표라는

강한 믿음을 갖고 있는 우리나라 사회에서 학생들이 공부를 무엇이라 생각하고 또 공부를 어떻게 하고 있는지를 아는 것은 그 학생이 학교라는 사회에 어떻게 적응하고 있는지 보여주며, 자신이 삶을 어떤 방향으로 만들어가는지도 알려주는 지표가 됩니다.

대학생, 대학 졸업생 중에 시험을 준비하는 성인들에게도 인터넷에 떠도는 누구에게나 적용되는 공부 방법이 아닌, 공부에 대해 가지는 자신의 마음을 알고 자신에게 맞는 공부 방향이 무엇인지를 알아가는 것은 시험을 준비하고, 시험에 합격하는 것에 무엇보다 중요합니다.

공부 스타일 진단 체크리스트(LSI)를 통하여, 공부하는 목적, 실제로 공부할 때 드러나는 행동 특성, 공부를 하는 사람의 마음 상태, 성격 특성과의 관계뿐 아니라 무엇보다도 한 개인이 삶에서 중요하게 생각하는 것이 무엇인지를 알 수 있습니다. 또한 공부를 안하고 있거나, 공부에서 성과가 나오지 않고 있는 상황에서의 문제점이 무엇인지도 진단할 수 있습니다. 그 진단에 따라 각자에게 맞는 공부 방법과 진로에 대한 결정까지 알아낼 수 있습니다.

이슈와 주제로 새로보는 마음: 마음이 MRI로 각기 다른 마음을 담다

2. LSI 현실 유형

1) 몰입 공부

자신이 관심이 있는 것에 대해서는 질문도 많고 탐색하고 싶은 마음도 많은 사람입니다. 당신이 공부나 탐색을 하는 행위는 자발적으로 하는 행위이기에 자기주도적이라고 볼 수 있습니다. 공부하는 과정 안에서 스스로에게 질문을 던지고 질문에 대한 답을 탐색하는 공부를 하고 있다면, 당신은 당신의 방식으로 학습을 해 나가고 있는 것입니다.

2) 공부의 모범생

당신에게 중요한 것은 자신의 자존심입니다. 공부를 잘하는 것은 당신의 자존심과 직결되어 있고, 공부를 잘한다는 것이 당신에게 중요하기에 누구보다 최선을 다해서 공부하는 마음입니다. 당신은 공부가 아닌 다른 무엇을 하더라도 자신의 자존심이 걸려있는 일은 열심히 하고 잘하려고 하는 사람입니다.

3) 취향 공부

당신이 관심을 가진 무엇인가에 빠져 있는 상태입니다. 당신이 하는 공부는 학교 공부에 초점이 맞춰져 있지 않고, 당신이 관심을 가진 무엇인가에 초점이 맞춰져 있습니다. 당신이 관심을 가진 영역은 전문가 수준이 될 만큼 열심히 탐색하고 공부하지만, 학교 공부는 등한시하거나 의무방어 하듯이 뭔가 2% 부족한 상태로 해 나가고 있습니다.

4) 성공수단 공부

부모님, 가족, 학교 등 당신이 속한 사회적 집단의 사람들에게 자랑스러운 사람이 되는 것, 인정받는 것이 당신이 공부하는 가장 큰 이유일 것입니다. 공부의 핵심은 시험통과 조건의 충족이라고 할 것이며, 당신의 공부는 시험 출제 경향이나 입시 경향에 따라 결정됩니다.

5) 공부의 도피생

공부해야 할 필요를 별로 느끼지 않고 있습니다. 주변의 강요 또는 분위기 때문에 학원도 다니고 시험 기간에는 공부하는 시늉을 하기도 합니다. 공부를 한다고 앉아 있어도 공상의 세계로 순식간에 넘어가는 자신을 발견하게 됩니다. 이런 당신에게 특별히 목적지향적 공부는 존재하지 않습니다.

6) 폼잡는 공부

다른 사람들 앞에서 잘나 보이고 싶은 욕망을 공부의 결과를 통해 충족하려는 마음입니다. 공부하는 데 있어서, 당신에게 중요한 것은 결과로 드러나는 등수이기 때문에 당신은 배움의 과정에는 사실 크게 신경 쓰지는 않습니다. 어떤 방법을 쓰던 성적이 잘 나오거나 시험에 붙기만 하면 된다고 생각하기에, 성적이 잘 나올 수 있는 가능한 방법은 다 사용해보려고 합니다.

3. LSI 이상 유형

1) 고시합격 공부법

공부해야 할 확실한 목표와 그 목표를 이뤄야만 하는 절박한 이유를 탑재하고 공부하면 좋겠다고 생각하는 마음입니다. 당신이 이루고 싶은 목표는 공부 자체가 아니라 원하는 대학 입학이나, 자격증 취득이나 공무원 시험 합격과 같은 목표를 가지고 있습니다.

2) 수재 공부법

스스로 질문하고 원리를 이해하며, 탐구해 나가는 학자 같은 공부를 하는 것을 이상적으로 생각합니다. 공부하는 생활에 대한 통제력에 덧붙여서 공부하는 방법도 연구자의 마음이기를 바라고 있습니다. 단순 암기의 공부가 아닌 연구하고 탐구하는 공부를 하여야 한다고 믿고 있습니다.

3) 자기만족 공부법

자기 자신의 만족을 위해서 자기 나름의 스타일대로 공부하며, 끈기 있게 자신이 모르는 것을 알려고 탐색하며, 자신이 남다르다는 것을 오히려 자랑스럽게 생각하는 마음을 드러냅니다. 스스로를 중심에 두고 공부하는 모습을 나타냅니다.

4) 만년취준생 공부법

자신이 무엇을 해야 할지 모르는 마음으로 몇 년씩 시험 준비를 하며 세월을 보내고 있는 사람의 모습을 나타냅니다. 이런 모습을 이상적으로 생각한다는 것은 의욕도 없이 시험 준비로 세월을 보내고 있는 자포자기의 마음을 드러낸다고 할 것입니다.

5) 멘붕 공부법

현재 공부에 있어서 심리적인 붕괴를 경험하고 있을 가능성이 높습니다. 공부라는 것을 어떻게 해야 할지 모르는 상태이거나, 스스로 자신의 생활을 통제하고 살아가는 것을 포기한 상태에 있을 것입니다.

6) 자아없는 공부법

자신이 어떤 사람인지 알고 자신만의 공부 방법이나 관심 영역을 찾기보다는 남들이 좋다고 하는 것을 따라가는 것이 안전하고 정답일 것이라고 믿는 마음을 나타냅니다.

마음치유사의
마음의 MRI
활용 사례

마음읽기를 경험해보신 분들은 종종 마음치유사가
도대체 어떻게 내 마음을 이렇게 꿰뚫어 보았는지 감탄
합니다. 수많은 심리상담소를 헤매고, 정신과에 가서도
해결되지 못했던, 아니, 점집에 가서도 속시원하게
내 문제나 어려움에 대해 알지 못했던 경험을 떠올리며,
'나도 모르는 내 마음을 이렇게 읽고나니 아픔에서
벗어나는 경험을 하게 되었다'고 말합니다. 그리고
그쯤 되면 묻습니다. '상담사 선생님 말고, 내가 직접
할 수 있는가'하고 말이지요. 그럴 때면, 마음치유사는
이렇게 답합니다.

"당신이 원하신다면, 당신의 마음을 얼마든지 당신이
스스로 읽을 수 있답니다. 그리고 자신의 마음을 읽게
되는 만큼, 타인의 마음 역시 읽고 자신의 삶에 기적과
도 같은 경험들을 하게 되실 것입니다."

그럼, 자신의 아픔(통증)을 시발점으로 아픔의 원인을
찾는 데 골몰하는 것이 아니라, 아픔을 의미를 찾는
마음읽기 후, 아픔에서 벗어나 마음치유사로 제2의
인생을 시작한 분들의 이야기를 함께 나누도록
하겠습니다.

마음읽기를 통해
'라이프 디자이너'로 성장하다

글 • 이승아 WPI 심리상담사

황심소를 처음 듣게 된 후부터, 정주행을 여러 차례 했습니다. 황상민 박사님께서 다른 사람들의 마음을 생생하고 읽어주시는 것이 무척 흥미로웠고 재미 있었기 때문입니다. 그렇게 WPI에 대해 접하게 되었고, 방송을 들으며 나란 사람은 완벽한 로맨티스트일거라 생각했습니다. WPI 심리검사를 직접 해보았을 때, 그런 '나'에 대해 처음으로 새롭게 알게 되는 경험을 했습니다. '나란 사람'은 로맨티스트 성향만 있는 게 아니라, 로맨과 아이디얼 둘 다 높은 엠(M)자 였더군요. 그제서야 남들이 하지 않는 엉뚱한 생각을 하고, 늘 새로운 것에 호기심 많고, 무얼 하든 남들이 하는 대로가 아니라 내 방식을 고집하면서 내 나름대로 자유로움을 추구하며

살았던 내가 조금 이해가 되었습니다. 스스로 의미 부여를 하지 않으면, 그 어떠한 일도 하기 힘들어했던 나의 모습이 떠올랐습니다.

사실, 이렇게 얘기할 수 있게 된 것은 WPI를 알고 난 이후의 일이랍니다. 이전까지는 '나'라는 사람의 특성이 무엇이며, 또 어떻게 '나' 자신에 대해 정리하며 살아야 할지 정말 몰랐습니다. 많은 사람들은 엠자를 두고 '이성과 감성의 조화'를 이룬 이상적인 인간의 모습이라 했지만, 나 자신은 '혼란 그 자체'를 경험하며 살고 있었습니다. '나를 찾고 나답게 살고 싶다' 생각했지만, 나에 대해 알지 못했기 때문에 그럴 수 없었어요.

디자인을 하고싶다는 생각을 가지고 있던 제가 나름대로 '나답게 살겠다'며 결정한 일이 부모님의 반대를 무릅쓰고 미대에 진학하는 것이었습니다. 이후 유학까지 다녀오고 디자이너로 오랫동안 활동했지요. 직장에서도 나름 뿌듯함을 느끼며 인정받으면서 지내기도 했어요. 그래도, 여전히 '나를 찾고 나답게 살고 싶다'라는 부분에서는 물음표가 남아 있었답니다.

당시 저는 나를 고용한 회사가 나를 잘 부려주기를 바라면서, 나의 디자인에 저절로 가치가 매겨지기를 바랬어요. '나를 고용하면 얼마든지 잘 팔리는 디자인을 뽑아 줄게!'라는 생각으로, 직장인의 마음으로 나 자신을 규정했습니다. 그 결과, 그 무엇으로도 저를 나타내는 것을 찾을 수 없었어요. 조금 더 나아가보자며 떠올렸던 생각은, 막연히 '나만의

브랜드'와 '나의 회사firm'에 대한 꿈을 꾸는 것 정도였지요. 뭔가 채워지지 않는 느낌이 만드는 우울함, 외로움, 허전함이 항상 나와 함께 했지만, 이런 느낌조차 어떻게 설명할 수 없는 채로 그저 혼자 껴안고 지냈어요.

그런 어느 날 2018년 WPI 워크숍에 참석했을 때, 다시 확인하게 된 나의 프로파일은 나의 혼란스러운 마음을 있는 그대로 잘 나타내주고 있었답니다. 나에 대해서 분명하게 인식하고 드러내지도 못하고, 세상이 요구하는 기준에 어떻게 대응해야 할까, 도대체 어떻게 살아야 할까 혼란스럽기 그지없던 때였습니다. '나의 삶을 내가 만들어가야 한다'는 메시지를 WPI 워크숍과 이후 상담에서도 계속 듣게 되었어요. 하지만, 어떻게 나를 만들어야 할지는 여전히 계속 의문이었답니다.

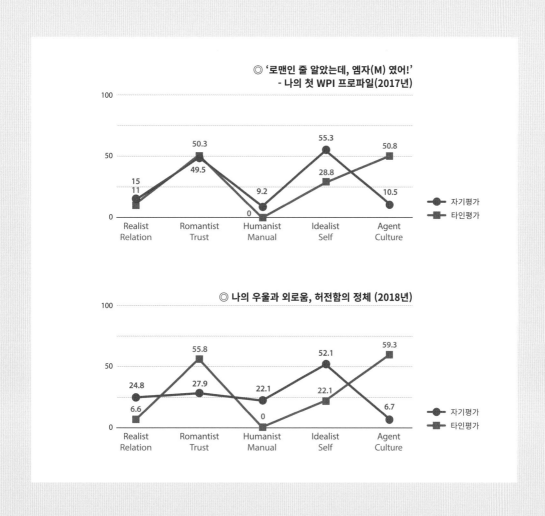

◎ '로맨인 줄 알았는데, 엠자(M) 였어!'
- 나의 첫 WPI 프로파일(2017년)

◎ 나의 우울과 외로움, 허전함의 정체 (2018년)

◎ 통증인식(WPC-E) & 통증반응(WPC-R) 프로파일(2018년)

당시, 자신을 어떻게 받아들이고, 어떻게 느껴야 하는지 혼란스러워하는 나의 마음은 몸으로 고스란히 나타나고 있었습니다. 엄청난 통증을 느끼는 생활이었답니다. 극심한 생리통, 허리나 어깨 통증, 눈의 통증, 이명과 숨을 쉬기가 어려웠던 때도 있었어요. 저는 아주 막연하게 이것이 내가 스트레스를 많이 받고 있고, 심리적으로 불편함이 있다고 알았어요. WPI 센터에서 하게 된 통증인식과 통증반응 검사는 바로 아픔에 대한 나의 마음을 그대로 읽어볼 수 있게 했어요. 뭔가 내 삶에서 잘못되고 있는 게 내 몸으로 나타나고 있다는 것을 확인할 수 있었지요. 명확하게 통증의 이유를 설명할 수 없어 그냥 꾹꾹 누르고 있다는 것, 그것이 과부하된 나의 삶을 통증으로 확인하는 '경계경보'라고 인식할 수 있었어요. 그리고, 이런 통증을 '감각반추'와 '감각통제'로 나름대로 참고 견디는 것이 나의 통증 반응이라는 것도 확인할 수 있었고요.

'아픔'으로 다가오는 것들을 나름 통제한다고 하는 나의 시도는 도무지 견디기 힘들 때 진통제를 복용하는 수준의 대응이었지요. 아마, 병원을 찾았다면, 병명을 몇 개쯤 확실히 얻었겠지요. 그리고, '병의 노예'로 '아픔의 노예'로 저의 청춘은 사라졌을 듯합니다. 그럼에도 불구하고, 여전히 '나란 사람'이 '어떤 사람'인지, 내가 누구인지를 도무지 정리를 할 수 없었어요. 이 어려움과 혼란을 해결하고픈 마음에서 WPI 심리상담을 배우고 '마음읽기'를 수련하게 되었습니다. 그리고, 이후에 일어난 나의 변화는 참 놀랍고 신기하다고 할 수 있습니다. 2019년 이후의 나의 WPI 프로파일은 바로 나의 마음의 변화를 그대로 알려준답니다.

물론, 이런 변화는 짧은 시간 내에 '짠!'하고 이뤄지진 않았습니다. 적지 않은 기간 동안 더욱 힘들다는 느낌을 받기도 했었지요. 나에 대해 알아가고 나만의 삶을 그리고 만들어 나아간다는 와중에도, '세상이 얘기하는 기준에 맞춰야 하지 않을까' 생각도 여러 번 했습니다. 그렇지만 나로 살아가길 포기하는 경험을 이미 여러 번 해보았기에, 그건 나에게 '죽음'과도 같은 것이란 걸 알고, '또다시 그렇게 삶을 포기할 수는 없다'고 생각했습니다.

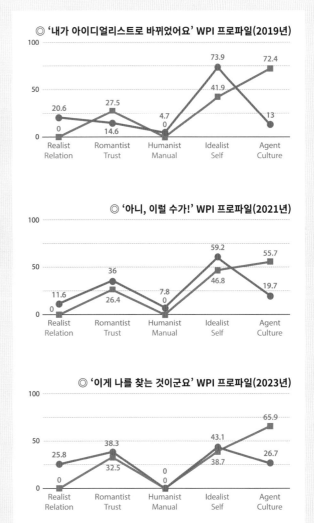

"세상에 수많은 길이 있는데, 왜 꼭 그거여야만 해? 진짜 그게 베스트야? 너는 너 자신에 대해 잘 알지 못하잖아. 오히려 네가 너의 삶을 살겠다고 하는 길이, 남들 좋다는 걸 따르려는 것은 아니야?"

그런 질문이 떠오를 때마다, 저는 WPI검사를 해봅니다. 그렇게 WPI프로파일을 확인하며, '내 삶을 보통의 기준에 맞추려고 하는' 내 마음을 읽게 됩니다. 2020년, WPI상담에 대해 더 배우면 나 스스로에게 셀프 상담을 할 수 있을 거란 기대에서 WPI전문가 과정을 시작하였습니다. 그때까지만 해도 상담가가 되겠다는 마음은 없었습니다. 그리고 전문가 과정을 마친 후에도 '직장인에서 벗어나 어떻게 살아야 하지?' 하는 고민은 계속되고 있었습니다. 이때 WPI를 통해 내가 어떤 사람인지 알 수 있게 되었고, 스스로를 이해할 수 있게 되었다면, "이제는 사람의 라이프를 디자인해 줄 수 있는 상담가가 되면 어떤가요?"라는 해법을 찾게 되었답니다.

그리고 지도자 과정, 멘토교수연수 과정을 거치면서 저에게는 WPI 심리상담·코칭 전문가, 마인드 힐러라는 정체성이 생겼습니다. 그리고, 이제는 상담가로 활동하며 상담실습을 수련하는 다른 분들도 저와 같이 마인드 힐러로서 정체성을 만들어갈 수 있도록 이끌고 돕고 있습니다. 내가 원하는 것을 향해 거침없이 나아가겠다는 다짐은 이제 WPI를 세상에 더 알리고, 마인드 힐러로서 나의 수련과 상담 활동을 계속 해나가는 일이 되었습니다. 누구나 자신이 가진 아픔으로부터 해방될 수 있도록 이끄는 사람이 되고자 합니다. 이것이 내가 스스로 성장, 발전하는 길이라 믿고, 살아가는 이유이기 때문입니다.

암 환자 타이틀을 던지고
'마음치유사'로 거듭나다.

글 • 송유진 WPI 심리상담사

1. WPI 아이디얼-컬처 성향 암 환자의 자기 보고

2018년 봄에 암 진단을 받았다. 조직검사 결과 1기였지만, 호르몬 양성이라고 했다. 부분절제를 하고 20회의 방사능 치료를 받았다. 암 진단을 받을 당시, 그녀는 아이들을 지도한다는 책임감으로 똘똘 뭉친 학원 강사였다. 하지만, 왜 사는지 또는 무엇을 위해 사는지와 같은 질문에는 아무런 답을 할 수 없는 상태였다. 단지, 과거에 이루지 못한 자신의 꿈을 끊임없이 회상하면서 자책하는 마음으로 그냥 열심히 살고 있었다. 남다른 자신만의 삶을 꿈꾸고 상상했지만, 스스로 그 꿈을 믿지 않는, 아니, 믿고 싶은 생각이 없이 그냥 하루하루 나름 즐겁게 열심히 산다는 생각만 하고 지냈다.

그녀의 '통증반응' 검사의 결과는 '감각학대'와 '감각반추'였다. 그녀의 몸에 생겨난 암 조직은 아마 자신이 스스로 자신의 무기력한, 하지만 나름 이상적인 꿈을 막연히 그리면서 무작정 달려가는 자신을 학대한 결과가 뚜렷하게 나타난 것이었다. 자신의 이런 삶에 대해 일종의 '경계경보'였다. 하지만, 현재 자신의 삶에 대한 또 다른 '무시', 아니 자신의 꿈을 포기하고 또 더 이상 스스로를 인정하는 삶을 살지 못하고 있는 '무시당하는', '인정받지 못하는' 자기 삶의 모습에 대한 인식이었다. '이제 암에 걸렸으니 내가 현재 하는 일을 그만둘 수 있다. 그리고, 가족들에게 이제 확실한 암 환자로 대접을 받으면서 살고 싶다.' 이런 마음은 고스란히 통증인식과 통증반응으로 나타났다.

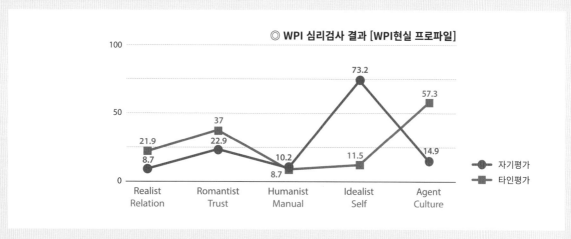

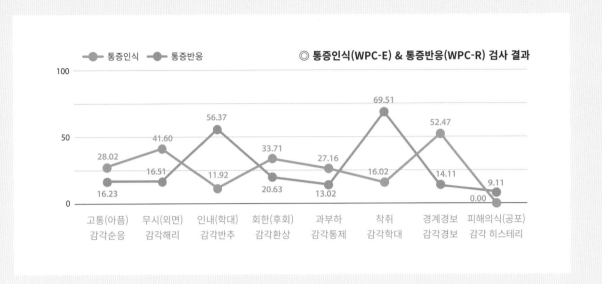

◎ 통증인식(WPC-E) & 통증반응(WPC-R) 검사 결과

	고통(아픔) 감각순응	무시(외면) 감각해리	인내(학대) 감각반추	회한(후회) 감각환상	과부하 감각통제	착취 감각학대	경계경보 감각경보	피해의식(공포) 감각 히스테리
통증인식	28.02	41.60	56.37	33.71	27.16	69.51	52.47	9.11
통증반응	16.23	16.51	11.92	20.63	13.02	16.02	14.11	0.00

다행히, 그녀는 자신을 암 환자라는 정체성 속에 자신을 가두지 않았다. 자신의 암은 자신의 삶에 대한 일종의 경계경보로 받아들였다. 그동안 자신이 나름 꿈꾸었던 것을 조금 시도하다 말고, 또 포기하는 것을 당연하게 생각한 결과가 몸으로 나타난다는 것에 대해 조금씩 인정하게 되었다. 암 환자라는 명칭을 받게 된 이후, 자신의 삶을 돌아볼 수 있는 기회를 얻는 것으로 받아들였다. 더 이상 자신을 학대하지 않고, 자신을 더 이상 부족한 존재로 받아들이지 않고, 과거와는 다른 삶을 꿈꾸기 시작했다. 그것은 바로 스스로 암 환자들을 상담하고, 그들의 마음을 치유하는 마음치유사로 활동할 수 있다는 기대였다. 조금은 다르게 살아야 한다는 의미를 'WPI'를 통한 마음치유사, 심리상담사가 되는 공부를 하기로 했다. 이런 공부는 그녀에게 암치료의 가장 확실한 효과를 제공했다. 작년 2023년에 그녀는 5년의 중증 암 환자 타이틀에서 자유롭게 되었다.

2. 암 환자 모임을 만들다!
암 환자 모임에서 확인하게 된 다른 암 환자의 마음 사례

2023년 여름, 그녀는 암 환자 카페에 글을 올리고 암 환자 마음읽기 모임 공지를 올렸다. 그렇게 5년이 끝난 기념으로 지역에 사는 암 환자끼리 만나, 각자의 마음을 서로 공감, 공유하는 새로운 암 환자 지원활동을 자원봉사 형태로 하게 되었다. 누구도 요청하지 않았지만, 누구보다 암 환자의 마음을 잘 읽을 수 있다는 그 믿음으로 그들의 마음을 읽고 공유하는 WPI 심리상담 봉사활동을 하기로 한 것이다. 암 환자로 지내는 자신의 상황이나 암에 대해 두려워하고 또 극복하려는 자신의 마음을 털어놓는 것이, 암이라는 이 아픔을 극복하는 또 다른 길이 된다고 믿었기 때문이다. 2, 3명의 환우들이라도 참여한다면 다행이라 생각했는데, 8명이 넘는 사람이 첫 모임에 참여했다. 그리고, 이 모임은 매달 만나는 암 환자 모임이 되었다. 참가자들의 통증인식과 통증반응은 바로 그들이 겪고 있는 자신의 암이라는 병에 대한, 암을 통해 그들이 가지는 자신의 삶의 아픔에 대한 마음의 표현이다.

3. 한 선생의 암에 대한 마음, 암 환자로 사는 그녀의 마음

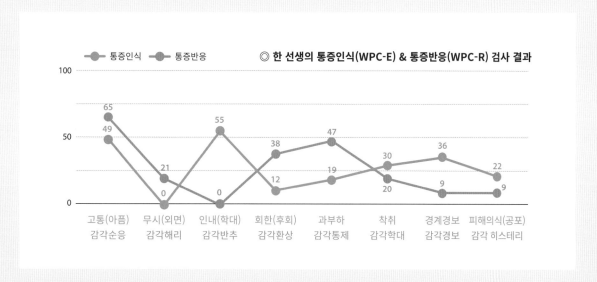

암 환자 모임에서는 다양한 암에 대한 마음을 확인할 수 있었다. 50대 중반의 한 선생은 4기 암 환자라는 타이틀을 가지고 있다. 하지만, 그녀는 자신의 마음을 있는 그대로 받아들이지 않으려 했다. WPI 검사를 했지만, 자신과 맞지 않다는 말로 공유하기도 거부했다. 그녀에게 암이라는 천둥벼락같은 이야기는 아픈 허리 통증에서 나왔다. 허리가 아파 그냥 들러본 병원에서 의사는 담담히 검사를 더 받아야 한다고 했다. 그리고, 그다음은 수술을 하기 위한 다양한 검사를 하게 되었다. 그녀의 몸에서 암은 폐를 제외하고 다 퍼졌다고 했다. 그동안 허리가 그렇게 아팠던 것이 암으로 인한 것으로 추측할 수 있었다. 매일 밤 잠도 제대로 못 자게 했던 그 고통은 놀랍게도 항암을 하면서 사라졌다. 그녀는 자신을 괴롭히던 허리 통증이 사라졌다는 것만으로도 암 환자가 된 것에 처음으로 만족하기도 했다. 의사는 그녀에게 항암제를 먹어야 하는 한, 계속 항암 투병은 이루어질 것이라 했다.

그녀도 항암 약을 계속 맞고 있는 것으로 자신의 병에 대한 투쟁 의지를 불태우고 있다. 단지 하나의 걱정은 현재 맞고 있는 약의 내성으로 약효가 점점 떨어지고, 또 약을 결국 바꾸게 되는 경우이다. 지금 겨우 의료보험으로 약값을 견디고 있는데, 보험으로 커버가 되지 않는 약을 사용하게 되면 더 이상 희망을 가질 수 없다는 것이다. 지금은 그래도 보험이 되는 약으로 항암을 할 수 있다는 것만으로 감사한 마음으로 산다. 그녀의 마음은 암 환자라는 타이틀 속에서 꾸역꾸역 항암약을 먹으며, 자신을 학대하고 인내하는 그녀의 삶을 잘 나타내고 있다.

"몸이 어느 정도 괜찮아지면 다시 직장으로 돌아갈 거예요?
6년만 더 있으면 공무원연금을 받고 그게 꿈이라고 하셨잖아요."

"음…6년? 글쎄, 살 수 있을까. 그런데, 생각을 안 해봤네.
직장에 돌아간다, 아 또 그렇게 살아야 한다면 글쎄."

그녀는 자신의 아픔이라는 감각을 통제, 관리하는 것이 마치 참고 견뎌야 하는 자신의 과거 삶의 모습과 그리 다르지 않다고 믿으며, 그런 아픔에 순응하는 삶을 묵묵히 견디면서 살고 있는 것이다. 그녀에게 암이라는 진단은 '설상가상'처럼 느껴지는 자신의 삶에 생겨난 또 다른 삶의 아픔, 고통이었다. 그리고, 현재 그녀는 마치 이 동네에서 암 전문가가 된 것처럼 '베테랑' 용사로 누구와도 자신의 암과 암 치료, 그리고 암 환자로서의 생활에 대해 기꺼이 그 정체성을 받아들이는 생활을 하고 있는 것이다. 암 환자로서 자신이 암에 대해 어떤 믿음을 가지고 있는지에 대한 그녀의 프로파일은 이런 마음을 잘 알려주고 있다.

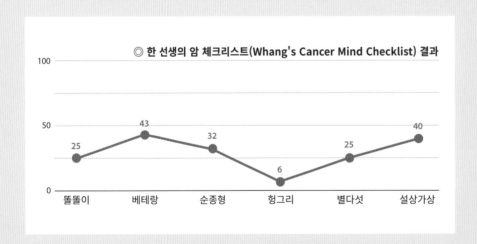

암에 대해서 누구보다 많이 알아보고, 약에 대해서도 전문적으로 이야기를 한다. 무엇보다 암을 치료하는 의사들은 자신의 암 환자들에게 그다지 큰 관심을 보이지 않는다는 것이 그녀뿐 아니라 대부분의 암 환자들이 가장 아쉬워하는 부분이다. 그렇지만 암치료를 위해서는 큰 병원에 있는 의사들의 명령에 충실히 따를 수밖에 없다.

"내가 암진단을 받고 진짜 가족들이 나에게 어떻게 그렇게 자기의 몸을 안 돌보냐고, 사실 가슴에 뭔가 뭉툭한 게 만져지는 건 꽤 오래되었거든. 지금도 만져보면 딱딱해요. 하지만 아프지 않으니까, 그리고 건강했거든. 다른데 아픈 게 없었고, 그러니까 암보험을 든 적도 없었고, 건강검진도 안 했지. 미리 좀 건강검진도 하고 그럴걸. 그냥 보통 아파도 그러려니 했거든"

암 환자 모임에 대해 한 선생은 다음과 같이 담담하게 표현했다.

"4기 환자는 언제 어떻게 될지 모르는 상황이라 만나서 이야기 나누면, 정신적인 면에서 스트레스 해소와 존재감이 느껴져 좋죠."

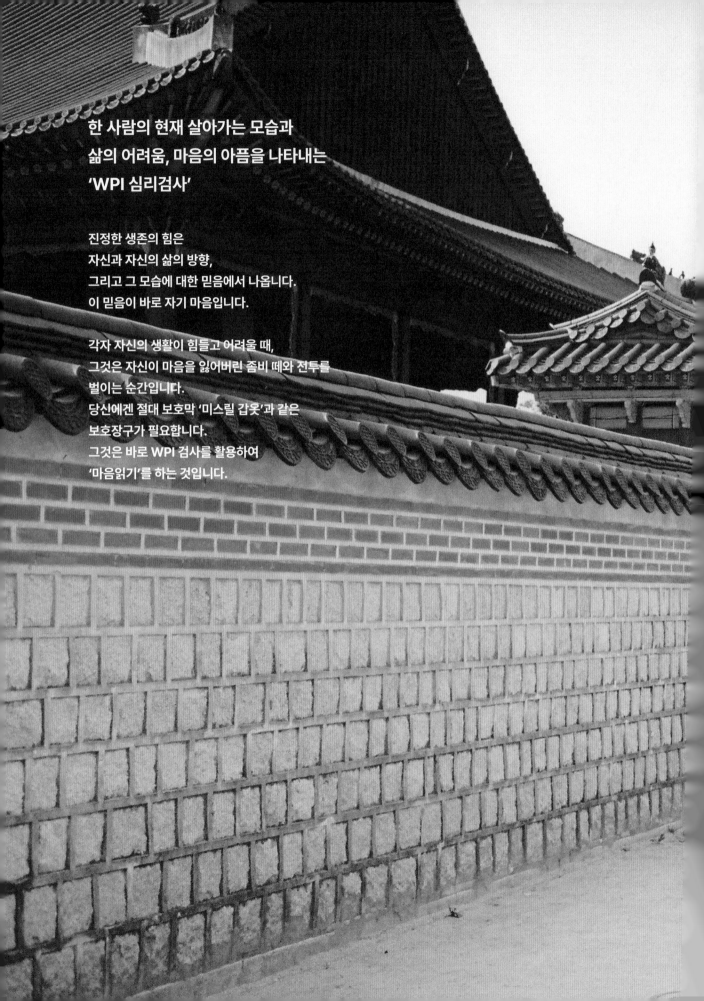

한 사람의 현재 살아가는 모습과
삶의 어려움, 마음의 아픔을 나타내는
'WPI 심리검사'

진정한 생존의 힘은
자신과 자신의 삶의 방향,
그리고 그 모습에 대한 믿음에서 나옵니다.
이 믿음이 바로 자기 마음입니다.

각자 자신의 생활이 힘들고 어려울 때,
그것은 자신이 마음을 잃어버린 좀비 떼와 전투를
벌이는 순간입니다.
당신에겐 절대 보호막 '미스릴 갑옷'과 같은
보호장구가 필요합니다.
그것은 바로 WPI 검사를 활용하여
'마음읽기'를 하는 것입니다.

예약부터 상담까지!

WPI심리상담코칭센터에서
상담 서비스를 어떻게 받을 수 있나요?

1 상담가 선택
WPI 심리상담가 [황상민 박사 또는 WPI 전문상담가]를 찾으세요.
[대표메일] wpipc@naver.com

2 상담 접수: 전화·카카오톡·이메일·홈페이지
원하는 날짜와 시간을 문자 또는 이메일로 전송하고 상담을 신청하세요.
[카톡 친구추가] 010.2203.7430

3 예약 및 결제
WPI 심리상담은 누구에게 상담을 받느냐에 따라
상담료가 다르답니다.

4 상담 예약 확정
상담시간을 확정하고
상담사연을 작성하세요.

5 상담 예약 후 사전 준비
WPI 심리검사를 하고
작성한 사연을 보내주세요.

6 상담 실시
삶의 문제와 마음의 아픔을 마음대로 풀어내고,
문제를 제대로 알아내어 해답을 찾으세요.

7 상담 후 녹음 파일 듣기
상담 녹음 파일을 다시 들어보면서
마치 상담을 추가로 여러 번 받는 듯한 경험을 해보세요.

1·2 상담 접수와 상담가 선택
황상민 박사 상담 · 전문가 상담

황상민 심리학 박사

WPI심리상담코칭센터 대표 상담가

하버드 대학에서 발달심리학으로 박사 학위를 받은 후, 30년 이상 한국사회와 한국인의 심리를 연구하여 '한국인의 심리코드'와 '마음의 MRI인 WPI'를 직접 만들었다. 다양한 사회문제, 개인의 어려움과 마음의 아픔 등 그 어떤 주제도 가리지 않고 놀라운 통찰력과 가추법을 활용하여 남다르게 그 아픔의 정체를 파악하고, 그 아픔의 주체가 아픔에서 벗어날 수 있는 해법을 제시한다.

학력
서울대학교 심리학과 졸업
서울대학교 심리학과 대학원
하버드대학교 심리학 석사, 박사

경력
연세대학교 심리학과 발달심리학 교수 역임
연세대학교 인간행동연구소 소장 역임
세종대학교 교육매체센터연구소 소장 역임
세종대학교 학생생활연구소 소장 역임
세종대학교 교육학과 학과장 역임
세종대학교 교육학과 교수 역임

상담 분야
#진로상담코칭
#학습능력향상코칭
#직장인 코칭
#대인관계상담
#청소년상담
#부부관계상담
#연애상담
#우울증상담
#분노조절장애상담
#심인성통증상담

WPI 심리상담·코칭 전문가 상담

이승아
WPI심리상담코칭센터
상담가

WPI를 통해 나 자신에 대해 알게 되고, 삶의 어려움과 문제를 해결해나갈 수 있게 되었다. 대학과 대학원에서 디자인을 전공하고, 디자이너로 10년 이상 직장생활을 했다. 지금은 WPI상담코칭전문가로 마음의 아픔을 호소하는 여러 사람들을 만나 삶을 디자인해 주는 마음읽기를 하고 있다.

상담 분야
#진로상담코칭
#학습능력향상코칭
#직장인 코칭

김미정
아픔해방의원 원장

소아청소년 전문의 수련 이후, 25년간 의료 현장에서 쌓은 전문지식과 WPI를 활용한 마음읽기, 통증심리를 바탕으로 환자의 몸과 마음을 함께 파악하여 개개인의 아픔을 치료한다.
WPI 심리상담 수련 과정을 마쳤기에, 몸의 아픔을 다루는 의사의 입장에서 벗어나, 마음을 통해 아픔을 치료하는 것이 필요한 환자들을 위해 'WPI 심리상담사'의 역할을 수행하기도 한다.

상담 분야
#통증 #정신건강 #부모·자녀 관계
#난치·불치병, 만성통증 관리

통증해방: WPI심리상담코칭센터

02-6263-2440 | wpipc@naver.com

카카오톡 접수

카카오톡에 **[WPI심리상담코칭센터]**를
'친구 추가'하시면 언제 어디서나
실시간으로 상담문의 및 신청이
가능합니다.

방법① 카카오톡 채널 추가
카카오톡에서 [WPI심리상담코칭센터]를
검색하여 **채널을 추가**할 수 있습니다.
채널을 통해서 일대일(1:1) 문의가 가능하며
WPI심리상담코칭센터의 소식과
교육생 모집 안내도 받아보실 수 있습니다.

방법② 카카오톡 친구 추가
연락처에 전화번호 010-2203-7430
(WPI심리상담코칭센터)을 **저장**해주세요.
연락처를 저장하면 카카오톡 친구 목록에
WPI심리상담코칭센터가 추가되어
1:1 문의가 가능합니다.

WPIpainfree.com

카톡채널로 문의

홈페이지 접수

① 통증해방: WPI심리상담코칭센터 홈페이지 **WPIpainfree.com**에 접속합니다.
② 메인화면의 [상담신청] 버튼을 클릭합니다.

③ 이름, 연락처, 이메일(필수)을 입력합니다.
④ 고민하는 이슈를 간략하게 입력 후 [전송하기] 버튼을 누릅니다.

※ [전송하기]를 클릭하면 통증해방: WPI심리상담코칭센터로 이메일이 전송됩니다.

3 / 예약 및 결제
일정 확정 · 비용 결제

4 / 상담 예약 확정
준비사항 공지 · 안내

상담을 신청했다면, 상담 일정을 선택하고 사전에 비용을 결제합니다. 일정 확정과 비용 결제까지 하면 상담 예약이 완료된 것입니다.

상담 예약이 완료되면, 1일 이내에 상담 일정과 상담 방식에 대해 안내해드립니다.

• 상담 예약이 확정되면 예약 확인과 더불어 상담 전 준비 사항을 이메일로 알려드립니다. 필요시 전화 연락을 통해 고민 이슈와 관련해 추가로 문의드릴 수 있습니다.

• 예약이 완료된 이후에 상담 취소 및 시간 변경 시에는 수수료가 발생할 수 있습니다. 상담 1일 전과 당일에 취소 및 시간 변경 시 상담료의 50%의 수수료가 부과됩니다. 예약 시간 이후에는 상담 시간이 경과한 것으로 간주합니다.

● **일정 선택 방법**
전화, 홈페이지, 이메일 또는 카카오톡으로 문의주시면 상담 예약이 가능한 일정을 안내해드립니다.

● **비용 결제 방법**
- 상담 일정을 조율한 후, 상담 비용을 결제하셨다면 상담 예약이 확정됩니다.(미결제 시 상담 진행 불가)
- 가능한 결제 방법: 현장 또는 휴대폰을 통한 신용카드 결제, 계좌이체, 현금결제, Paypal(해외 거주자)

※ 카드 결제와 페이팔 결제를 원하실 경우, 전화·이메일·카카오톡으로 연락주시면 결제 방법을 안내해드립니다.

WPI 심리상담을 받는 것은
마치 마음속의 암 세포를 제거하는
수술처럼 느껴질 수 있습니다.
혹여 두렵더라도 전혀 그럴 필요가 없답니다.
그 순간 '더 이상 불안하고 힘든 상태에 머물지 않겠다'
'내 삶의 문제와 아픔을 제대로 치료하겠다'는
각오를 분명히 드러내는 것이기 때문이지요.

WPI 심리상담을 앞두고
한편으로는 수능 시험을 다시 보는 듯한
기분이 들 수도 있습니다.
그런데 실제로 그 경험은
남자에게는 마치 군을 제대하는 듯하고,
여자에게는 자신의 인생을 새롭게 찾는 것과
다르지 않을 것입니다.

당신의 삶이
더 이상 누군가에 의해 좌우되지 않는,
스스로 새롭게 태어난 듯한 경험을
하게 될 것입니다.

5 / 상담 예약 후 사전 준비
사연 제출 · WPI 심리검사

상담시간 예약이 확정되면
센터에서 상담을 위한 사전 준비 사항을
안내해드립니다.

내담자 본인 또는 보호자가
WPI 심리검사 사이트에 접속하여,
'WPI 현실과 이상 검사'를 실시하고
현재 고민 중인 문제에 대해 소개하는 글,
즉 상담사연을 제출해주시면 됩니다.

WPI 현실 & 이상 검사

상담일 전, 상담예약 완료 시 제공하는
WPI 심리검사 쿠폰을 활용하여, WPI
심리검사 사이트에 접속하여 검사를 진
행합니다. 검사 사이트 접속이 불편하시
거나 여의치 않으신 분은 센터 직원에게
요청해주세요. 종이에 출력된 검사지로
검사할 수 있도록 안내해드립니다.

※ 검사 비용은 상담 비용에 포함되어 있으
므로, 추가로 결제하실 필요가 없습니다.

상담사연 제출

자신이 처한 상황이나 어려움 등에
대한 내용을 간략하게 글로 작성하여,
문자나 이메일로 보내주시면 됩니다.
고민 이슈와 관련된 참고 자료가 있을
경우, 함께 보내셔도 좋습니다.

※ 사연은 상담일로부터 최소 1일 전까지
보내주셔야 합니다.

"왜 고민 사연을 작성해야 하나요?"
상담 전, 사연에는 무엇을 어떻게 적어야 할까요?

상담에서 이야기 나누고 싶은 주제에 대해 최소 A4 용지 절반 이상의 분량으로 작성
하시면 됩니다. 현재 살아가는 데 있어서 아쉬움과 궁금증, 걱정되고 힘든 일들, 해결
하고 싶은 고민과 함께 앞으로 어떤 변화를 바라는지 구체적으로 적어주시면 됩니다.
만일 상담사연을 작성하는 것이 쉽지 않다면, 무엇에 대하여 상담을 받고 싶은지 정
도만 짧게 작성해주시고, 상담 당일 상담자와 차근히 이야기를 나누시면 됩니다.

장점① 상담 전에 미리 사연을 작성해보시면, 자신의 고민에 대해 생각해보고 정리해
　　　볼 수 있습니다.

장점② 전적으로 내담자가 가진 고민을 해결하는 데에 한정된 상담시간을 활용할 수
　　　있습니다.

장점③ 상담가는 내담자의 심리상태를 미리 파악하며 상담을 준비하기 때문에, WPI
　　　심리상담을 받는 내담자는 일반적인 상담을 받는 것에 비해 상담이슈와 관련
　　　하여 이미 3~4회 세션 정도의 상담을 받은 것에 준하는 수준에서 상담에 참
　　　여하게 됩니다.

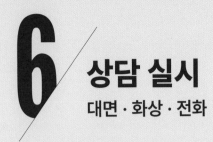

6 / 상담 실시
대면 · 화상 · 전화

7 / 상담 후, 다시듣기
제공된 상담 녹음파일 듣기

기본적으로 대부분의 상담은 내담자(환자)와 상담자가 직접 만나 이야기를 나누는 대면상담으로 진행됩니다. 해외에 거주하거나 서울 본점 또는 지역센터점에 직접 방문하기 힘들다면 줌(ZOOM)을 활용한 화상상담 또는 전화상담도 가능합니다.

줌(ZOOM)을 활용한 화상상담이 익숙하지 않거나 이용해 본 적이 없더라도 아무 걱정하지 마세요. 화상상담을 원하시는 분을 위해 센터에서 친절한 안내와 함께 줌 화상상담 링크를 설정하여 제공해드립니다.

- 한 분의 내담자가 상담자와 만나는 한 번의 상담시간은 45분을 기본으로 합니다. 만일, 내담자의 이슈와 사정에 따라 45분 이상으로 길어지는 경우, 10분 단위로 추가 요금이 부과됩니다. 추가 시간 요금은 각 상담가의 기본요금에 따라 다릅니다. 상담 중, 시간 초과에 대해 따로 안내하지 않습니다. 상담 시간이 꼭 45분 내로 끝내야 한다면, 예약 접수 과정에서 언급해 주시기를 바랍니다.

- 상담이 45분(1세션)을 초과하게 되면, 상담 이후에 직원으로부터 추가 시간에 따른 비용 안내를 받으시게 됩니다. 현장에서 추가비용을 바로 결제하시거나 안내받은 계좌로 이체하시면 됩니다.

- 대면상담의 경우, 상담 준비를 위해 상담 예약시간 최소 15분 전에 센터에 도착해주실 것을 요청드립니다. 센터에 내방하시면, 직원의 안내에 따라 상담준비가 이루어집니다.

- 줌(ZOOM) 이외에 카카오 페이스톡, FaceTime, 스카이프(Skype)를 통한 화상상담도 가능합니다. 인터넷 상황이 여의치 않은 해외에 거주하실 경우, 사전에 전달받은 전화번호로 상담을 할 수도 있습니다.

상담 후 제공되는 '상담 녹음파일'을 다시 들어보며 WPI 심리상담의 효과를 최대한 누려보세요.

- WPI 심리상담·코칭 서비스에서는 상담이 끝난 후 상담 녹음파일을 제공합니다. 본인의 상담 녹음파일은 이메일이나 문자로 본인이나 보호자에게 보내드리오니, 다시 상담을 받는 듯한 마음으로 꼭 들어보시기를 권장합니다. 들을 때마다 새롭게 상담을 하는 듯한 경험을 하게 될 것입니다.

- 마치 타인의 상담을 듣듯, 자신의 상담을 녹음 파일로 다시 들어보는 것은 당일 이루어진 상담만큼이나 중요합니다. 상담 녹음파일을 청취하면 다시 상담을 받는 듯한 경험을 하게 되며, 상담 당시에는 잘 보이지 않았던 내 마음의 문제와 삶의 방향을 마치 제3자의 시선에서 관찰하듯 좀 더 분명하게 확인할 수 있습니다.

- WPI 심리상담·코칭 서비스는 녹음파일을 다시 들음으로써 1번의 상담으로 10번 상담을 받은 효과를 누릴 수 있습니다. 이러한 상담효과는 내담자가 자신의 상담 녹음파일을 다시 듣는, '어렵고 힘든 일을 할 수 있을 때' 얻을 수 있습니다.

자신의 삶에 대해 가진 '의미'를 확인하고
자신의 정체성을 뚜렷이 할 수 있다면,
주변의 사람들 말에 일희일비하지 않는다.

대면(화상) 상담이 끝난 후,
어떻게 하면 상담 효과를 지속적으로 유지할 수 있을까요?

WPI 상담케어 서비스

일상생활 속의 지속적 상담!

'WPI 상담케어 서비스'는 황상민 박사님과
상담한 분들이 일상생활을 하면서,
카톡 또는 문자를 통해 간편하게 상담을
받을 수 있는 '즉석문답 서비스'입니다.

 **WPI 상담케어 서비스,
어떤 사람에게 필요한가요?**

WPI 상담케어 서비스는 대면·화상상담이 끝난 이후에도 상담
에서 얻은 통찰을 일상생활 속에서 실천하여, 습관을 만들고
지속적으로 자기 삶의 의미를 찾고 생활을 바꿔 나가고 싶은
분을 위한 서비스입니다.

• 내가 솔루션 받은 대로 잘해 나가고 있는 건지 확인받고 싶은 분
• 상담을 받았지만 예기치 못한 실제 상황에서 솔루션을 적용하기
  어려운 분
• 분명 내가 상담받은 상황과 비슷한 문제상황인 것 같은데 여전히
  왜 문제가 생기는지, 어떻게 해야 할지 모르겠는 분
• 가족관계, 연인관계, 친구관계 등 인간관계에서 갈등의 골이 깊
  어질대로 깊어져 순식간에 벌어지는 갈등상황의 대처법이 필요
  한 분
• 상담 후 매주 한두 번씩, 그때그때 자신의 삶과 생활에서 벌어지
  는 곤란한 상황이나 문제에 대한 원포인트 피드백을 받고 싶은 분

 **어떻게 이용하나요?
서비스 이용기간과 방법을 알려주세요.**

① 신청 후 연회비 100만 원을 납입하시면 1년간 서비스를
  이용하실 수 있습니다.

  – 전화·이메일·카카오톡 월 10회 이내 이용 가능
    (회당 1만 원 이내의 비용)
  – 서비스 신청 후 환불·철회·이월 불가

② **기본 이용 기간은 1년 단위입니다.**

  신청날 익일부터, 신청 날짜에 관계없이 신청일의 달을 첫 달로
  책정 (예: 신청일이 6월 15일인 경우, 서비스 시작일은 6월 16
  일이고, 서비스 만기일은 내년 5월 31일입니다.)

WPI 상담케어 서비스를 신청하세요.
**상담을 예약하고 기다릴 필요 없이
당장 맞닥뜨린 문제에 대해 언제 어디서든
황상민 박사님에게 질문하고 솔루션을
얻을 수 있습니다!**

황상민 박사님에게 카톡이나 문자로 간편하게 질문하고
솔루션을 받고 싶다면 **WPI 상담케어 서비스**에 가입해
보세요. 당신이 일상에서 문제나 어려움에 부딪혔을 때,
그때그때 바로 '톡'할 수 있는 컨설턴트이자, 아픈 마음
의 주치의가 되어드립니다.

**일상에서 지속적으로 반복되는 문제에 부딪히는
바로 그 순간에, '톡'으로 즉석문답 상담이 가능합니다.**

Q. 상담 이후 '새로운 문제'가 생겼는데, 'WPI 상담케어 서비스'를 신청해도 될까요?
Ⓐ 박사님과 새로운 문제에 대해 이야기 나누고 싶으실 땐, 추가 상담을 신청해주시기 바랍니다. 짧은 문자보다는 긴 호흡의 상담으로
현재 내담자분의 마음을 진단하고 상황에 맞는 솔루션을 찾는 과정이 필요하기 때문입니다. WPI 상담케어 서비스는 기존 상담 내용
에 대한 추가 질문이나 궁금증을 해결하는 데에 더욱 유용하게 활용하실 수 있습니다.

Q. 'WPI 상담케어 서비스'의 이용 기한이 만료되어 '재연장'하고 싶습니다. 신청조건이 있나요?
Ⓐ 서비스 연장을 원할 시, 6개월 내에 상담받으신 이력이 있어야합니다. WPI 상담케어 서비스를 이용하시는 기간 동안 개인상담을
최소 2번 이상 받기를 권장드립니다.

진로와 자녀 문제 상담:
'워킹맘' 상담 후기

to. 황상민 박사님께

늦은 상담 후기를 전해드립니다. 상담 중에 언급했던 △△지원센터와의 용역계약을 맺어 이번 달 말에 출근하게 되었습니다. 지난 4월 초에 공고가 나와서 제안서를 준비하면서 상담한 내용을 토대로 준비했습니다. 결과적으로 아주 만족스러운 결과물이 나왔습니다. 그동안 클라이언트를 대상으로 PPT로 전달했던 것이 세련되지 못하고 투박했던 것 같아 저도 스스로 일을 잘한다고 생각하는 것과 고객이 제가 일을 잘한다고 믿게만드는 것에 차이가 있다고 느꼈습니다.

박사님과의 대면 상담을 통해 다시 확인을 분명하게 할수 있었던 것 같습니다. 이제 이 센터에서 일을 하게 되면서 대관업무뿐 아니라 세련된 표현 방식을 잘 습득해서 잘해 나갈 수 있을 것 같습니다. 제가 지금까지 세무사로서 일해왔던 방식(세금환급, 대관업무, 법인 중심의 업무방식)과 동일하게 보조금을 받는 사업에 대한 보고서 작업이 주가 될 것 같습니다. 제가 그동안의 방식을 답습하지 않기 위해서라도 긴긴 출퇴근 시간에 상담내용을 여러 번 반복해서 들으며, 클라이언트 중심으로 업무 전환하면서 궁금한 사항이 생기면 다시 상담을 신청드리겠습니다.

무엇보다 4월 한 달 동안 취업을 준비하는 과정에서 불안해져서 ○○이 발달을 또 문제라고 보는 제 자신을 발견했고, 남편이 저의 취업에 점잖게 반색하는 모습을 보며 씁쓸하기도 했습니다. 사실, 저는 아이와 더 많이 시간을 보내고 싶었거든요. 하지만, 최근에 아이의 행동변화에 대해 어린이집 원장님과 상담할 일이 있었습니다. 아이의 또래집단인 6세 친구들의 평균적인 발달을 들어보니 정말 우리 아이와 상당한 격차가 있었어요. 하지만 제가 더 이상 불안한 마음이 들지 않았습니다. 원장님께서는 원장님의 섬세하고 예민한 자녀가 틱이 있어 고민하고 계셨습니다.

엄마로서 자녀문제로 걱정하는 것은 발달속도와 상관없이 비슷하고, 쏟아지는 훈수 속에서 아이의 특성에 맞게 상황변화마다 적응해야 하는 것이 더 중요한 것 같습니다. 지금은 제가 일할 동안 우리 ○○이가 새로운 돌봄 선생님과 시간을 보내는 상황 속에서 어떤 행동을 보이는지, 마음은 어떤지 살피는 것이 6세 평균 발달보다 더 중요한 것 같습니다.

박사님, 아이는 자기 특성대로 잘 자라고 있고, 저 또한 사회구성원으로 특성을 발휘하며 발달하는 과정에 들어선 것 같습니다. 작년부터 받았던 3번의 상담이 제 삶을 많이 바꾸게 해주었습니다. 긴 시간 머뭇거렸지만 팸플릿에 있는 문구("상담은 마음속에 암세포를 제거하는 것처럼 두렵고 힘들겠지만 불안할 필요가 없다")가 절 움직이게 해줬습니다. 일을 다시 시작하면서 WPI 배움도 이어 나갈 수 있어 기쁩니다.

감사합니다!!

**from. 일도 육아도 나답게 하게 된 워킹맘이
감사의 마음을 담아!**

"WPI 심리상담사 '마음치유사'를 만나
나의 마음이 치유되었어요."

마음치유사와 만나는 내담자는 모두, 생의 무한한 가능성을 지닌 유일무이한 존재입니다.
그들이 마음치유사와 머리를 맞대고 앉아 자신의 마음을 읽기 시작하면,
자신만의 존재의 이유와 의미를 찾고 현재를 충실히 살아내기 시작합니다.
그 멋진 이야기가 여기서 시작됩니다!

진로와 통증 문제 상담:
방황하는 M자 청년의 상담 후기

정신과에 다닌 적이 있다. 짧은 시간에도 봇물처럼 쏟아낸 이야기와 눈물에 의사가 건넨 위로의 말은 정말 달콤했다. 그렇게 나는 의사가 처방한 신경안정제를 먹으며 걱정과 불안이 줄어든 줄 알았다. 3개월 뒤 치른 시험에서 나는 갖은 노력에도 약기운에, 졸음에 짓눌려 결국 단 한 문제도 맨정신으로 풀 수 없었다. 뒤늦게 깨달은 사실은 약이 걱정과 불안뿐 아니라 나의 사고 능력, 생활 능력 자체를 감소시켰다는 것이다. 잠을 아무리 오래 자도 정신이 혼미하고 늘 눈이 반쯤 감긴 듯한 느낌, 아무런 감정도 느껴지지 않고 그저 멍한 기분. 나 대신에 의사가, 의사가 처방한 약이 나를 컨트롤하고 있었던 것이다. 내가 나 자신을 의사에게 내맡긴 것이었다. 그때 나는 고민 없이 정신과와 약을 끊기로 결심했다.

10년이 흘러 WPI 심리상담을 받았다. 이제는 더 이상 앞으로 나갈 힘조차 없어 제대로 된 도움이 필요했다. 이전의 달디 달아서 정신을 차릴 수 없었던 도움 말고, 반짝이던 내 눈빛을, 내가 부닥친 어려움을 스스로 헤쳐 나갈 힘을 되찾을 수 있는 도움 말이다. 약도 없이 딱 50분간 대화를 나눴을 뿐인데, 내 얼굴엔 이미 미소가 달라붙어 떨어질 생각을 안 했다. 숨통이 트였다. 내가 왜 10년이 넘는 시간 동안 한번씩 무기력해질 수밖에 없었는지, 어째서 내가 꿈꾸던 삶에서 자꾸 멀어지며 괴로워했는지 어렴풋이 알게 되었다. 나는 대세를 좇거나 누가 짜놓은 틀에 맞추려고 노력하면 할수록 투명한 벽에 부딪혀 바닥까지 가라앉는 사람이었다. 10년을 헤맸는데 황상민 박사는 내 삶의 근본적인 문제를 집게로 집어 들고 미소 지으며 달랑달랑 흔들어 보였다. '그동안 왜 힘들었는지 이제 알겠지? 어떻게 살아야 원하는 대로 살 수 있을지 이제 알겠지? 이제 괜찮지?'

이후 나는 끊임없이 먹는 행위로 자학하느라 불어난 몸도 며칠 새 제자리를 찾았고, 탈모와 두통도 사라졌다. 그뿐 아니라 정말 꿈꾸던 대로 번역가로서 상을 받고, 번역하고 싶었던 역서를 1인 출판사 대표로서 국내에 출간했다. 이제는 편집자와 WPI 심리상담가(마음치유사)를 꿈꾸며 수련의 길을 걷고 있다. 아직은 막연하지만 직업 외에도 나의 정체성을 더욱 뚜렷이, 확장해 나가는 작업을 하고 있다. WPI 심리상담으로 내 마음을 확인할 수 있었기에 가능한 변화였다. 왜냐하면, 나 자신의 마음을 읽어내는 과정을 WPI 심리상담 모델을 통해 분명히 내가 학습할 수 있었기 때문이다. 스스로가 나의 아픔의 정체를 파악할 수 있었다. 현대의학이나 일반심리상담에서 내가 얻지 못했던 바로 그 치료와 그 경험이었다. 나의 마음을 확인하고, 내가 원하는 삶을 위해 내가 살아갈 수 있도록 내 마음을 읽어보는 것. 그리고, 나의 마음은 점점 내가 원하는 삶을 살아가는 사람의 마음이 되었다.

내 마음의 아픔을 치유한 WPI심리상담: 정신과 약물과 이별한 30대 청년의 상담 후기

현대의학은 '아픔'을 겪는 사람을 '환자'라 지칭하고 그 아픔을 '병'으로 규정한다. 이와 동시에 모든 인간이 겪는 아픔은 바로 병이라는 이름을 붙일 수 있다고 믿는다. 이것을 현대의학에서는 '병의 진단'이라 한다. 병을 진단할 수 있으면 치료하는 것은 '정해진 절차'에 따라 진행된다. 환자의 몸에 나타나는 아픔의 증상을 병으로 규정하고, '표준 절차'에 따라 환자의 몸에 나타나는 아픔의 증상을 제거하는 것이 현대의학의 표준 치료 절차이다.

현대의학의 이런 도움을 나는 비교적 오래 받았다. 하지만, 나에게 이 현대의학의 표준절차에 따른 병의 진단과 치료 행위는 나의 아픔을 없애기는커녕 아픔을 계속 유지시켜 주었다. 아니, 더욱더 아픔을 다양한 형태로 나에게 나타나게 했다. 왜, 나에게만 이런 불행한 일이 일어났을까? 그것은 현대의학이 나의 마음, 아니 나 자신에 대한 이해를 전혀 하지 않은 채로 표준적인 진단과 치료가 이루어졌기 때문이다.

심리상담에서도 이런 일이 벌어진다. 전문가인 상담사는 내담자(환자)의 마음의 아픔을 파악하여, 그들이 겪는 아픔의 증상이 어떤 비정상적인 사고와 행동의 결과인지를 파악한다. 하지만, 내담자가 어떤 마음(믿음, 생각 belief)을 가지고 있는지를 파악하려 하기 보다, 내담자 마음의 표현이 얼마나 정상이나 상식이라 믿어지는 기준에 비해 많이 어긋나 있는지를 더 파악하려 한다. 그리고, 다양한 심리학 개념과 이론들을 적용하여, 그 사람이 겪고 있는 마음의 아픔을 나름대로 진단하고 평가한다. 때로, 심리검사를 사용하여 정신과 의사와 유사한 이름의 심리검사 결과를 언급하기도 한다. 한 사람에게서의 마음의 아픔이 무엇인지, 그 아픔이 현재 어떤 사고와 행동으로 나타나게 되었는지를 알려고 하지 않는다. 단지, 현재 내담자가 보이는 비정상적이고 비합리적인 행동과 사고가 어떤 환경에서 어떤 원인으로 발생했는지에 대해 심리학 이론과 개념으로 설명하려고 한다. 이런 점에서 일반심리상담사에게 내가 받은 나의 증상에 대한 설명과 나의 심리적 문제에 대한 명칭은 정신과 의사와의 경험과 그리 다르지 않았다. 단지, 분명한 병명을 붙이지 않았고, 또 약을 처방하지 않았다는 측면에서만 다를 뿐이었다.

정신과 의사의 상담이든, 일반심리상담이든 나는 나의 아픔이 사라지기를 원했다. 그리고, 전문가 선생님들도 나의 아픔을 제거하든 나름 없애려고 노력하였다. 하지만, 그들이 나에게 적용한 것은 '정신과 약'이었으며, 또 나의 아픔에 대한 이야기를 들어주는 것이었다. 그들이 나에게 해준 노력은 감사하게 생각하지만, 나의 아픔은 사라지지 않았다. 아니, 정신과 약을 먹은 경우에는 더욱더 나의 일상생활을 제대로 할 수 없게 되었다. 이전에 비해 잠을 잘 수 있다고도 하지만, 사실 잠자는 것 말고는 다른 일을 할 수 없게 되었다. 정신과 약을 먹는 동안에는 더 이상 나의 이상한 발작적 행동이나 심각한 우울상태에서 한없이 죽고 싶다는 그런 행동이 더 이상 재발하지 않는다고 한다. 하지만, 정신과 약을 계속 먹고 있어야 한다는 것이다. 약을 먹고 죽은 듯이 사나, 약을 먹지 않은 채로 미친 듯이 사느냐? 이것이 나에게 남은 선택이었다. 약을 먹지 않은 채로 죽어버리면 어떻게 되는 것일까? 그것은 사는 것이 아니고 죽음이니, 내가 선택할 수 있는 선택지는 아니라고 했다.

진로와 통증 문제 상담:
자책과 자학을 일삼던 청년이
마음 속 암세포를 제거한 상담 후기

나는 20대 내내 아픔과 불행이라는 나의 삶의 결과가 나에게서 완전히 제거되기를 바랐다. 나에게 건강과 행복이라는 삶의 결과가 생기기를 간절히 소망했다. 하지만, 실제로 나의 삶은 건강하고 행복해지지 않았다. 나의 마음의 아픔을 해결하기 위해 정신과 의사 선생님의 상담도 받았고, 정신과 약도 먹었다. 일반심리상담사 선생님도 만났고 또 여러 번 심리상담도 받았다. 하지만, 나의 상태는 그리 나아지지 않았다. 아니, 더 악화되었다. '자살'이라는 생각이 나름 끊임없이 스쳐간 또 다른 선택지처럼 보였지만, 결코 나는 그것을 선택할 수 없었다. 너무 무서웠기 때문이다. 나를 사랑하는 가족과 부모님, 그리고 내가 정말 아끼는 이 세상의 많은 것들을 그냥 버리고, 내가 이 세상에서 사라진다는 것은 생각만 해도 두려웠다.

하지만, 매일의 생활이 죽음과 그리 다르지 않다고 느낄 때, 정말 내가 어떻게 해야 할지 몰랐다. 이런 상황에서 내가 조금씩 찾게 된 것이 있다. 그것은 바로 나의 아픔을 일으키는 근본적 원인(나의 마음, 어떤 이슈에 대한 나의 믿음belief)이 나에게 있지 않을까 하는 생각이었다. 나를 자책하고 자학하는 방식이 아니라, 현재의 나는 어떤 상태에 있는지를 살펴보기 시작했다. 인정하고 싶지 않은 현재의 나, 거부하고 부정하고 싶은 나, 하지만 나는 어떤 모습으로 살아야 할 것인가를 조금씩 생각하면서 나를 더 이상 부정하거나 미워하지 않고 있는 그대로의 나를 받아들일 수 있었다. 그리고, 점점 더 읽어보기 시작했다. 나의 마음을.

'마음읽기'를 통해 우리는 자신의 아픔에 대해 주인된 마음이 될 수 있습니다.
그리고, 자기 삶에서 누군가에게 기대거나 의존하지 않은,
자신이 원하는 삶을 독립된 마음으로 살아갈 수 있습니다.
그렇게 아픈 몸에서 해방될 뿐 아니라 스스로 족쇄처럼 묶어 놓은
자신의 몸의 한계에서 해방되는 경험을 하게 될 것입니다.

마음치유사 되는 길

WPI 심리상담·코칭
교육과정 소개

· WPI심리상담코칭센터에서 마음치유사 되는 길
· WPI 심리상담·코칭 전문가 과정: 1년
· WPI 심리상담·코칭 지도자 과정: 2년
· WPI 심리상담·코칭 멘토교수 연수과정: 2년

WPI심리상담코칭센터에서 마음치유사 되는 길

WPI 심리상담사(마음치유사) 교육

WPI심리상담코칭센터에서는 '마음읽기'를 통한 심리상담과 서비스를 제공할 뿐 아니라 WPI 심리상담사(마음치유사)를 양성하는 교육활동을 하고 있습니다. WPI 심리상담 모델에 기초한 전문 심리상담 및 치료 실습 활동을 최소 3년 이상 수련하게 되면, '마음치유사'의 정체성을 가지면서 심리상담사의 역할을 수행할 수 있습니다. 현대 사회에서 누구나 겪는 삶의 어려움과 아픔의 정체를 그의 마음을 파악함으로써 해결할 수 있도록 도와줄 수 있습니다. 무엇보다 자기 삶에서 겪는 어려움과 마음의 아픔을 자기 마음읽기를 통해 자신과 자신의 삶에 대한 믿음을 바꾸는 경험을 할 수 있게 됩니다.

WPI심리상담코칭센터의 교육과 수련 프로그램에서 황상민 박사로부터, 직접 마음에 대한 이론과 다양한 상담사례를 배우실 수 있습니다. 수련생들은 심리상담 능력의 실질적 향상과 탄탄한 수련 경험을 쌓는 것을 목표로, 상담자 역할과 내담자 역할을 모두 체험하게 됩니다. WPI 심리상담 모델을 기반으로 한 상담이 무엇인지, 아픔을 호소하는 내담자의 마음을 어떻게 규정하고, 또 어떻게 파악해야 하는지 생생하게 공부하게 됩니다. 대학 졸업(예정)자라면 누구나 'WPI 전문가 과정'을 지원하여 마음읽기의 첫 단계를 공부할 수 있습니다. 심리학이나 관련 분야의 대학, 또는 상담대학원을 졸업했거나 상담사로 활동하는 분들 역시 자신의 역할을 보다 전문적으로 수행해 나갈 수 있도록 재수련의 기회를 찾을 수 있습니다. 아직 국내에 없는 미국의 '전문심리학 박사 과정Doctor of Psychology'에 해당하는 전문 심리상담과 치료 교육을 통해 WPI 심리상담사, 즉 '마음치유사'가 될 수 있습니다.

WPI 심리상담·코칭 교육의 1단계는 WPI 초급·중급·고급 워크숍에서부터 시작하여, 상담실습과 사례세미나 과정들을 이수하는 1년 간의 전문가 과정입니다. 이것은 마치 의대를 졸업한 의사들이 마치 1년의 인턴 과정을 밟는 것과 유사합니다. 자신의 분야에서 독보적인 성취를 얻고자 하시는 분들은 꼭 마음읽기 수련을 경험할 수 있는 전문가 과정을 마치시기를 권합니다. 자신이 누구인지, 어떤 사람으로 어떻게 살아야 하는지 고민하는 분이라면, 그 누구나 WPI워크숍을 시작으로 전문가 과정을 통해 자신의 마음에 대한 이해, 자기 삶의 어려움과 문제를 파악하는 능력을 증진시킬 수 있습니다. 이것은 현재 자신이 종사하는 업에서 관련되는 사람들의 마음을 읽어주는 활동을 통해 자신이 수행하는 업무 능력의 향상뿐 아니라 인간관계에서 획기적인 문제해결과 발전을 꾀할 수 있다는 의미입니다. '마음치유사'라는 전문 서비스를 타인과 사회에 제공하겠다는 마음이 생기시는 분들은 이후 'WPI 지도자 과정'에 참여할 수 있습니다.

2단계는 심리학 전문 석사와 박사 학위 수준, 의대를 졸업한 이후 '레지던트'라는 전공의 과정의 임상 수련에 해당하는 'WPI 지도자 과정'입니다. WPI 심리상담과 코칭에 대한 실질적인 수련과 WPI 심리상담과 관련된 이론을 대학원 과정 수준으로 학습하고 WPI 심리상담과 코칭에 대한 체계적 임상실습을 통해 실질적으로 수련합니다. 3단계 '멘토교수 과정'은 '박사 후post doc' 과정이나 의대의 '펠로우fellow' 과정에 해당합니다. 그리고 자신이 'WPI 심리상담센터'를 개설하여 운영하고자 할 때, 센터 설립 준비를 위한 최소 1년의 '센터장 연수과정'도 있습니다.

WPI 심리상담사(마음치유사)는 어떤 활동을 하는 사람일까요? WPI 심리상담사는 WPI 검사를 통해 각자의 마음과 삶의 어려움에 대한 믿음을 읽어줄 수 있는 '마음치유사' 활동을 하는 사람입니다. WPI 심리상담사는 내담자가 마음읽기를 통해 자신의 삶의 어려움과 문제에 대해 정확하게 파악하고, 스스로 자신의 진짜 문제를 해결할 수 있도록 돕는 심리상담 및 치료 활동을 합니다.

WPI 심리상담사(마음치유사)로서 활동할 수 있으려면, 무엇보다 자기 자신의 마음을 스스로 읽을 수 있어야 합니다. 이와 동시에 마음읽기를 통해 현재 자신의 삶뿐만 아니라 주위 사람들의 삶의 문제와 마음의 아픔을 해결하는 데 도움을 주겠다는, 자기 삶의 비전을 가질 필요가 있습니다. 내담자가 해결하길 바라는 삶의 문제와 아픔을 해소할 서비스를 제공하겠다는 WPI 전문가 또는 마음치유사로서의 분명한 정체성을 가지고 있어야 한다는 의미입니다.

우리는 면허시험으로 자격을 취득하는 의사를 대할 때면 누구나 '의사가 자격증이 있으니 아픔을 호소하는 환자의 병을 잘 치료할 것이다'라는 믿음이 있습니다. 하지만 이런 믿음이 충족되기보다는, 환자의 병을 제대로 치료하지 못하는 의사들을 더 많이 만나는 경험을 하기도 합니다. 이런 경우, 그 의사가 무능하다고 말할 수도 있습니다. 혹은 이 같은 전문가를 두고 마치 '칼을 든 인간 백정'이나 '사기꾼'이라는 표현도 가능할 것입니다. 이런 문제는 '마음치유사'로 활동하는 심리상담사의 경우에도 마찬가지입니다. 다시 말해, 자격증이나 면허증은 자신이 수행하는 역할을 제대로 잘할 수 있게 만들어주지 않습니다. 전문가로 활동하는 사람에게는 '자신의

정체성'과 그에 부합하는 '전문적인 역할을 제대로 수행하겠다는 믿음'이 그 무엇보다 중요합니다.

'상담대학원이나 심리학 관련 학과를 졸업해서 심리상담사로 일한다'고 하면 흔히 '위로나 위안, 공감을 주는 상담전문가'를 상상합니다. WPI 심리상담·코칭 전문가도 위로나 위안, 공감을 제공합니다. 하지만, WPI 심리상담가가 무엇보다도 중요하게 여기는 부분은 '내담자의 마음을 읽고, 내담자가 가진 실제문제를 파악하여 내담자 스스로 자신의 문제를 해결할 수 있게 돕는 심리상담과 코칭 활동'입니다. 그렇게 마음의 아픔과 혼란으로 인해 괴로워하는 내담자와 함께 마음을 읽어가면서 내담자가 스스로 자신의 아픔에서 해방되어, 자기 삶의 주인으로 사는 길을 가는 것을 돕습니다.

WPI 심리상담 모델을 활용한 심리상담사가 '마음'의 치유사인 이유?

WPI 심리상담사는 'WPI 심리상담·코칭 모델'을 활용하여
그 사람이 가진 '아픔'의 정체를 분명히 확인하는 작업을 합니다.
그리고 각자 믿고 있는 삶의 어려움과 아픔에 대해서 각각 자신에게 맞는
솔루션을 탐색하도록 도와주는 활동이 상담을 통해 이루어집니다.

'WPI 심리상담 치료 모델'에 따라 '마음치유사'로 활동하는 'WPI 심리상담사'는 구체적으로 어떻게 자신의 전문 역할을 수행할까요? 이것을 잘 이해하기 위해, 몸의 아픔을 다루는 의사의 경우와 비교해 보겠습니다. 일반적으로 우리는 의사의 역할이 '환자의 병을 치료하고 환자의 생명을 구하는 것'이라고 믿고 있습니다. 그렇다면, 만일 의사가 병을 치료하지 못하거나 생명을 구하지 못하는 경우, 의사의 역할을 못했다고 질책할 수 있을까요? 결코 그렇지 않습니다. 이런 상황을 고려하여, 현대의학에서는 몸의 아픔을 치료하는 의사의 역할을 새롭게 정의합니다.

'의사가 완치시킬 수 있는 질병은 수만 가지의 병 중에서 50개 미만이다.
따라서, 의사의 역할은 질병 치료보다 '관리'로 초점이 맞추어져야 한다.'

'병을 치료하고 생명을 구한다'는 역할과 '병을 치료하는 것보다 관리한다'는 역할의 차이가 느껴지시나요? 고혈압·당뇨·고지혈증·통풍·관절염·비만·노화 등 현대의학에서 질병이라고 하는 대부분의 병은 '치료'라기보다 '관리'하는 것에 해당합니다.

누구나 가진 삶의 어려움과 아픔의 다루는 WPI 심리상담가가 '의학 치료 모델'이 아닌 'WPI 심리상담 모델'에 근거하여 '마음치유사'의 역할을 수행한다면, '병을 치료하거나 관리'한다는 의사와 달리 자신들이 '삶의 어려움과 아픔'을 어떻게 치료하거나 관리하는지, 아니 몸의 아픔과 다른 '마음의 아픔'이 무엇인지 알 수 있어야 합니다.

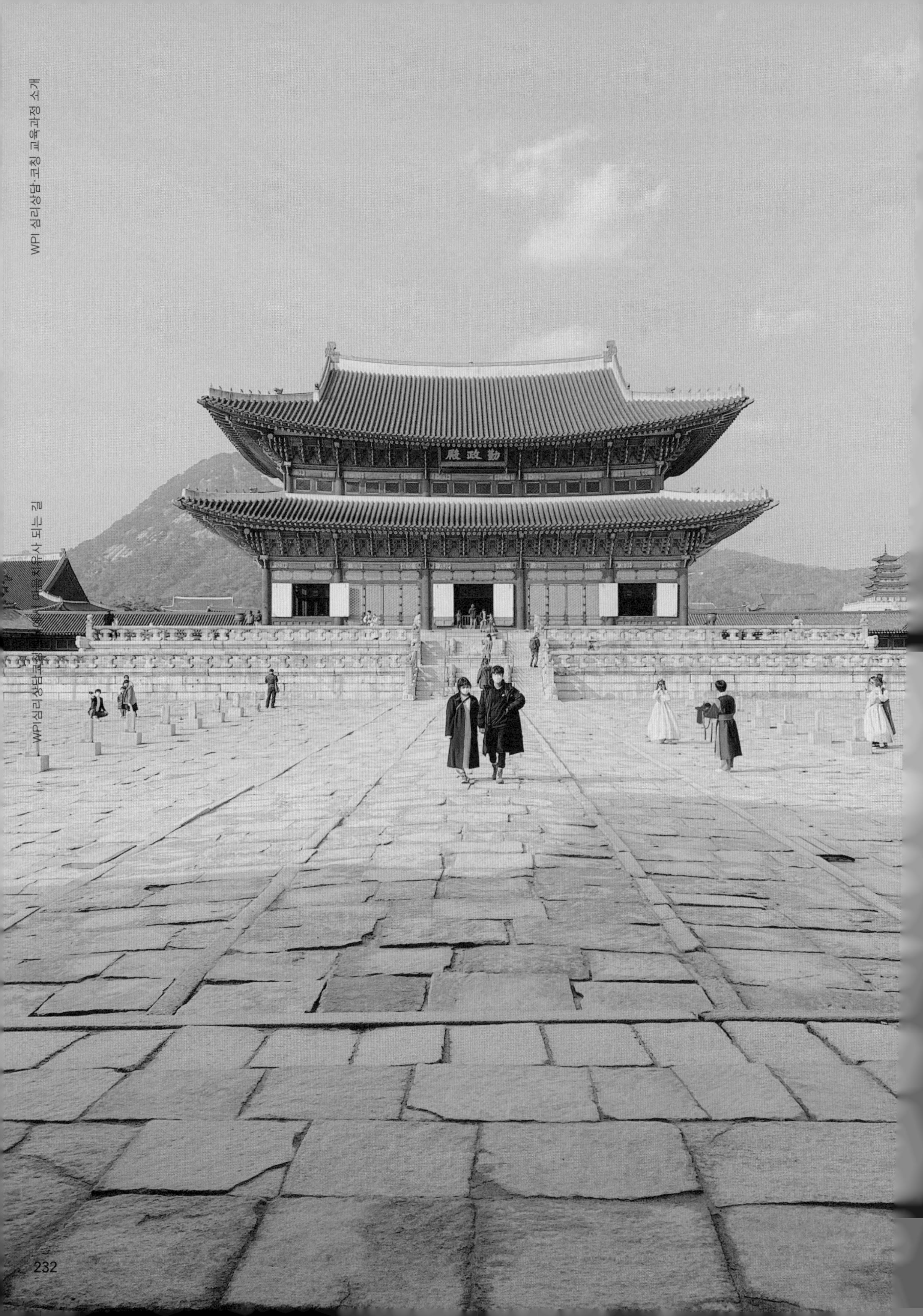
勤政殿

의사들은 '의학 치료 모델'에 따라서 질병과 관련된 '몸의 아픔'을 다양한 신체기관의 문제나 병의 증상이라 보고 이를 제거하는 것을 치료라고 합니다. 그렇다면, WPI 심리상담 모델에 의해 상담 및 치료를 하는 '마음의 치유사'들은 적어도 '마음'이 무엇인지, 그리고 삶의 어려움과 아픔으로 나타나는 '마음의 아픔'이 무엇인지를 파악하고 설명할 수 있어야 할 것입니다.

WPI 심리상담 모델은 내담자(환자)가 겪는 '삶의 어려움과 아픔이 바로 그 사람의 마음에 의해 생겨난다'는 것을 전제하고 있습니다. WPI 심리상담사, 마음치유사는 자신의 마음이 아프다고 믿는 사람에게 'WPI 심리상담·코칭 모델'을 활용하여 그 사람이 겪는 '아픔'의 정체를 분명히 확인하는 작업을 합니다. 내담자가 처한 삶의 문제가 무엇인지를 명확히 정의하고 이와 관련된 그 사람의 마음을 읽어주려 합니다. 그리고 각자 믿고 있는 삶의 어려움과 아픔에 대해서 각각 자신에게 맞는 솔루션을 탐색하도록 도와주는 활동이 상담을 통해 이루어집니다. 내담자가 스스로 자신의 마음을 읽을 수 있도록, 그리고 자신의 문제를 명확히 알고 그 문제에 대한 나름의 답을 찾아갈 수 있도록 돕는 것이 바로 WPI 심리상담입니다.

WPI 심리상담·코칭 교육과정 소개

대학 졸업 후, 최소 10년 이상의 사회 경험을 '마음치유사 Mind Healer'의 역할과 능력을 수련하는 토대로 삼으세요. 대학의 전공이 무엇이든, 당신이 제2의 인생을 준비하는 하나의 방법은 '심리상담·코칭 전문가'의 수련을 받는 것입니다.

WPI 교육과 수련 과정을 통해 당신은 자신의 마음을 읽고, 주위 사람들의 마음을 읽을 수 있게 됩니다. 삶의 변화를 원한다면, 심리상담과 코칭 전문가로서 새로운 역할을 하며 살아가길 바란다면, WPI 심리상담·코칭 전문가 과정을 통해 기회를 찾기 바랍니다.

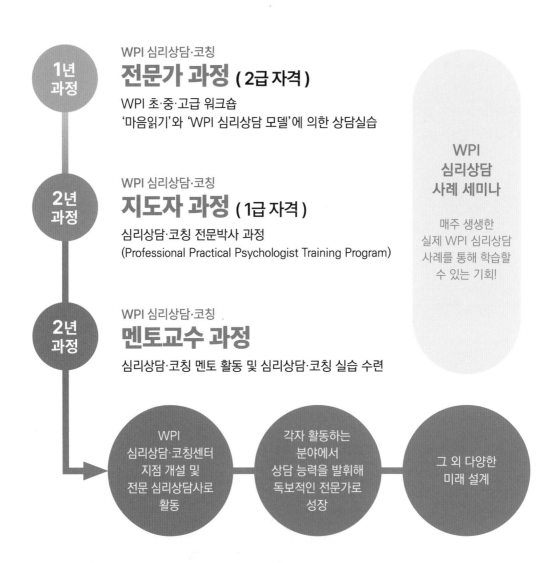

1년 과정

WPI 심리상담·코칭
전문가 과정 (2급 자격)
WPI 초·중·고급 워크숍
'마음읽기'와 'WPI 심리상담 모델'에 의한 상담실습

2년 과정

WPI 심리상담·코칭
지도자 과정 (1급 자격)
심리상담·코칭 전문박사 과정
(Professional Practical Psychologist Training Program)

2년 과정

WPI 심리상담·코칭
멘토교수 과정
심리상담·코칭 멘토 활동 및 심리상담·코칭 실습 수련

WPI 심리상담 사례 세미나

매주 생생한 실제 WPI 심리상담 사례를 통해 학습할 수 있는 기회!

WPI 심리상담·코칭센터 지점 개설 및 전문 심리상담사로 활동

각자 활동하는 분야에서 상담 능력을 발휘해 독보적인 전문가로 성장

그 외 다양한 미래 설계

WPI 전문가 과정, 지도자 과정을 마쳤다는 것은
마음읽기를 가능하게 하는 WPI 심리상담 모델을 활용해
심리상담·코칭 과정의 기본 방법을 습득하고, 이를 각기 다른 내담자(환자)의 문제나 아픔을
해결하는 데에 스스로 적용할 수 있다는 것을 의미합니다.

'WPI 초·중·고급 워크숍'과 WPI 심리상담·코칭 '전문가 과정'을 통해 'WPI 심리상담 사례세미나'와 '상담실습수련'의 약 1년간 과정을 거치면 심리상담·코칭 석사 과정 수준의 전문성을 갖추게 됩니다. 상담대학원, 교육대학원과 같은 교육과정에서 관련 과목의 수업을 듣고 공부하는 정도가 아닌, 상담가로 활동하기 위한 전문적인 임상 수련 활동이 이루어지는 것입니다. 특히 현재 심리상담사나 코치로 활동하면서 자신이 하는 상담이나 코칭이 '과연 제대로 하는 건가? 내가 지금 하는 일은 위로나 위안, 공감에서 벗어나지 못하고 있는데…', '아, 이건 너무 부족해'라고 생각하며 자신의 상담 역량을 향상시키고 싶은 분들이라면, WPI 심리상담 수련을 통해 자신의 심리상담 및 코칭 능력을 새로운 차원으로 변화, 발전시킬 수 있을 것입니다. 그리고 '전문가 과정'을 거친 후 심리상담·코칭 전문 능력을 더욱더 키우고자 한다면, '지도자 과정'을 거치며 WPI 심리상담·코칭 모델에 대해 다른 사람들에게 지도하는 수준으로 성장할 수 있습니다.

'전문과 과정', '지도자 과정'은 WPI 심리상담·코칭 모델에 따라 상담실습을 중심으로 이뤄지며, 심리상담 및 치료와 관련된 실질적이고 전문적인 수련 활동입니다. 이 과정은 의대에서 몸의 아픔을 치료하는 의사를 양성하는 인턴, 레지던트와 유사한 실습과정입니다. 의사가 해부학 교과서를 통째로 암기만 한다고 하여 수술실에서 환자 수술을 잘 할 수 있을까요? 그런 일은 없다는 것을 아시지요? 그렇기에 의사들이 의과대학에서 6년을 공부하고 졸업한 뒤에 '의사시험'을 통과하고 '의사 면허증'을 얻게 된 다음에도 바로 환자를 볼 수는 없답니다. 자격증은 있지만 환자를 볼 기술과 능력을 갖추지 않았기 때문입니다.

병원에서 임상 실습을 하는 것이 의사 역할을 하기 위한 수련 활동의 핵심이 되듯, 심리상담과 심리치료 활동에서도 '상담 실습 수련' 과정을 거치지 않고서는 내담자의 삶의 문제와 마음의 아픔을 결코 상담, 치료할 수 없습니다. 대학에서 무엇을 전공했든 관계없이 의대의 인턴과 레지던트, 펠로우 과정에 준하는 실습 수련 과정이 마음의 문제와 아픔을 살펴보고 파악하는 전문 활동을 하기 위해 꼭 필요합니다. WPI 심리상담·코칭 전문가 과정, 지도자 과정을 통해 마음치유사로 활동할 수 있는 기본적인 수련을 쌓을 수 있습니다. 각자가 느끼는 삶의 어려움과 아픔의 문제를 해결하는 데 도움을 주고 싶다면, 즉 '마음치유사'로 살아가고 싶은 분이라면 WPI 초급 워크숍에서부터 자신의 꿈을 실현해 나갈 수 있기를 바랍니다.

어떤 일을 자기가 잘하려면
무작정 무식하게 할 것이 아니라,
그 일이 무엇인지, 어떻게 이루어지는지
스스로 표현할 수 있고
스스로 정리할 수 있어야 한다.

심리상담! 이론보다 실전이 중요합니다!
실전으로 배우는 내담자 마음읽기

기존의 일반심리상담 모델로는 내담자의 마음을 읽을 수 없었기에,
그저 심리학 이론에 내담자의 고민을 끼워 맞추거나 단순히
위로·공감만 해주는 수준이었습니다.
WPI 심리상담·코칭 모델에 기초한 WPI 심리상담·코칭 전문가 과정은
한 명 한 명 모두 다른 내담자의 마음을 읽어주고, 내담자의 삶의 문제를
해결할 수 있도록 돕는 심리상담·코칭 전문가를 양성합니다.

WPI 심리상담·코칭 교육

- 전문가 과정 [1년]
- 지도자 과정 [2년]
- 멘토교수 과정 [2년]

마음을 읽게 되면서
자신의 아픔에서 해방된다

한눈에 보는, 마음치유사가 되는 교육과정

어떻게 하면 심리상담과 심리치료, 코칭 전문가, 마음읽기 전문가로
활동하는 능력을 쌓을 수 있나요?

Step 1
WPI 워크숍

**WPI 워크숍에 참여하거나, WPI 전문과 과정(1년)에서
수련하는 것으로 시작할 수 있습니다.**
1년 간의 전문가 과정을 바로 결정하기에 부담스럽다면,
먼저 매달 개설되는 WPI 워크숍에 한번 참여해보며
자기 마음의 정체와 마음의 아픔을 파악하는 것이
어떻게 이루어지는지 체험할 수 있습니다.

Step 2
WPI 심리상담
사례 세미나 및 상담실습

WPI 심리상담·코칭 전문가 과정에서는
1년 동안 **총 2학기, 30주의 사례 세미나와
상담실습 과정에 참여합니다.**

Step 3
심리상담과
코칭 전문가

WPI 심리상담·코칭 전문가 과정을 이수한 후, 졸업 시험과
함께 〈WPI 심리상담·코칭 전문가 2급〉 자격증을 받게 되고,
WPI 심리상담센터나 기타 다양한 마음의 아픔을 상담하고
치료하는 상담 센터에서 심리상담과 코칭 전문가로
활동할 수 있습니다.

WPI 심리상담·코칭 전문가 과정 [1년]

- WPI 워크숍
- 상담실습
- 사례세미나

대학에서 심리학과나 관련 분야를 전공하였지만, 정작 심리상담과 관련된 실습이나 훈련을 전혀 받지 못하신 분, 또는 상담이나 코칭 분야에서 '상담대학원', '교육대학원'을 졸업하였지만, 심리상담이나 치료와 관련된 실질적이고 구체적인 실습 교육을 받지 못한 분, 또는 상담교사로 임용되었지만 상담에 대한 경험이 없으신 분들에게 꼭 필요한 교육과정입니다.

WPI 심리상담·코칭 전문가 과정을 통해 내담자를 직접 심리상담·심리치료할 수 있는 능력을 갖추게 됩니다. 과정 중에서 이루어지는 내담자와의 대면상담을 통해 심리상담 및 심리치료의 실질적이고 구체적인 경험을 쌓을 수 있습니다.

WPI
상담코칭
전문가
2급 자격

WPI센터

WPI 전문가 과정을 통해 삶의 문제와 마음의 아픔을 다루려는 '마음치유사 Mind Healer'의 역할과 정체성을 뚜렷이 체험하고 학습하게 됩니다.

WPI 전문가 과정은 1년 과정으로, WPI 워크숍과 함께 사례분석 세미나와 상담실습 과정을 거치면서 'WPI 심리상담 모델'을 수련합니다. WPI 심리상담 모델을 수련한다는 것은 마치 몸을 다루는 의대생들이 신체를 해부하면서 각 기관들의 형태를 관찰하고, 각 신체기관들의 기능을 학습하는 것과 유사합니다.

의대를 졸업하고 대학병원이나 종합병원에서 인턴, 레지던트 수련을 하는 의사들은 환자들의 몸을 자신의 실습 대상으로 하여 병에 대한 직접적인 경험을 쌓습니다. '심리상담과 코칭' 수련을 받는 학생들은 구체적인 상담사례와 직접 자신이 겪게 되는 상담 경험을 통해 '마음'을 읽어내는 경험을 얻게 됩니다.

의사가 몸을 해부하기 위해 '칼'과 '가위' 등의 직접적인 도구를 사용한다면, 마음읽기 수련을 받는 학생들은 '산파술'과 '가추법'에 기반하여 마음을 읽을 수 있는 'WPI 심리상담 모델'을 활용하게 됩니다.

WPI 심리상담 모델을 통해 사람들이 겪는 삶의 다양한 문제와 마음의 아픔을 수련생들이 생생하게 체험하게 될 뿐 아니라, 마음의 아픔을 해소, 치유하는 경험을 하게 됩니다. '정신의학상담 모델'이나 '일반심리상담 모델'을 통한 심리상담이나 심리치유 활동과는 근본적으로 다른 '마음읽기' 역량을 습득하는 일입니다. WPI 심리상담·코칭 전문가 과정은 'WPI 심리상담 모델'을 학습하고 체득화하는 '마음읽기' 수련 과정입니다.

WPI 전문가 과정의 세부 학습내용과 활동

각 7시간 이상의 WPI 워크숍(초·중·고급)
+ 최소 30회의 사례 세미나
+ 총 400시간의 상담실습

WPI초급

WPI중급

WPI고급

※ WPI 워크숍은 교육과정 시작 전이나 과정 중에 별도로 수강합니다.

＋

사례 세미나

＋

상담실습

자격시험

1

WPI 워크숍
초급·중급·고급

(WPI 워크숍은 매 학기 전문가 과정 시작 전에 별도로 이루어 질 수 있습니다.)

성격 및 WPI에 대한 이론적인 설명과 다양한 사연을 통해 내담자의 마음이 WPI 프로파일로 어떻게 드러나는지 살펴보고, 실제 상담에서의 WPI 심리검사 결과 해석법과 활용법을 배웁니다.

WPI 워크숍에서는 '심리상담', '심리치료'가 마음의 아픔을 호소하는 사람들을 단순히 위안, 위로하고, 그 아픔에 공감해 주는 것에 그치는 활동이 아님을 알려줍니다. 아니, 심리상담과 심리치료란 무엇보다 아픔을 호소하는 사람의 마음이 무엇인지를 파악하고, 그 사람이 자신의 아픔이 몸에 의한 것이 아니라 마음에 의해 어떻게 생겨났는지를 알 수 있게 도와주는 활동입니다.

내담자의 몸이 아닌 마음을 직접 살피는 활동입니다. 여기에서 핵심은 아픔을 호소하는 내담자(환자)의 '마음'을 어떻게 규정하고, 또 어떻게 파악하는가에 있습니다. 이것이 바로 '마음의 아픔'을 호소하는 내담자의 마음이 무엇인지, 그 정체를 확인하는 일입니다.

WPI 워크숍을 통해 자신의 마음을 읽어보는 경험을 하게 된다면, 바로 자기 마음을 아는 것, 그리고 타인의 마음을 읽을 수 있게 되는 것이 자신을 지키고 타인을 도와줄 수 있는 최선의 방법이 되는 이유를 여러분은 자연스럽게 알 수 있답니다.

2

사례 세미나
(2개 학기, 1년)

실제 상담사례 녹취록으로 다양한 내담자의 마음의 패턴과 상담 과정 학습
(1회 2시간 이상의 학습시간, 총 30회 이상 참가)

- 뻔한 문제의 정의와 뻔한 정답을 주는 상담이 아닌, WPI 심리상담 모델을 활용하여 내담자의 문제를 정의하고 그에 맞는 맞춤 솔루션을 탐색하는 과정이 어떻게 이루어지는지 학습할 수 있습니다.

- 해외 사례나 논문이 아닌, 실제 상담 사례 녹취록을 가지고 탐색하면서 내담자의 마음을 지도교수의 추가 설명과 함께 생생하게 분석할 수 있습니다.

- 다양한 사례들을 접하면서 각기 다른 상황과 내담자들의 다양한 마음의 패턴을 학습할 수 있습니다. 직접 내담자를 접하는 상담이 처음이더라도 학습한 사례를 접목시켜 상담을 이끌어갈 수 있는 능력을 키울 수 있습니다.

3

상담실습
(2개 학기, 1년)

상담사로서 실제로 상담을 진행하며 내담자 마음읽기 능력을 수련하는 과정

- 멘토교수 1명이 4명의 수련생들에게 상담 수련 과정을 직접 지도합니다. 수련생들은 먼저 자신의 마음을 읽는 경험부터 시작하여, 삶의 문제와 마음의 아픔을 겪고 있는 내담자를 직접 상담하고, 그들의 마음에 대한 통찰을 키우게 됩니다. 상담실습 과정에서는 내담자-상담자 간의 상담을 직접 체험하고 슈퍼비전을 통해 각 개인이 가진 믿음과 심리, 그리고 마음의 작용을 구체적으로 확인할 수 있습니다.

- 워크숍 및 세미나 과정을 통해 학습한 것을 실제 상담 장면에서 내담자의 마음을 읽을 수 있도록 과학적 사고를 훈련하는 기회를 가질 수 있습니다. 상담 녹취록 작성을 통해 상담내용을 반추하며, 가추법을 통한 마음읽기를 체험하게 됩니다.

- 자신의 사례뿐 아니라 함께 공부하는 다른 수련생들의 사례도 아울러 학습합니다. 임상 경험과 간접 슈퍼비전을 공유하면서 상담 전문가의 역량을 키울 수 있습니다.

WPI 워크숍으로 시작하는 전문가 과정

자신의 마음을 스스로 읽을 수 있는 방법을 알려주는 '마음읽기' 교육 활동

WPI 워크숍은 다양한 임상 사례를 근거로 누구나 WPI 검사를 활용하여 자기 마음을 이해하고, 또 주위 사람들의 마음을 제대로 알아가는 방법을 학습할 수 있는 기회입니다.

WPI 워크숍에서 참가자들은 마음을 읽는 방법을 단계별로 배우게 됩니다. 심리학적 지식이나 배경이 없더라도 워크숍을 통해 WPI 검사 결과인 프로파일을 해석하는 능력을 통해, 자신과 주위 사람들의 마음을 읽고 파악하는 통찰력을 키워 나갈 수 있습니다.

초급  '나는 누구인가?'

WPI 자기평가를 통해 기본 성격 유형을 파악하는 시간

WPI를 통해 마음의 구조를 파악하고, 그것이 자신의 성격 특성을 이해하고,
여러 사례를 살펴보며 성격 유형에 따른 삶의 문제와 마음의 아픔을 파악할 수 있습니다.

중급  '나는 어떤 사람으로 무엇을 위해 사는가?'

WPI 타인평가를 통해 자기 삶의 방식과 가치를 파악하는 시간

자신이 어떤 가치를 중시하며 생활하는지 자신의 생활 방식(lifestyle)에서 어떻게 드러나는지 확인하면서 WPI 프로파일에 나타난 가치와 생활 방식을 해석할 수 있습니다.

고급 ### WPI 복합 유형 프로파일과 가추법에 대해 학습하는 시간

각기 다른 패턴의 WPI 프로파일이 다양한 삶의 장면에서 어떻게 표현되는가를 배우고,
WPI 검사가 상담에서 활용되는 방식을 파악합니다.

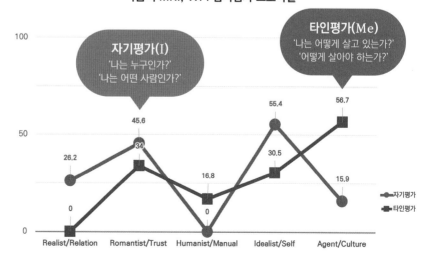

마음의 MRI, WPI 심리검사 프로파일

WPI 초급 워크숍

WPI 자기평가를 통해 기본 성격 유형을 파악하는 시간

WPI를 통해 마음의 구조를 파악하고, 자신의 성격 특성을 이해하며, 여러 사례를 살펴보면서 성격 유형에 따른 삶의 문제와 마음의 아픔을 파악할 수 있습니다.

WPI 검사를 활용해 마음을 읽는 첫 단계로, "사람들의 마음은 모두 각각 다른데, 어떻게 읽을 수 있습니까?"라는 질문에서 시작하여 '나는 어떤 사람인가'를 알게 됩니다. 자기 평가의 5가지 기본 특성 '리얼리스트', '로맨티스트', '휴머니스트', '아이디얼리스트', '에이전트'를 학습함으로써 각 개인이 자신에 대해 어떤 믿음을 가지고 있는지 파악할 수 있게 됩니다. 각자 자신에 대해 어떤 믿음을 가지고 사는지, 자신이 누구라고 생각하는지에 대한 확인을 하는 것입니다.

WPI 초급 워크숍은 WPI 심리검사에 관심을 가진 사람이라면 누구나 신청할 수 있습니다. '전문가 과정'을 통해 심리상담사가 되려는 생각이 없더라도, 단순히 자기 마음이나 타인의 마음을 읽는 것에 관심을 가진 사람이라면 WPI 초급워크숍에 참여할 수 있습니다.

특히, 함께 참가하는 멘토들의 지도를 통해 참가자들 각자의 특성이 WPI 프로파일로 어떻게 나타나는지에 대하여 자세한 해석을 받을 수 있습니다. 또한 황상민 박사님으로부터 참가자별 WPI 프로파일을 통한 간단한 개인 상담 및 1:1 원 포인트 레슨도 직접 받으실 수 있습니다.

WPI 초급 워크숍 일정 & 참여 방법

매달 토요일, 오전 10시~오후 5시(7시간)**, 현장·온라인 실시간 강의·녹화본 참가**

(토요일 참가가 어려운 신청자의 경우, 다른 요일에 초급워크숍 강의영상 제공)

WPI 초급 워크숍 수료 이후

10대나 20대 초반에는 꿈도 꾸지 못했던 '인생 코치', '인생 상담사'로서의 활동을 할 수 있습니다. 현재 특정 전문 분야에서 활동한다면, WPI 워크숍을 시작으로 자신의 분야에서 특별한 발전, 변화의 계기로 삼을 수 있습니다. 인간관계와 심리 전문가로 조직 내 인간관계 문제, 각 개인의 진로 및 능력 개발 등을 도와줄 수 있는 전문가의 역할을 할 수 있습니다.

WPI 초급 워크숍 수강 후기

"내가 어떤 마음으로 지내는지 알게 되니, 업무 분담을 할 때 상대의 성향에 맞춰서 지시할 수 있었고, 매뉴얼이 부족한 휴먼에게 직업적 선배로서 조언을 하니 사내에서 '멘토같다'는 말을 들었습니다. 덕분에 부하직원들에게 좋은 평가를 받을 수 있었어요." - 49기 장OO님

"박사님께서 자세하고 쉽게 설명해주시고, 다른 참가자들의 프로파일과 사연을 보며 내 자신이 가진 문제는 별 것 아니었다는 것과, 내가 앞으로 어떻게 살아야할지 알 수 있었습니다. WPI 초급워크숍에 다녀온 이후 마음이 너무 편해졌습니다." - 42기 조OO님

**WPI 타인평가를 통해 자기 삶의 방식과
가치를 파악하는 시간**

**자신이 어떤 가치를 중시하며 생활하는지 그것이 자신의 생활 방식(lifestyle)에서
어떻게 드러나는지 확인하면서 WPI 프로파일에 나타난 가치와
생활 방식을 해석할 수 있습니다.**

WPI 중급 워크숍에서는 타인이 자신을 어떻게 보느냐와 관련된 검사에서 자신의 마음이
'관계', '믿음', '매뉴얼', '자아', '컬처'의 5가지 각기 다른 지표로 표현되는 것을 확인할 수
있습니다. 현재 자기 삶에서 추구하는 가치가 무엇이며, 자신이 어떤 가치를 중심으로 생활
하는지를 파악할 수 있습니다.

타인평가, 즉 각 사람이 자기 생활에 대해 어떤 믿음을 가지고 있는지
를 배우게 됩니다.
무엇을 중요시하며, 어떤 삶을 지향하며 살고 있는지를 파악할 수 있지
요. 타인평가 프로파일을 통해서 각기 다른 사람들이 현재 보이는 삶의
방식(lifestyle)이나 지향하는 삶의 가치(value)를 확인할 수 있습니다.
타인평가는 '관계(릴레이션)', '믿음(트러스트)', '규범(매뉴얼)', '자아
(셀프)', '향유(컬처)'의 5가지 유형으로 이뤄져 있습니다.

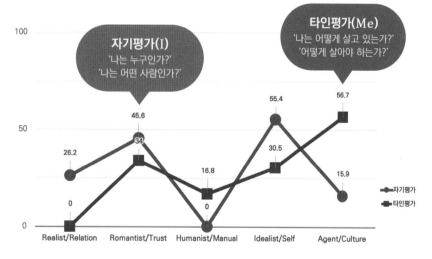

마음의 MRI, WPI 심리검사 프로파일

WPI 고급 워크숍

WPI 복합 유형 프로파일과 가추법에 대해 학습하는 시간

각기 다른 패턴의 WPI 프로파일이 다양한 삶의 장면에서 어떻게 표현되는가를 배우고, WPI 검사가 상담에서 활용되는 방식을 파악합니다.

WPI 고급 워크숍에서는 복합 유형 프로파일(로맨티스트-매뉴얼, 로맨티스트-에이전트, M자형, 휴머니스트-아이디얼리스트, W형)에 대해 자세히 알아보고, 마음을 읽는 데에 핵심적으로 필요한 가추법적 사고에 대해 배웁니다.
더불어 익명의 사연과 함께 WPI 프로파일 해석을 연습해 봅니다.
WPI 검사가 상담에서 어떤 방식으로 활용되는지 파악할 수 있습니다.

자기평가와 타인평가가 함께 만들어 내는, 사람마다 각기 다른 자신에 대한 믿음과 자신의 삶에 대한 믿음을 확인하고, 또한 이 믿음이 특정한 성격 특성 또는 삶의 문제와 어떻게 연관되어 있는지, 그리고 각 사람들의 사연에서는 WPI 프로파일이 어떻게 일정한 패턴으로 나타나는지를 심도 있게 학습합니다.

WPI 중급·고급 워크숍 일정 & 참여 방법

토요일, 오전 10시~오후 5시 (7시간), 현장·온라인 실시간 강의·녹화본 참가

하단 QR코드 스캔으로 자세한 일정 확인

워크숍 일정 확인 및 신청하기

WPI 워크숍을 마치게 되면, 'WPI 심리상담 사례 세미나', '상담실습' 까지 아픔을 겪는 사람들의 마음을 읽어 가는 교육 및 수련 과정을 밟게 됩니다. 이러한 수련 활동을 통해 참가자들은 마치 셜록 홈즈가 사건 현장에서 단서를 찾아 문제를 해결하는 것처럼, 내담자가 가진 아픔의 문제를 해결할 수 있게 됩니다.

셜록 홈즈 이야기 속의 놀라운 사건은 한 개인이 겪는 삶의 어려움이나 아픔으로 비유할 수 있지요. WPI 심리상담 전문가로 수련 받은 사람들은 이런 아픔을 가진 사람들의 마음을 파악하고 그들의 문제를 해결해 주는 '마음치유사 Mind Healer'의 역할을 하게 되는 것입니다.

WPI 심리상담·코칭 전문가 되기

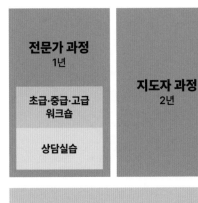

전문가 과정
1년

초급·중급·고급 워크숍

상담실습

지도자 과정
2년

멘토교수 과정
2년

WPI 심리상담 사례 세미나

워크숍에서 WPI 성격유형을 배우며
'사례 세미나'에서 WPI 심리상담 모델을
더 학습할 수 있습니다.

각종 심리검사의 표준에 근거하여 내담자의 사고와
행동반응을 판단하는 일반적인 상담과는 달리,
내담자가 가진 삶에 대한 믿음을 확인하여 상담 사연의
이면에 깔린 실제문제가 무엇인지 파악하며 문제에 대한
답을 찾게 해주는 WPI 심리상담 모델을 학습할 수 있습니다.

사례 세미나는 매주 화요일에
**실시간과 동영상
강의**로 진행됩니다.
[실시간 강의 시간]
화요일 저녁 7:30~9:30

—

현장·온라인으로 참여가 가능하며,
여건 상 실시간 참여가
어려울 경우, 매주 목요일
녹화영상으로 강의가 진행됩니다.

—

사례 세미나는,
누구나 참가할 수 있는
심리상담 사례 학습 강의입니다.

WPI 심리상담 사례 세미나는,
WPI 심리상담 모델에 따라
내담자의 문제를 정의하고
그에 맞는 맞춤 솔루션을 탐색하는
과정을 학습할 수 있는
사례 수련 과정입니다.

상담실습으로 심화·정리되는 전문가 과정

심리상담을 직접 체험하는 전문적인 실습 수련 활동

의사가 해부학 교과서를 통째로 암기하면, 수술실에서 환자 수술을 잘할 수 있을까요? 그런 일은 없다는 것, 아시죠? 그렇기에, 의과대학 6년을 공부하고 졸업한 뒤 또 '의사 시험'에 통과하여 '의사 면허증'을 얻게 된 의사들도 바로 환자를 볼 수가 없습니다. 자격증은 있지만 환자를 볼 기술과 능력을 갖추지 않았기 때문입니다.

병원에서 임상 실습을 하는 것이 환자를 보는 의사 역할을 수련하는 핵심활동이듯, 심리상담과 치료 활동에서도 '상담실습 교육 과정'을 거치지 않고서는 내담자(환자)의 '삶의 문제'와 '마음의 아픔'을 결코 상담, 치료할 수 없답니다. 그럼에도 불구하고 현재 국내에서 '상담실습'을 체계적으로 수련하고 전문적으로 가르쳐 주는 곳은 찾기 힘듭니다. 내담자의 아픔을 심리상담을 통해 직접 치료할 수 있는 실질적인 능력을 갖추는 것이 꼭 필요하기에 이 과정을 통증해방: WPI심리상담코칭센터에서 개설하여 제공합니다.

'심리상담'이 무엇인지를 직접 체험하면서, '심리상담'과 '심리치료'를 할 수 있는 능력을 갖추고 싶지 않으신가요? 이제 여러분들은 '심리상담'이 무엇이며 또 '심리상담'이나 '심리치료'가 구체적으로 어떤 과정으로 이루어지는지 스스로 체험해 보는 기회를 가질 수 있습니다.

'정신의학상담 모델', '일반심리상담 모델', 그리고 'WPI 심리상담 모델' 등 현재 대부분의 심리상담과 심리치료과정에서 일어나는 다양한 심리상담 활동들의 내용을 습득할 수 있습니다. 심리상담과 심리치료의 핵심이 '마음읽기'에 있다는 것을 '상담실습'에서 학습·체험하고 향후 자신이 직접 상담과정에서 적용할 수 있게 됩니다.

'황상민의 심리상담소'에서 접할 수 있었던 다양한 라이브 상담 사례와 유사한 에피소드 등을 직접 내담자와 상담자의 마음을 읽는 상담으로 확인하실 수 있습니다.

신청 및 등록 세부 내용

상담실습 과정은 2개 학기로, 1년 간 진행됩니다.

- **모집 시기:** 매년 2회(1월, 7월)
- **개강 시기:** 매년 3월, 9월
- **수련 기간:** 1년 과정, 총 30주 실습과 세미나
- **모집 전형:** 지원 서류 검토 후 선발
- **모집 인원:** 총 12명(학기별)
- **지원 자격:** WPI 심리상담, 심리치료에 대한 임상실습 수련을 받길 원하시는 분
- **교육비:** 센터에 문의

WPI센터

● 멘토교수의 리뷰와 멘티의 마음읽기

　1학기당 7회의 상담실습 경험과 멘토와의 리뷰(마음읽기)

　　Ⓐ 리뷰 - 멘토-멘티 상담 [①내담자역할]
　　Ⓑ 리뷰 - 멘티간 상담 [①내담자역할, ②상담자역할]
　　Ⓒ 리뷰 - 과정생 간 상담 [①내담자역할, ②상담자역할]
　　Ⓓ 리뷰 - 멘티(상담자 역할) - 멘토(내담자 역할) 상담
　　Ⓔ 리뷰 - 일반 내담자 상담

● 상담실습 심리 보고서 작성

상담실습 수련생인 멘티는 매 상담실습마다 자신이 한 상담경험(내담자 역할, 상담자 역할)을 통해 자신의 마음을 읽어본 경험과 WPI 심리상담 모델의 체험 및 학습내용 결과 등을 작성한 보고서를 멘토교수에게 제출하고 피드백을 받습니다.

WPI 심리상담·코칭
상담실습 상세 수련 내용

전문가 과정의 상담실습은 수련생이 직접 상담자와 내담자 역할을 체험하며 'WPI 심리상담 모델'을 자신의 상담에 직접 적용하고 확인하는 '상담실습 수련 과정'입니다. 수련생은 4인 1조가 되어, 멘토교수 1인의 멘티가 되어 함께 상담실습 전반에 대한 관리와 코칭을 받습니다. 멘티는 상담실습을 통한 '자신의 마음읽기'를 경험하며, 자신이 WPI 심리상담 모델에 준하여 심리상담을 하고 있는지에 대한 확인을 받게 됩니다.

이와 동시에 상담실습 과정에서 일반심리상담 활동과 WPI 심리상담 모델에 기초한 상담 활동이 구체적으로 어떻게 다르게 나타나는지를 잘 확인할 수 있도록 합니다. 이 과정에서 멘티는 자신의 상담실습에서 'WPI 심리상담 모델'이 구체적으로 어떻게 구현되는지를 잘 파악하여 이해하도록 하는 리뷰가 핵심이라고 할 수 있습니다.

멘토교수는 자신의 멘티로 참가한 학생의 상담실습 진행 준비와 상담실습 수련 진행 과정을 지원합니다. 여기에는 멘티가 상담실습 보고서를 작성하면서 WPI 심리상담 모델이 구체적인 상담 과정에서 어떻게 드러날 수 있는가를 자연스럽게 학습할 수 있도록 돕는 활동도 포함됩니다. WPI 심리상담이 무엇인지, 마음읽기가 자신의 삶에 어떤 영향을 주었는지, 상담실습 경험을 멘티와 공유하고 리뷰하는 역할도 합니다.

이 과정에서, 멘토교수는 WPI 심리상담 모델에서의 '마음읽기'를 구체적으로 어떤 주제와 관련하여 어떻게 경험하는지를 설명합니다. 각각의 상담 과정에서 특정 사람이 처한 '문제'나 '상황', '이슈에 대해 가진 믿음'이 무엇인지를 확인하면서, 이것에 어떤 변화가 생겨났는지를 확인할 수 있게 됩니다. 상담실습에 참여한 학생은 앞으로 WPI 심리상담가로서 또 자신의 직업과 현재 일상생활에서 자신이 어떤 사람인지, 자신의 삶이나 일에 어떤 의미를 부여하고 있는지, 또 앞으로는 어떤 삶을 살고 싶은지 확인하는 '마음읽기' 코스를 경험하게 됩니다.

**상담실습 과정 등록으로
심리상담과 심리치료 실습,
사례분석 세미나 수강과
WPI 워크숍 과정을 병행하여
'WPI 심리상담·코칭 전문가
과정'을 모두 이수하게 됩니다.**

WPI 전문가 과정, 상담실습 커리큘럼 상세 소개

(1학기, 15주 기준)

주차	주제 및 내용	수업방식	상담실습 진행
오리엔테이션	전체 오리엔테이션 및 그룹별 오리엔테이션 멘토와 함께 이루어지는 상담실습 지도 **상담실습 1 멘토-멘티 상담** 　　– 멘티는 자신의 상담을 녹취하고 이에 대해 멘토와 함께 리뷰	**전체 세미나**	**상담실습 1** 멘토-멘티 상담 (내담자 역할)
1주차	황상민 박사 강의 주제: 마음과 삶의 문제, 그리고 아픔의 정체 이해 마음의 아픔을 파악하는 　　　 WPI심리상담모델의 이해와 적용	**전체 세미나**	
2주차	**상담실습 2 멘티간 상담** 　　– 실습생 간 상담자와 내담자 역할 체험 　　 (각기 다른 상담모델의 비교, 적용과 이해) 　　 매 상담실습 전, 멘토는 멘티가 상담가 역할을 하기 위한 준비를 　　 해나갈 수 있도록 도와주고 지도한다.	팀별 지도	**상담실습 2** 멘티간 상담 ① 내담자 역할 ② 상담자 역할
3주차		팀별 지도	
4주차		팀별 지도	
5주차	**상담실습 사례 1, 2 발표** 　　– 실습생 각자 자신의 상담사례와 내용을 WPI 상담모델에 준하여 발표	**전체 세미나**	**상담실습 3** 멘티-멘토 상담 (상담자 역할)
6주차	**상담실습 3 멘티-멘토 상담** 　　– 상담 세션에 나타난 실습 수련생의 마음과 실습을 지도하는 　　 멘토의 마음을 확인하는 과정	팀별 지도	
7주차	**상담실습 4 과정생간 상담** 　　– 다른 과정생간의 상담자와 내담자 역할 체험	팀별 지도	**상담실습 4** 과정생간 상담 ① 내담자 역할 ② 상담자 역할
8주차		팀별 지도	
9주차		팀별 지도	
10주차	**상담실습 사례 3, 4 발표** 　　– 실습생 각자 자신의 상담사례와 내용을 WPI 상담모델에 준하여 발표	**전체 세미나**	**상담실습 5** 일반 내담자 상담 (상담자 역할)
11주차	**상담실습 5 일반 내담자 상담** 　　– 내담자(상담을 신청한 일반인)의 상담 사연을 받고, 　　 멘토는 멘티가 상담 준비를 해나갈 수 있도록 도와주고 지도한다.	팀별 지도	
12주차		팀별 지도	
13주차	마음읽기: WPI 심리상담 모델을 통해 확인된 내담자의 마음과 아픔의 정체 – 실습생이 각자 자신이 상담한 내담자의 마음을 읽으며 삶의 문제와 　 마음의 아픔에 대해 파악한다.	팀별 지도	
14주차		팀별 지도	
15주차	**상담실습 사례 5 발표 & 정리 세미나** 　　– 실습생 각자 자신의 상담사례와 내용을 WPI 상담모델에 준하여 발표 　　– 실습생과 멘토가 그동안의 과정에 대해 총정리하는 시간	**전체 세미나**	상담실습 최종 리포트 제출

심리상담 및 치료 **사례 세미나로** **계속**되는 **전문가 과정**

매주 생생한 실제 WPI 심리상담 사례를 통해 학습할 수 있는 기회

사례분석 세미나에서는 지도교수인 황상민 박사님의 실제 상담 사례 녹취록을 제공합니다. 실제 상담이 어떻게 진행되는지 탐색하며, 상담에서 내담자의 마음을 읽어주는 과정을 분석하고 그 과정에서 내담자가 가진 삶의 문제에 대해서 어떤 해법을 제시해 주는지를 지도교수의 추가설명과 함께 생생하게 학습할 수 있습니다.

몸의 아픔을 다루는 의사들이 '신체 해부'를 통해 신체의 다양한 기관을 배웁니다. 하지만, 삶의 문제와 마음의 아픔을 다루는 마음치유사 Mind Healer들은 'WPI 검사'와 'WPI 심리상담 모델'을 활용하여 '마음'의 다양한 형태와 작동 방식을 학습합니다. 손으로 만질 수도, 볼 수도 없는 마음을 읽는 수련을 받는 것이 가능해지는 것입니다.

사례 세미나에서 WPI 심리상담 모델이 실제 상담에서 어떻게 적용이 되고, 마음의 아픔을 치료하게 되는지 실제 사례를 통해 확인하고 학습할 수 있습니다.

매주 다양한 실제 사례를 접하며 사람의 마음을 더 학습하고 싶다면

결혼, 공부, 통증 등 다양한 주제로 한 내담자를 연속상담한 사례를 접하면서 변화를 탐색하고 인간 마음에 대한 이해를 넓히며, 나의 마음을 알고 자신이 겪고 있는 문제를 해결하는 데에도 참고할 수 있습니다. 사례자마다 각기 다른 환경에 처해 있음에도 비슷하게 나타나는 패턴을 학습하거나 동일한 주제에 대해서도 성향에 따라 다르게 표현하는 것을 경험할 수 있습니다.

"내 마음 같지 않아!"
나의 기대와 너무 다른 세상과 사람들,
어떻게 살아가야 할까요?

'마음치유사 Mind Healer'의 전문교육

세상 일도 내 마음대로 되지 않고, 가족도 친구도 직장 동료와도 극과 극으로 너무 다른 것 같을 때, 아마 이렇게 외치게 될 거예요. **"내 마음 같지 않아!"** 그럴 때 어떻게 살아가야 할지 도무지 모르겠다는 내담자를 어떻게 상담해야 할까요?

일반적인 심리상담소에서는 다른 사람과의 갈등, 타인으로부터 이해받지 못하는 것에 대해 공감해주고, 위로와 격려를 통해 내담자를 호전시킬 수 있다고 믿으며 심리상담과 심리치료를 하고자 합니다. 이는 그들의 마음의 아픔을 해소하는 심리상담과 치료 활동이라기 보다 정신과 의사의 활동을 코스프레하는 것에 가깝다고 할 수 있답니다.

아니 이게 무슨 말인가 싶으신가요? 정신과 의사의 활동이나 일반적인 심리상담 모두 마음의 아픔을 해소하는 활동이 아니라면, 그럼 어떻게 마음의 아픔을 해소할 수 있느냐고요?

내담자가 삶의 어려움과 마음의 아픔을 해소하기 위해서는 무엇보다 그 사람의 마음을 파악하는 것이 필요합니다. 그 사람의 마음을 읽어줄 때, 마음의 아픔이 해소되고 치료될 수 있거든요.

그렇지만 정말 내담자가 겪고 있는 삶의 어려움과 문제를 파악하고 그들의 마음을 읽어주는 활동은 대부분의 심리상담사에 의해 전혀 일어나지 않고 있지요.

안타깝게도 현실적으로 상담심리, 임상심리 등을 대학원에서 전공하고 심리상담사로 활동하시는 분들 역시 정작 자신의 정체성이 무엇인지 모른 채로, 자신이 하는 활동에 대해 많은 어려움을 느끼고 있는 상황이에요. 무엇보다, 임상심리사로 활동하시는 분들은 병원에서 정신과 의사의 지시와 감독하에 일하는 '심리검사 전문가'로 지내기 쉽습니다. 환자를 상담하고 또 심리치료를 주도적으로 할 수 있으면 좋겠지만, 병원에서는 정신과 의사에 의해 철처하게 심리상담이나 치료활동을 하는 것이 봉쇄되어 있는 것이 한국 의료계의 현실입니다.

'심리상담' '심리치료사'를 꿈꾸고 계시나요? 바로 그 꿈에 부합하는 활동을 하시는 분들이 '마음치유사'입니다. '마음치유사'가 되길 꿈꾸신다면 WPI 심리상담 사례 세미나에서 그 꿈에 한 발 다가가는 경험을 하실 수 있습니다.

마음의 MRI, WPI(Whang's Personality Inventory)의 창시자이자 대한민국 대표 심리학자 황상민 박사님의 심리상담 사례를 분석하고 학습하며 실시간 질의응답도 이루어집니다. 매달 다양한 주제, 여러 연령대 내담자의 '황상민의 심리상담소(황심소)' 사례 영상과 상담 녹취록 전문을 사전에 제공해드립니다.

5월에는 세상사도 주변 사람들도 다 "내 마음같지 않아!"라며 삶의 어려움을 호소하시는 분들의 사례를 만나봅니다. 과연 어떻게 황상민 박사는 이들의 마음을 읽어주었을까요? 어떤 과정에 의해 마음의 아픔이 해소될 수 있었을까요?

간접적으로 심리상담을 체험하면서 마음 읽는 법을 배우고 WPI 심리상담 모델을 수련할 수 있는 기회! 내담자의 사연과 WPI 프로파일, 그리고 상담 녹취록을 통해 한 사람의 마음을 읽고 그 사람만이 지닌 삶의 문제와 그에 맞는 해법을 찾아갈 수 있도록 돕는 과정을 생생하게 배워 나가실 수 있습니다.

'WPI 심리상담·코칭'은 내담자의 마음을 나타내는 '내담자가 가진 믿음'을 하나하나 확인하고, '내담자의 마음'이 어떠한지를 읽어냅니다. 그것이 바로 자기 자신에 대한 '마음읽기'랍니다. 그 과정에서 챗 GPT 도 하지 못하는 사유의 방법, '가추법'을 활용합니다. 그 사람이 가진 믿음을 통해 그 사람의 구체적인 마음의 내용을 추론해 내는 과정이지요. 매주마다 WPI심리상담코칭센터에서 이루어지는 '상담사례 세미나', 마음읽기에 관심을 가지신 분, 심리상담사와 심리치료 활동에 관심을 가지시는 분이라면 누구나 참여할 수 있습니다.

1회차 5월 7일

10년차 커리어우먼의 고민, 직장에서 어떻게 하면 다른 사람과 잘 지낼 수 있나요?

저는 조직에 들어가면 항상 다른 사람들의 미움을 사게 되는 것 같아요. 외국어 실력에 MBA까지 거친 실력자로 회사에서는 가장 인정받게 되었지만 따돌림을 당하고 미움을 받았습니다. 왜 저를 싫어할까? 이유를 잘 모르겠어요. 저한테 맞는 조직은 어떤 모습인지, 어떻게 하면 제 편을 만들 수 있을지, 제가 어떤 노력을 해야 할지 알려주세요.

2회차 5월 14일

중소기업 2세가 되기로 하고 대기업을 나왔는데, 기대와는 너무나 다르네요!

중소기업 2세의 삶은 윤택하고 편안할 줄 알았는데, 오히려 정 반대네요, 포기하고 싶기도 했지만 가족들에게 부끄럽지 않은 사람이 되기 위해 끝까지 해보려고 합니다. 그런데 저는 앞장서는 리더가 되고 싶어 하면서도 왜 책임질 일이 생기면 뒤로 물러서고 두려움을 느끼게 되는 걸까요? 다른 사람들이 저를 나쁘게 보지는 않을까 걱정이 많아집니다.

3회차 5월 21일

지금은 이혼하기 적절한 때일까요? 자녀들은 어떻게 키워야 할까요?

아이들의 아빠로서도 남편으로서도 자격 미달에 신뢰할 수 없는 남편으로부터 제 자신과 아이들을 지키기 위해 이혼을 결심했습니다. 이혼은 못한다던 남편이 이혼을 해주고 아이들을 데려가겠다는 말에 아이들을 보내기로 했어요! 지금 남편과의 이혼을 강하게 추진해도 될까요? 아이들을 생각했을 때 지금이 가장 최선일까? 알고 싶어요.

4회차 5월 28일

저와 너무 다른 부모님과는 말이 통하지 않아요. 가족 관계와 대학 진학, 진로 플랜에 대해 상담해주세요.

수능이 끝나고 대학에 지원하고 있는데, 졸업 후 공무원이 되려는 계획에 대해 박사님의 조언을 듣고 싶어요. 제가 스스로 선택을 하는 데에 있어서 모르는 것은 무엇인가요? 부모님은 저를 잘 아는 듯 말씀하시지만, 저랑 완전히 다르고 터놓고 이야기할 수 있는 게 하나도 없어요. 이해되지 않는 부모님과의 문제에 대해서도 상담해주세요!

WPI 심리상담·코칭 지도자 과정 [2년]

- 심리학 이론
- 상담실습
- 사례 심화 세미나

WPI 전문가 과정을 마치신 이후, 본격적인 마음치유사 Mind Healer로서의
수련을 더 하고 싶고, 인생의 전환을 하고 싶으신가요? 보다 더 나은 삶을
살 수 있도록 도와줄 '삶의 멘토', '코칭' 전문가로 활동하고 싶으신가요?

WPI 심리상담 모델을 활용하여 한층 체계적이고 심화된
심리상담 관련 임상 실습과 수련활동을 할 수 있습니다.

전문적인 심리상담·코칭 활동에 필수적인 이론 수업뿐만 아니라
다양한 실전 상담경험을 통해 각기 다른 내담자의 마음을 정확히 읽어주고,
각자에게 맞는 삶의 비법을 찾을 수 있도록 도와줄 심리치료 및 심리코칭
지도자가 될 수 있습니다.

WPI
상담코칭
전문가
1급 자격

WPI센터

보다 더 나은 삶을 살 수 있도록 돕는 '삶의 멘토',
Mind Healer로 거듭나기 위한 임상 수련 활동

심리상담과 심리치료와 관련된 활동을 하고 있지만, 여전히 어렵다고 느끼시나요?
상담교사, 상담센터의 상담원, 또는 심리상담사나 심리치료사 등으로 일하고 있어도
어떻게 해야 할지 여전히 막막하다고요?
마음의 아픔, 마음을 치료한다는 것이 무엇인지 제대로 알고 싶으신가요?

WPI 심리상담 모델을 활용한 체계적인 임상 수련을 통해 심리치료 및 코칭 지도자로 성장하실 수 있습니다.

제대로 된 상담실습에 대한 갈증을 느꼈다면

심리상담·코칭 분야에서 전문가로 활동하기 위해서는 수련 활동이 절대적으로 필요하다는 점, 알고 계시죠?

하지만 기존의 심리상담·코칭 관련 교육 과정에는 실제 상담과 관련된 수련 교육이 거의 없을 뿐 아니라, 대학이나 대학원 졸업 이후에도 체계적인 임상 수련 과정을 찾기 어렵습니다. 이러한 목마름을 해결해줄 수 있는 과정이 바로 'WPI 심리상담·코칭 지도자 과정'입니다.

누구에게 필요한가요?

● WPI 심리상담 모델을 실제 상담에 자연스럽게 적용하여 내담자가 자신의 마음을 알고, 삶의 문제를 스스로 인식하고 해결할 수 있도록 이끌어주는 상담 전문가가 되고자 하시는 분

● 과학적 사고에 기반한 통찰로 마음의 아픔을 치료하는 심리치료사가 되고자 하시는 분, 이를 위해 보다 전문적인 수련을 받고 싶으신 분

● WPI 심리상담·코칭 전문가가 되기 위해 수련 중인 분들의 멘토 및 지도자로 활동하면서 통증해방: WPI심리상담코칭센터 지점을 운영 하고 싶으신 분

과정 개설 취지

● WPI 심리상담·코칭 전문가로 활동하기 위하여 WPI 심리상담 모델에 기초한 심리상담 및 코칭 능력의 수련

● WPI 심리상담 모델 지도자로 활동할 수 있는 멘토 능력 학습 (WPI 심리상담·코칭 전문가 1급 자격증 취득)

입학요건 (두 가지 조건 이상 충족)

- 'WPI 심리상담·코칭 전문가 과정' 수료 및 'WPI 심리상담·코칭 전문가 2급 자격증' 소지자
- WPI 지도자 과정 입학 시험 및 면접을 통과한 자
- 4년제 대학 이상 수준의 졸업 자격을 갖춘 자

모집시기

- 모집: 매년 2회 (1월, 7월)
- 개강: 매년 3월, 9월

개요

● 비슷한 과정이 미국의 심리상담과 치료 전문가 과정인 '심리학 박사
(Professional Practical Psychologist, Doctor of Psychology)' 프로그램입니다.

WPI 심리상담·코칭 지도자 과정은 **국내에서 처음으로 시도되는 미국의 '전문 심리학 박사(Professional Practical Psychologist) 과정입니다.** 이 과정을 수료하면 심리상담·코칭 분야에서 상담가로 활동함과 동시에, 전문가 과정을 수료한 분들의 멘토 및 지도자로서 활동하실 수 있는 자격과 수련 경험을 갖추게 됩니다.

● WPI 심리상담·코칭 지도자 과정의 커리큘럼 내용과 수련 과정의
  난이도는 **국내 일반 대학원의 석·박사 과정에 준하는 과정 또는**
  상담대학원의 석사 과정과 임상 경험 3년 이상의 수준입니다.

WPI 심리상담·코칭 지도자 과정은 WPI 전문 상담가로 활동하는 데 필요한 WPI 심리상담 및 심리치료에 대한 이론과목과 더불어 심층적인 실습 수련을 받습니다. 이 과정은 **총 2년 과정으로 4학기의 대학원 석·박사 수준의 이론 수업, 세미나 및 실습 과정으로 구성되어 있습니다.** 매 학기 9학점, 4학기 동안 총 36학점 이상의 대학원 수업 수준의 학점을 이수하게 되며, 총 200시간 이상의 상담실습을 수련받습니다.

● **심리상담과 심리치료 중심의 실습 교육**

의사가 '몸의 아픔을 치료하는 전문가'라고 한다면, 심리상담사는 '삶의 문제와 마음의 아픔을 치료하는 전문가'입니다. 의사가 되기 위해서는 의대 졸업 후 면허를 취득하더라도 최소 3년 이상의 실전 경험인 인턴·레지던트 수련이 필요하듯, 마음의 아픔을 치료하는 심리상담·심리치료 전문가가 되기 위해 **레지던트 수련을 받는 것과 같은 수준의 심층적인 임상 교육이 절대적으로 필요합니다.** 이미 미국에서는 40년 이전부터 만들어져 운영되는 실습중심의 심리학 박사과정을, WPI 지도자 과정에서 여러분들이 경험할 수 있습니다.

WPI 지도자 과정은 학위과정이 아니기 때문에 전통적인 대학원과정과는 다른 방식으로 이루어지는 성인학습과 전문 능력 수련과정입니다. 만일, 심리학 관련 '학위'가 필요하신 분은 '상담대학원'이나 기타 심리학 대학원으로 진학하실 것을 권합니다.

지도자 과정 커리큘럼 상세 소개

모든 수업은 대학원 수준의 토론 및 세미나 형식으로 진행되며,
[*] 표시된 과목은 각각 격년제로, 서로 교차하여 개설됩니다.

심리학 이론 기본 과목 (필수 이수)

심리학사 (3학점)	**심리학의 역사에 대한 과목.** WPI 심리상담의 가치와 차별성에 대한 이해를 높이고, 심리학이 어느 방향으로 나아가야 하는지를 생각해보는 필수적인 과목입니다. **심리학의 역사 속에서 마음의 탐구에 대한 시각 변화의 과정과 심리학을 바라보는 대중들의 마음에 대해 배우는 과목**으로, 내담자의 마음을 읽어주는 심리상담을 하기 위해 '심리학에서 말하는 마음은 무엇인가?'에 대한 탐색을 하실 수 있습니다.
심리치료학사 (3학점)	**심리치료의 역사에 대해 배우고, 심리치료의 목적, WPI 심리상담의 의미를 생각해 볼 수 있는 과목입니다.** 역사적으로 '심리치료'는 사람들에게 어떤 의미를 가졌는지 살펴보며, 마음의 아픔을 치료하는 활동을 하기에 앞서, 눈에 보이는 증상만으로 분류 및 진단하는 정신과에서의 치료와 다르게, 심리상담에서 마음을 치료한다는 활동이 무엇인지 탐색해보는 과목입니다.
한국인의 심리코드 (3학점)	황상민 박사의 한국인의 심리에 대한 연구를 바탕으로 조직에서의 리더십, 조직 문제와 관련된 상담에 대한 이해, WLP 검사의 활용법, 사회적인 이슈에 대한 한국인의 마음에 대해 배우는 수업입니다. 성공과 출세, 리더십, 교육 등 한국인의 삶에서 뚜렷하게 부각되는 다양한 이슈들에 대한 구체적인 믿음, 태도, 가치들을 살펴보는 과목으로 각기 다른 주제와 관련된 **한국인의 심리와 행동이 무엇이며, 그것이 서로 어떻게 다르게 나타나는지 알게 됨으로써, 향후 각기 다른 심리코드를 가진 사람들이 특정 상황 속에서 보이게 될 구체적인 행동을 설명하고 예측할 수 있습니다.**
통증심리* I·II (3학점)	**마음의 아픔이 몸의 아픔, 병으로 나타나는 현상과 이 과정에서 각기 다른 마음이 무엇이며 각 사람들이 자신의 아픔을 해결하는 데 각자 자신의 마음을 어떻게 활용하고 몸의 아픔으로 어떻게 표현하게 되는지를 학습할 수 있는 강좌입니다.** 통증의 심리적 정체, 즉 아픔을 어떻게 무엇으로 인식하는가에 대한 각기 다른 마음과 더불어 의사나 환자의 입장에서 통증에 대한 반응을 통해 신체를 활용하거나 마음의 아픔에 호소하는 각기 다른 통증 반응의 심리를 파악합니다.

심리학개론 (외부수강)	심리학개론은 현대심리학의 일반적 개념과 이론을 가장 쉽게 습득할 수 있는 과정입니다. 이 과정은 수많은 일반대학의 심리학 강의나 사이버 강의 또는 방송통신대 강의 등의 학점으로 대체 가능합니다. 이미 대학 학부나 대학원에서 이 과목을 수강한 경우에는 그 당시 받은 학점으로 대체 가능합니다.

**'WPI 심리상담·코칭 지도자 과정'에서
WPI 심리상담·코칭 모델을 활용한
체계적인 임상 수련을 통해
심리치료 및 코칭 지도자로 성장하실 수 있습니다.**

심리상담 및 치료 관련 주요 실습 수련 과목 (필수 이수)

멘토 실습 I·II (3학점)	실제 상담 경험과 세밀한 슈퍼비전, 다른 수강생의 상담 녹취록 등 다양한 사례를 공부함으로써, WPI 심리상담 전문가로서의 역량뿐 아니라 타인의 상담을 슈퍼비전할 역량을 키울 수 있는 과목입니다. 자신의 상담 녹취록을 가지고 지도교수로부터 1:1 슈퍼비전을 받으며, 상담을 어떻게 진행해 나가야 하는지 세밀한 피드백을 받을 수 있습니다.
사례분석 세미나 I·II·III·IV (3학점)	내담자의 프로파일과 상담사연을 바탕으로 상담의 진행에 대해 토론하는 세미나 형식의 수업으로 매 학기 14회의 수업으로 이루어집니다. 상담 이론이나 해외 논문을 무작정 공부하는 것이 아니라, 지도교수의 실제 상담 사례 녹취록을 한 줄 한 줄 분석하며 상담을 공부합니다. 상담에서 확인한 내담자의 마음이 무엇이며, 상담을 하는 과정에서 내담자가 그 마음을 어떻게 표현하고 있는가를 확인합니다. 이 과정에서 내담자의 표면적인 문제가 아닌, 내담자의 실제문제를 찾아내면서 마음의 변화가 일어나는 과정을 확인할 수 있습니다. 각기 다른 내담자들의 삶의 문제나 마음의 아픔이 해결되는 전략이 상담 과정에서 어떻게 만들어지는가를 경험할 수 있습니다.
상담실습 I·II·III·IV (3학점)	상담 피드백에 대한 심층적인 분석과 멘토교수의 세세한 설명을 통해 마음치유사로서 자신의 마음을 확인하고 내담자의 마음을 좀 더 깊이 이해하고, 상담능력을 향상시키는 수업입니다.
사례심화 세미나* I·II (3학점)	내담자의 마음을 이해하는 능력을 키우는 수업입니다. 구체적인 상담사례를 중심으로 '내담자의 믿음, 상황인식, 실제문제'가 상담과정에서 어떻게 나타나는지를 탐색하고 파악할 수 있어야 합니다. 내담자의 마음을 상담자가 어떻게 읽어주면서, 문제파악과 해법탐색 활동이 WPI 심리상담 모델의 틀에서 어떻게 일어나고 있는지를 구체적 상담사례를 통해 직접 파악하고 모델 설정에 비추어 상담 사례를 분석하는 능력을 키울 수 있는 수련입니다. 특히, 내담자가 스스로 자신의 문제를 해결할 힘을 가질 수 있게 하려면 어떤 문제 해결 방안과 전략을 수립할지에 대한 질문을 하면서 배우는 수련활동입니다.
사례심화 연구 발표 I·II (3학점)	멘토과정생의 핵심 과목입니다. 상담수련을 지도하는 멘티 학생들을 자신의 상담사례 심화 연구 대상자로 선정하여, 자신이 내담자의 마음을 읽고 문제를 파악하여 한 학기 동안 각 내담자에게서 일어나는 변화 과정을 탐구하는 것입니다. '마음읽기'에 WPI 심리상담 모델이 어떻게 적용되며, 또 한 개인의 마음의 변화가 어떻게 일어나는지를 확인할 수 있어야 합니다.

※ 수업 과목 및 내용은 담당 교수의 사정에 따라 변경·폐강·추가될 수 있습니다.

📍 **[본점]** 서울시 종로구 체부동 6, 통증해방센터 3층 WPI심리상담코칭센터

📞 02.6263.2440 | 010.2203.7430 (WPI센터)

🌐 www.WPIcenter.com | **[WPI검사]** WPIpainfree.com

✉️ **[대표메일]** wpipc@naver.com

💬 **[카카오톡 채널]** 'WPI심리상담코칭센터' 검색·추가 후 일대일(1:1) 문의
[카톡 친구추가] 010.2203.7430 (휴대폰에 WPI센터 연락처 저장)

지도자 과정 졸업생 후기

처음엔 제 자신에 대한 관심과 호기심, 그리고 가족과
주변 사람들을 좀 더 이해하고자 시작한 과정이었습니다.
상담수련 과정에서 변화되는 내담자의 모습을 보며
보람을 느꼈고, 저 또한 이를 통해 성장한다는
생각이 들었습니다.
상담가로서 제 역할을 제대로 만들어봐야겠다는 생각에
유료상담을 하고 있으며, 앞으로는 상담수련을 돕는
지도자로서 제 정체성을 뚜렷이 만들어갈 것입니다.

- 2기 졸업생 나OO 님 -

초등교사로서 지내다 보니, 각양각색의 학생들이
더 잘 성장하고 학습하려면 자기 특성과 마음부터
스스로 이해할 필요가 있겠구나 생각이 들었습니다.
매년 성격 특성별로 아이들의 눈높이에 맞춰
자기 마음을 알 수 있게 프로그램을 운영하면서
학생과 학부모님의 반응이 뜨겁습니다.
이제 동료 교사들이 저에게 학생지도와 관련하여
도움을 요청하고 있습니다.

- 4기 졸업생 조OO 님 -

제 마음을 읽고 제 삶의 문제를 해결하는 경험을
하게 되자, 가족과 주변 사람이 가진 문제와 관련하여
자기 상황을 이해하고 문제를 해결하는 데
도움을 줄 수 있게 되었습니다.
이제 어려움이 생길 때면 사람들이 저를 상담가로 봐주고
찾아와서 바쁜 삶을 보내고 있습니다.

- 4기 졸업생 최OO 님 -

출산과 양육으로 경력이 단절되었지만,
제2의 인생을 만들고 싶었습니다.
그동안 크게 의미를 두지 않았던 엄마와 아내로서
가진 경험이 상담에 큰 자산이 된다는 것을 알았습니다.
요즘은 지인과 동네 이웃들이 입소문으로 저를 찾아주고
계십니다. 자녀 양육에 어려움이 있는 학부모님,
결혼생활에 어려움이 있는 부부를 위해 마음을 읽어 줄
상담가로 활동하고 있습니다.

- 3기 졸업생 신OO 님 -

2023년 WPI 심리상담·코칭 사례(심화) 세미나

사례 세미나에서는 황상민 박사의 실제 상담 사례에 대한 해설을 통해
'마음치유사 Mind Healer'의 활동이 어떻게 이루어지는지 직접 지켜볼 수 있습니다.
간접적으로 심리상담을 체험하면서 마음 읽는 법을 배우고
WPI 심리상담 모델을 수련할 수 있는 기회가 됩니다!

WPI 심리상담·코칭 사례세미나에서는 황상민 박사의 실제 심리상담 사례를 살펴보며 내담자의 마음이 어떻게 읽히는지, 또 마음을 읽는 것만으로 그 사람의 삶의 어려움과 아픔이 어떻게 해결되는지 구체적으로 확인하고 생생하게 경험할 수 있습니다.

지난 2023년 'WPI 심리상담·코칭 사례 세미나'에서는 각자 자신의 문제에 대해 마치 '정답'과 같은 믿음을 가지고 있지만, 정작 자신의 문제를 모른 채, 정답을 찾기만 하면 자신의 문제와 아픔이 해소될 것이라 믿고 살아가는 사람들의 사례를 다루었습니다.

자신이 정답이라고 믿는 해법을 따르려 하지만 그들에게 여전히 고민은 남아있었습니다. 왜냐하면, 자신이 가진 문제가 무엇인지 자신조차 충분히 표현할 수 없기 때문이지요. 내담자의 마음을 읽어주는 'WPI 심리상담·코칭'은 내담자가 인정할 수 없었던 자기 문제에 대한 인식과 더불어 실제문제에 대한 구체적인 해법을 스스로 찾을 수 있도록 돕습니다.

만일 마음치유사를 꿈꾸신다면 WPI 심리상담 사례 세미나에서 그 꿈에 한발 더 다가갈 수 있습니다. 마음의 MRI, WPI(Whang's Personality Inventory)의 창시자이자 대한민국 대표 심리학자 황상민 박사의 사례 분석과 해설을 통해 '마음치유사 Mind Healer'의 활동이 어떻게 이루어지는지 확인하고 WPI 심리상담 모델을 학습할 수 있으며 실시간 질의응답도 이루어집니다. 매달 다양한 주제, 여러 연령대 내담자의 상담 녹취록 전문과 '황상민의 심리상담소(황심소)' 사례 영상을 사전에 제공해드립니다.

간접적으로 심리상담을 체험하면서 마음 읽는 법을 배우고 WPI 심리상담 모델을 수련할 수 있는 기회! 내담자의 사연과 WPI 프로파일, 그리고 상담을 통해 한 사람의 마음을 읽고 그 사람만이 지닌 삶의 문제와 그에 맞는 해법을 찾아갈 수 있도록 돕는 과정을 생생하게 배워 나가실 수 있습니다.

1월 주제

'상담모델'에 따른 상담 사례의 이해

'심리상담'은 각 개인의 마음을 읽는 일입니다. 마음과 관련된 여러 문제가 개인의 삶에서 어떤 아픔으로 나타나는지를 확인하는 일입니다. 개인이 자기 마음을 파악하게 되는 것으로, 자기 아픔의 문제를 해결할 수 있게 됩니다.

심리상담에서 상담사는 자신이 활용하는 '상담모델'을 가지고 있습니다. 만일, 이런 상담모델이 없다면, 상담자는 내담자의 마음에 대한 인식 없이 내담자의 아픔을 살펴보는 것입니다. 몸의 증상만으로 내담자의 아픔을 다룰 뿐이지요. 상담자가 내담자의 마음을 알아내는 방법은 일반적으로 언어적 대화를 활용하지만, 상담자가 마음 속으로 활용하는 것은 자신이 잘 학습한 '상담모델'입니다.

'상담모델'은 마음의 정체를 규정하고, 각 내담자의 마음을 구체적으로 파악할 수 있게 합니다. 특히, 각 개인들이 가진 삶의 문제와 아픔의 정체를 파악하기 위해, 각 개인의 마음을 읽는데에는 '상담모델'이 절대적으로 필요합니다.

인간의 마음의 아픔을 인간이 인식하게 된 지난 100년 동안에도, 심리상담, 심리치료의 방식으로 마음의 아픔을 치료하는 것에는 뚜렷한 한계가 있었습니다. 무엇보다, 심리상담이 마음의 아픔을 치료하는데 눈에 띄는 뚜렷한 효과를 발휘할 수 없었습니다. 결국, 대부분의 사람들은 1960년대 이후, 마음이 아플 때마다 몸을 통제하고 지배할 수 있는 '정신병약'으로 아픔을 견디는 방법을 선택하게 되었습니다.

이런 이유로 인간의 마음의 아픔을 몸의 아픔과 다르게 인식하기 시작한 지난 100년 동안 심리상담과 심리치료의 현장에서는 마음의 아픔을 치료하는 데, '정신의학상담 모델', '일반심리상담 모델'이 사용되어 왔습니다. 하지만 어느 상담모델도 환자 개개인이 자신의 마음을 읽을 수 있게 해주지 못했습니다.

1월의 사례분석 세미나에서는 이런 일반적인 상담모델과 더불어 각 사람들이 자신의 마음을 읽을 수 있도록 도와주는 'WPI 심리상담

모델'을 여러분이 학습할 수 있게 합니다. 내담자의 각기 다른 상담사례 속에서 내담자의 마음을 읽을 수 있는 WPI 심리상담 모델을 학습을 할 수 있는 기회를 가지게 될 것입니다.

[1회차] 1월10일 & 12일
대박 만화작가를 꿈꾸는 김작가가 가진 삶의 문제와 아픔의 정체는?
상담모델에 따라 아픔의 정체가 다르고, 해법도 달라진다?!

[2회차] 1월17일 & 19일
이태원 참사 생존자 고등학생 자살 방지에 어떤 상담이 필요했을까요?
심리상담도 받고 정신과 진료도 받았다는데, 왜 효과도 없이 그 아이는 친구따라 죽음의 길을 택했을까?

1월24일 - 설연휴

[3회차] 1월31일 & 2월2일
마음이 불편해서 몸의 아픔과 대상포진까지로 나타난다고요? 도대체 어떤 아픔인가요?
나의 욕망을 내가 모른 채로 무조건 열심히 살다보니, 몸은 아프고 원하는 성과도 얻지 못하는 삶이 되었어요.

2월 주제

코로나 팬데믹 시대, 어떻게 내 마음을 읽고 내가 살아갈 길을 찾을 수 있었을까요?

20세기의 시대정신은 "당신의 모든 문제를 '전문가'나 누군가의 손에 맡기라"는 것이었어요. 하지만, '21세기에는 당신이 스스로 자신의 문제와 아픔을 파악하라'로 바뀌게 되었습니다. 인간이 스스로 자기 삶의 주인이 됨을 천명하는 것이지요.
'심리상담'과 '심리치료'의 핵심은 의사나 상담가의 치료나 개입이 아닌, 바로 내담자(환자) 스스로 자신의 마음을 인식하고 표현하는 것입니다. 한 개인이 스스로 신이 된듯한 마음으로 자신의 문제를 다루며, 자기 삶의 주인이 되는 것이지요.
코로나 팬데믹과 같은 21세기의 세계 대전을

겪은 이 시대에, 인류는 자기 마음의 인식과 표현을 통해 '자기 정체성'을 새롭게 알게 되는 시대정신을 분명히 경험하게 되지요.

- <마음을 읽고 싶은 당신에게> 399쪽

이렇듯 우리가 경험한 팬데믹 시대 속에서 자기 마음의 인식과 표현은 과연 어떻게 이뤄질 수 있는지, 사례를 통해 살펴봅니다.

[1회차] 2월7일 & 9일
코로나로 인해 수업 중단, 어떻게 먹고 살까?
"코로나19로 가르치던 방과후수업이 중단되어 초중고등학교에서 돌봄도우미나 방역 근무를 하며 지내고 있어요. 수업이 계속 진행이 안 될 수도 있으니까 자격증이라도 만들어 놓아야 할까요?"

[2회차] 2월14일 & 16일
금융치료사 라이브상담 그 후
"라이브상담 당시 악플에 고통받아서 트레이딩도 힘들어지니 피해를 입은 느낌입니다. 코로나 팬데믹 시대, 투자에 대한 저의 생각을 박사님께 말씀드리고 싶어요."

[3회차] 2월21일 & 23일
가자! 창업의 길로! 이렇게 하면 망하진 않겠죠?
"박사님이 주신 솔루션대로 창업을 하기로 했어요! 코로나 때문인지 상가가 저렴하게 많이 나와서 경매를 알아보고 있습니다. 그나저나 몇 달 전부터 이가 아픈데 치과 치료를 피하고 있어요."

[4회차] 2월28일 & 3월2일
직장을 너무나 그만두고 싶은데, 그만두지 못하고 고민만 해요
"아이들을 유치원에 보내놓고 알바로 시작한 일, 사장이 시키는 대로 다 하다보니 이것저것 다 맡아서 하게 되고, 일하는 시간이 늘어날 수록 남편의 불만도 커지고, 집안도 엉망이 되고… 직장을 너무나 그만두고 싶은데 그만 두지 못하고 있어 고민이에요."

3월 주제

'마음 해방'을 위한 나의 '정체성'과 '삶의 방향' 찾기

새순이 돋는 계절 봄, 생명의 회복이 이루어지는 3월, '조선 독립을 외쳤던 3.1독립 선언'이 일어났던 '종로'에서, 여러분들과 함께 '마음 해방'을 찾는 사례분석 세미나를 하려고 합니다. 각기 다른 네 사람의 상담사례, 처한 상황과 삶의 어려움, 그리고 하는 일은 다 다르지만, 이들에게 무엇보다 필요한 것은 자신의 정체성과 삶의 방향을 찾는 일이었습니다.

각자 이런 문제를 10년, 20년, 30년 동안 비슷한 방식으로 아니, 각자 다른 방법으로 나름의 삶의 길을 찾아왔습니다. 하지만, 이제 더 이상 무얼 어떻게 할 수 없는 상태에서 각자 자신의 마음을 읽고, 마음의 해방을 위해 상담을 시작했습니다. 그들의 사연이 어떤 마음으로 나타나고, 또 구체적인 상담은 어떻게 이루어졌는지, 3월 사례분석 세미나에 참여하시면서 여러분들이 생생하게 그들의 마음을 들여다 볼 수 있을 것입니다.

[1회차] 3월 7일 & 9일
결혼생활 38년, 남편과 자식의 굴레에서 벗어나 나를 찾고싶어요.
*라이브상담 영상 시청 제공
"가족들을 위해서 살아오다보니 나다운 것이 무엇인지, 왜 살아야 하는지도 모른 채 60살

이 되었어요. 남편과 다시 합치고 싶지 않고, 열심히 공부하여 경제적 독립을 하고 싶습니다. 조그만 집도 마련했는데, 자녀 말대로 이걸 팔아서 새로운 기회를 잡아야 하는 걸까요?"

[2회차] 3월14일 &16일
아빠 밑에서 8년, 이제는 독립하려고요. 그런데 무얼할까요?
"해외에 살며 아빠 회사에서 8년간 일했지만 비전을 찾을 수 없어 무기력해졌어요. 그동안의 생활을 청산하고 한국에 돌아와 독립하고 결혼도 하고 싶어요. 그런데 무얼 어떻게 시작할 수 있을지 막막해요."

[3회차] 3월21일 23일
18년 결혼생활 청산하고, 해방공방 차렸어요!
*라이브상담 영상 시청 제공
"잘 살아보려고 노력했는데 결혼 생활을 견딜 수 없어 이혼했어요. 경제적, 심리적으로 홀로서기를 하려는데, 취미였던 일을 사업으로 키워 공방을 열어도 될까요? 좋은 엄마가 되고 싶고, 이제는 나 자신을 돌보며 백조로 살고 싶어요."

[4회차] 3월28일 & 30일
끈기도 없고 독하지 못한 나, 어떻게 하면 배우로 성공할 수 있을까?
*라이브상담 영상 시청 제공
매력적이지만 오랜 시간 우울증을 겪으며 세상을 향한 문을 닫고 살아왔다는 여배우, "성공에 대한 욕심이 없는데 한편으로는 성공해야 세상을 편하게 살 수 있는 것 아닐까 생각이 들어요. 개인 사업을 해볼까요? 진로상담을 받는다면 제게도 변화가 생기지 않을까요?"

4월 주제

4월은 잔인한 달? - 아픔과 통증의 심리

'사월은 가장 잔인한 달, 죽은 땅에서 라일락을 피우며, 추억과 욕망을 섞으며, 봄비로 생기 없는 뿌리를 깨운다.'

T.S. 엘리엇(1888~1965) '황무지'

'우리의 삶의 표식', '아픔', '통증'에 대한 우리 마음의 이야기입니다. 왜냐고요? 누군가 이야기 했지요. '4월은 잔인한 달'이라고요. 그래서 4월의 심리상담, 사례분석 주제는 '아픔과 통증의 심리'로 정했습니다.

우리는 '아프다'고 느낄 때, 의사 선생님이 몸의 어떤 이상을 발견하고 그것을 치료해 줄 거라 기대합니다. '아픔'은 몸의 문제라고만 여기기 때문이지요. 하지만, 아픔은 몸의 문제가 아니라 바로 우리 각자가 가진 마음이 만들어 내는 정신, 우리 각자가 자신의 삶과 생활, 그리고 자기 자신에 대한 믿음의 문제랍니다.

우리 몸의 아픔을 치료해 주시는 의사 선생님은 우리 각자가 가진 아픔에 대해 '병명'을 부여하시는 분이지요. 물론, 그렇게 부여한 병명에 대해, 아니 병의 증상을 치료하기 위해 약, 시술, 또는 수술과 같은 조치를 취하기도 합니다. 하지만, 우리 각자가 가진 아픔을 어

떤 이름으로 부르던, 우리가 겪는 아픔은 우리 자신이 알아야 하고 또 우리가 스스로 그것을 치료할 수 있는 힘을 가지고 있다는 것을 잊을 필요는 없겠지요.

'잔인한 달'이라는 별명을 가진 4월을 맞이하여, 이제 어떻게 '심리상담', '심리치료'가 각 사람들이 가진 마음을 통해 아니, 마음의 변화를 통해 이루어지는지를 우리 각자가 느끼는 '아픔'을 통해 구체적으로 파악하고자 합니다. 의사가 신체의 다양한 증상으로 나타나는 아픔을 병이라 이름 붙이고 그것을 치료하는 활동을 하는 전문가라면, 심리상담과 심리치료를 하려는 '마음의 치유사'들은 각자가 느끼는 '마음의 아픔'을 해소하고 치료하는 역할을 하는 전문가이어야 하기 때문이지요.

각기 다른 사람들이 느끼는 아픔은 그것이 마음의 아픔이든, 몸의 아픔이든 아픔을 가진 사람이 자신의 아픔에 대해 어떤 믿음을 가지고 있느냐에 따라, 바로 그 사람이 겪고 있는 아픔에 대한 해법을 찾을 수 있다는 놀라운 경험을 4월의 사례분석 세미나에서 여러분들이 생생하게 경험하실 수 있습니다.

[1회차] 4월 4일 & 6일
정신과 약을 무려 7년동안 복용하면서, 자신의 아픔과 삶의 문제를 해결해 보려는 약순씨의 진로상담 - 의존하던 정신과 약에서 탈출하여 성공한 작가가 되고 싶어요.
*라이브상담 영상 시청 제공

"혼란스러움으로 가득한 20대, 의사 선생님은 제가 사람들을 무서워하고, 일에 집중하지 못하고 무기력한 게 모두 우울증, 공황장애, ADHD, 사회불안장애 때문이라고 하셨어요. '내 병이 나아질 수 있다면!'이라는 희망으로 정신과 약을 복용한지 7년째. 그렇지만 저는 여전히 무기력하고, 제가 누구인지조차 잘 모르겠어요. 이제는 정신과 약으로 치유하지 못한 이 무기력한 삶에서 벗어나 성공한 작가로 살고 싶어요."

[2회차] 4월 11일 & 13일
자신의 아픔의 정체를 확인하려는 통증 재활운동전문가의 진로 상담: "제 삶의 아픔의 정체는 무엇인가요?"
*라이브상담 영상 시청 제공

"최고의 몸 선생이 되는 것을 목표로 통증재활운동센터를 10년 이상 운영해왔습니다. 센터를 확장하고 싶어 조금 손해를 보더라도 다른 사람들과 협업을 하고자 했지만 결국 관계는 깨지고, 저는 이용만 당하고 마는 것 같아

요. 어떻게 하면 현명하게 사업을 잘 키울 수 있을까요?"

[3회차] 4월 18일 & 20일
정체를 알 수 없는 환자들의 통증을 치료하려는 통증전문의의 마음 상담 - 환자의 다양한 통증은 내가 가진 아픔에 대한 믿음이라고요?
*라이브상담 영상 시청 제공

"통증을 호소하는 환자들은 늘어만 가는데, 진료를 본다는 것이 저에게는 자괴감과 혼란의 연속이었어요. 황박사님께서 통증의 주관성에 대해 얘기하시는 걸 듣자마자 제 머리를 딱 때리더라고요. "내가 이것 때문에 힘들었구나!" 진료실에서 환자들을 만났던 경험에 대해 이야기하며 제가 겪었던 아픔의 정체에 대해서도 알고 싶어요."

[4회차] 4월 25일 & 27일
통증 전문의로 활동하는 의사가 파악하는 자신이 가진 아픔의 정체에 대한 인식: 나의 아픔은 환자의 아픔과 다르다고 생각했는데, 같은 통증이라고요?
*라이브상담 영상 시청 제공

"통증인식/반응표를 보고 진료 현장에서 적용해보니 도움이 되긴한데, 만성통증 환자분에게 '지금 병원에서 별로 해드릴 게 없다'고 있는 그대로 말씀드렸더니 환자분에서 무척 분노하셔서 무서웠어요. 이런 극한 직업 통증전문의, 저는 정말 통증 명의가 되고 싶은데 어떡하나요?"

보티첼리 '봄' (Sandro Botticelli, La Primavera)

5월 주제
성장과 발전

4월의 사례분석 세미나에서 다루어졌던 삶의 문제와 마음의 아픔이 어떻게 각 개인의 성장 발전의 스토리로 전환되는지를 여러분은 5월의 사례분석 세미나에서 찾아볼 수 있게 됩니다. 심리상담, 심리치료의 정체가 한 사람의 마음을 읽어 주는 상담과정에서 어떻게 나타나며, 또 이 과정을 통해 각자가 가지는 아픔이 어떻게 치유되는지를 구체적으로 확인할 수 있게 됩니다. 이런 변화가 바로 인간의 삶에서 일어나는 각 사람들의 '성장'과 '발전'입니다.

보티첼리의 '봄 (Primavera, 1482)'에서는 서풍의 신 제피로스의 따뜻한 바람을 맞으며 요정 클로리스가 꽃의 여신 플로라가 되어 꽃을 피우고 있습니다. 봄의 정원 한가운데에서 '미와 사랑의 여신' 아프로디테가 뽐을 냅니다. 그 왼편에는 아글라이아(아름다움), 에우프로시네(환희, 기쁨), 탈레이아(축제)로 알려진 세명의 신이 서로 손을 맞대고 춤을 추고 있지요. 아픔을 이겨내고, 삶의 문제를 해결한 사람들이 느낄 수 있는 기쁨입니다.

우리 각자가 자신만의 개성을 확인하고 이것을 승화, 발전시켜나가는 삶이 '심리상담', '심리치료'의 과정이 된답니다. 얼어붙었던 뿌리에서 움튼 싹이 자라나 꽃봉오리를 맺듯이,

우리 각자가 자신의 마음의 정체를 확인하면서 삶에서 느끼는 아픔을 성장의 과정으로 변화시키는 삶의 기적을 사례분석 세미나를 통해 확인하실 수 있기를 바랍니다.

가족들을 위해서 살아오다 보니 나다운 것이 무엇인지, 왜 살아야 하는지도 모른채 60살이 되어버렸다는 여성의 두 번째 상담, "처음엔 박사님의 말씀이 저를 찌르는 듯 다가왔지만, 변화할 수 있었어요. 그런데…" 과연 어떤 변화가 있었고, 그 과정에서 새롭게 직면하게 된 문제는 무엇일까요?

6월 주제
새로운 결심

지금까지 해본 적 없는 무언가를 시도해보기로, 내 생활이나 습관을 바꿔보기로, 공부를 해보기로, 운동을 해보기로, 새롭게 결심해보신 적 다들 있으시죠? 그런데 이렇게 굳게 결심을 하여도 행동으로 잘 옮겨지지가 않고 힘들다고 느껴질 때엔 어떻게 하면 좋을까요?

내가 가진 믿음을 확인하고 뚜렷이 할 수 있다면, 구체적인 행동으로 드러나게 됩니다. 그렇기에 지금 머물고 있는 곳에서 한 걸음씩 더 나아가 삶의 새로운 변화를 일으키기 위해 가장 먼저 필요한 것은 바로 '내 마음'을 아는 것이랍니다. 막연히 '통념'에 기대거나 '돈'이나 '약물'에 의존하는 상황에서 벗어날 수 있는 방법이자 자기 삶의 주인으로 살 수 있는 길이지요.

여러분은 6월 WPI 심리상담 사례에서는 자기 마음을 알지 못해 삶의 문제를 만들어 내고 마음 아파하며 방황하던 젊은이들이 심리상담, 심리치료를 통해 자기 마음을 읽고, 자신의 진짜 문제와 해법을 찾아가는 과정을 구체적으로 파악할 수 있습니다.

'챗GPT'도 못하는 '마음읽기' 배우기

인공지능(AI) 대화형 챗봇인 '챗(chat) GPT'에 대한 관심이 날로 커지고 있습니다. 어떤 질문을 해도 척척 정답을 내놓기에, '기계한테 심리상담을 받은 것 같다'는 후기까지 나옵니다. 이런 이유에서 'Chat GPT 기술에 기반한 심리상담' 서비스를 제공한다는 아이디어까지 등장했답니다.

당신은 Chat GPT가 순식간에 내놓는 답을 당신이 가진 문제에 대한 정답으로 받아들일 수 있나요? 마치 챗 GPT는 우등학생이 아무리 어려운 시험 문제에도 우수한 답안을 술술 써내는 것과 같이 보이기도 합니다. 수준 높은 멋진 답을 척척 내놓는 것 같지요. 전문가의 조언, 인생에 대한 지침서들을 비롯하여 정답과 같은 이야기들이 범람하고 있는 '정답의 홍수' 속에서 우리는 살고 있습니다.

하지만 챗 GPT의 응답은 단어와 단어, 또 단어가 문장으로 연결된 확률에 기반하여, 질문의 패턴과 연결될 확률이 가장 높은 단어들을 마치 답처럼 나열한 것 일뿐입니다. 그렇기에 챗 GPT는 질문을 하는 사람이 누구인지 관계없이, 질문에 사용된 단어들과 관련된 보편적이고 일반적인 내용을 가지고 가장 전형적이며 전문적인 답을 내놓습니다.
우리 각자는 과거의 데이터 속에 있는 사람들과 같을 수 없고 유일무이 하기에, 챗 GPT는 그 사람의 마음을 추론해 내고 삶을 그려나가지 못합니다. 그렇기 때문에 챗 GPT로는 진짜 마음을 읽어주고 삶에 변화를 일으키는 심리상담, 심리치료가 이뤄질 수 없는 것이지요.

정답처럼 제시되는 전문가의 조언, 그리고 인생의 비법과 같은 이야기들은 당신에게 수많은 삶의 모습들 중 어느 하나를 보여줄 수는 있습니다. 하지만, 그것은 결코 당신이 따라야 하는 정답도 아니고, 무엇보다도 당신의 삶이 될 수 없습니다. 왜냐하면 당신이 삶의 문제를 해결하고, 원하는 삶을 살기 위해서는 먼저 '자신이 어떤 사람인지부터 알아야 하기 때문'입니다. 자신이 어떠한 믿음을 가지고, 어떤 마음으로 살고 있는 사람인지부터 알아야 하기 때문입니다.

여기서 우리는 분명히 알아야 합니다. 챗

GPT 든, 어떤 성공한 사람의 멋지고 잘난 교훈이든, 그것이 나에게 적용되는 것은 완전히 다른 문제라는 사실입니다.

'WPI 심리상담·코칭'은 내담자의 마음을 나타내는 내담자가 가진 믿음을 하나하나 확인하고, 내담자의 마음이 어떠한지를 읽어냅니다. 그것이 바로 자기 자신에 대한 '마음읽기'랍니다. 그 과정에서 챗 GPT 도 하지 못하는 사유의 방법, '가추법'을 활용합니다. 그 사람이 가진 믿음을 통해 그 사람의 구체적인 마음의 내용을 추론해 내는 과정이지요.

만일, 당신이 성공한 누군가의 '아바타'처럼 당신의 삶을 만들고 싶다면, 또 그렇게 살려고 한다면 분명 챗 GPT에게 답을 구할 수 있을 것입니다. 하지만, 당신이 자신의 삶을 찾고 만들어 가고 싶다면, 챗 GPT 가 아닌 'WPI 심리상담·코칭 사례 세미나'를 통해 당신의 삶의 정체를 파악하고, 자신의 삶의 문제와 아픔에 대한 자신의 답을 찾기 바랍니다.

[1회차] 6월27일 & 6월30일-
M자형 여배우가 우울과 자살충동을 견디면서 리얼로 변신하여 사는 심리와 이유
*라이브상담 영상 시청 제공

"지난 상담 이후 숨쉬기가 힘들었어요. 예전에 우울증을 겪었을 때도 그랬었는데, 왜 그런지는 모르겠고 너무 혼란스러운 것 같아요. 무엇보다 경제적으로도 안정적이 된다면 많은 부분이 해결될 것 같아요. 답답한 지금의 상황에서, 해법을 주세요."

[2회차] 7월 4일 & 7일
"색소폰 연주 외길 20년, 매일 최선을 다했는데, 저의 색소폰 연주가 자책과 자학이라고요?"
*라이브상담 영상 시청 제공

"색소폰을 연주해 온 지 20년, 유명 연주가처럼 똑같이 연주한다는 이야기도 많이 들었어요. 그런데 언제부턴가 고민이 되기 시작했어요. '왜 이러지? 시간을 들여 연습을 하는 데도 왜 나의 실력이 늘지 않을까?' 오늘은 상담에 앞서 제가 좋아하는 곡 연주하는 걸 들려드리려고 해요."

[3회차] 7월 11일 & 14일
"저는 PTSD 희생자이자 생존자예요. 몸과 마음의 상처로 인해 참 많이 힘들었지만, 이를 극복하고 대학원에 진학하기로 했어요"
*라이브상담 영상 시청 제공

"가족 내의 폭언과 폭행이 저의 성장배경입니다. 몇 년 전 큰오빠에게 폭행을 당한 후에는 정신적, 신체적 소진으로 휴학을 했고, PTSD, 우울증, 신경쇠약 증상을 앓았어요. 이곳을 벗어나겠다는 일념으로 교환학생도 다녀오고, 그곳 대학원에 지원하여 합격했답니다. 저의 진로에 대해 상담받고 싶어요."

4 회) 7월 18일 & 21일
"〈말단 직장인이 CEO가 되는 비법을 알려주세요〉 상담 이후, 직장에서 인정받으며 저만의 전문성을 키워나가고 있습니다. 내 사업의 꿈을 이루기 위해 앞으로 무엇이 필요할까요?"
*라이브상담 영상 시청 제공

"직장 생활을 하며 큰 열의와 성과를 보여주다 보니 상사들로부터 인정받기 시작했어요. 고되지만 2-3년 정도 후엔 이 분야에서 꽤나 저의 전문성이 생길 것 같아요! 창업할 분야도 정하게 되었습니다. 창업의 에센스는 무엇인가요? 또 그 에센스를 가지기 위해 저는 무엇을 어떻게 해야 할까요?"

8월 29일 특별세미나

'교사'가 교실에서 사라지고 있다
- 서이초 교사의 죽음 & 울산 '섹시팬티' 교사 라이브상담 사례

2023년 7월, 강남 서이초등학교에서 2년차 새내기 교사가 교실에서 숨진 채 발견되었습니다.
이런 일이 있기 바로 얼마 전, 학부모의 '악성민원'에 힘들어 했었다는 것이 알려지면서, 많은 교사들은 검은 옷을 입고 추모집회에 참석하여 "진상규명", "교사 생존권 보장", "교육권 보장"을 외치고 있습니다. 그렇게 거리로 나온 교사의 수는 어느 새 4만.

이런 상황 속에서, 마음의 아픔을 치료하는 WPI 심리상담가라면 이런 질문을 던져 보아야겠지요.
'어떻게 하면 이 아픔에서 벗어날 수 있을까?'
너무나 가슴 아픈 이런 사건과 관련하여 위로와 공감도 물론 필요하겠지만, 얼마간의 시간이 지난 뒤에는 언제 그랬냐는 듯 새하얗게 잊어버리고 또다시 반복되는 아픔을 겪지 않기 위해서라도 꼭 던져야만 하는 질문입니다.

2020년, 울산 '섹시 팬티' 교사 사건을 기억하시나요?
누구보다 아이들을 아끼며 다양한 방식으로 교육하고자 애쓴 김승주 선생님.
김 선생님은 황심소 라이브상담에 출연하여 어떤 상황을 거쳐 자신이 천하에 죽일 몹쓸 아동학대범이 되었는지 알려주셨습니다. 그 시작 역시 누군가의 '민원'이었답니다.
아이들에게 자립과 효도에 대해 알려주려 내줬던 속옷 빨래 숙제는 한 때 '우수 교육 사례'로 표창감도 되었다가 결국 '아동학대'인 것으로 종지부를 찍게 되었지요.

학교에서 교사들은 아이들에게 수업하고, 시험을 보게 하고, 점수 내면서 나이스 정보를 기입하는 요원으로 변신하는 동안, 어느 순간부터 '교육자'이기보다는 '관리자'가 되었습니다.

교사들은 학교나 교실에서 문제 생기지 않게 하고, 학부모의 민원을 담당하는 마치 학교라는 교도소의 교도관으로 자신의 역할을 새롭게 습득하게 되었지요. 이 와중에서 과도한 행동이나 생활 문제를 가진 학생들은 잠재적 정신병 환자들을 미리미리 솎아낼 수 있는 '학생정서행동특성 검사'라는 시스템까지 갖추게 되었습니다. 물론, 그런 검사에서 위험군, 관심군 등으로 분류된 학생들을 병원으로 보내는 것도 교사의 역할이자 책임이 되어버렸고요. 교실에서 벌어지는 일들을 '의사에게 맡길 일', '경찰에게 맡길 일' 이렇게 구분하는 동안, 교사들은 아이들을 교육한다는 자신의 역할을 축소하거나 자신의 책임을 완전히 잃어버리게 됩니다. 교사가 '악성민원'에 시달리게 되는 건 예정된 수순이 되고 말지요. 교사가 교육적 활동을 하는 바로 그 역할이 '교권'이었는데 그것을 정신과 의사에게, 학폭이나 경찰에게 넘겨주게 되면서 생겨난 문제가 이렇게 불거져 드러나게 된 것이랍니다.

이것은 비단 교실에서만 벌어지고 있는 일은 아닌 듯 합니다. 자신이 어떤 역할을 해나가야 하는지 모르고 꾸역꾸역 살아가고 있다면 누구나 겪게 되는 아픔이자, 맞닥뜨릴 수 있는 위기이기도 합니다.

자, 어떻게 하면 이 아픔에서 벗어날 수 있을까?, 이를 위해 우리가 진짜 직면해야 할 문제는 무엇일까? 'WPI 심리상담'을 통해 찾아가 봅시다.

9월 주제

바로 지금 나의 역할은?

8월 29일 특별세미나는 우리 사회 구성원들이 각자 어떤 역할을 하며, 어떤 정체성을 가지고 살아가는지에 대해 생각해 보는 계기가 되었을 것입니다. 내가 어떤 사람인지 잃어버린 채, 즉 자기 자신에 대한 마음을 잃어버린 채 본인이 처한 문제를 해결하려 할 때에는 그 어떤 노력도 물거품이 되는 안타까운 상황에 처하게 됩니다.
9월 세미나에서는 각자의 자리에서 변화하는 환경 속에서 자신의 역할을 어떻게 규정해 나가야 하는지에 대한 상담 사례를 만나봅니다. 사례 세미나를 통해 여러분들도 각자가 어떤 사람으로 어떻게 살아가야 하는지, 자신의 역할을 새롭게 규정해 나갈 수 있는 통찰을 얻으실 수 있을 것입니다.

[1회차] 9월 5일
알바하는 마음으로 일하는 공무원
"한의대 진학으로 삶을 바꿔보려고요"
*라이브상담 영상 시청 제공

지금 하고 있는 일은 알바하는 마음으로 하고 있다는 그녀, 30대에 들어서며 삶을 업그레이드 시킬 새로운 목표를 설정했다고 하는데요, 아니 그건 그녀의 진짜 마음이 아니라구요?
• <마음을 읽고 싶은 당신에게> 한의대 지망 공무원 사례

[2회차] 9월 12일
23년 경력의 베테랑 소방관,
"어떻게 하면 제가 겪는PTSD를 해결할 수 있나요?"
*라이브상담 영상 시청 제공

'PTSD 고위험군 직업 소방관', '소방공무원 5.4%가 자살 고위험군', 뉴스에서 이러한 헤드라인이 보입니다. 이번 사례의 내담자도 무려 23년이나 소방관으로서 일해왔는데, 최근 몇 년 사이에 PTSD로 인해 괴로운 나날을 보내고 있다고 합니다. 어떻게 해법을 찾을 수 있을까요?

[3회차] 9월 19일
사회 생활을 잘하고 싶은 40대 직장인
"무엇이 저를 괴롭게 하는 건가요?"
*라이브상담 영상 시청 제공

대기업에 다니는 40대 '모자아저씨'. 20여년 동안 직장에서 힘든 일을 겪으며 마음뿐 아니라 몸도 많이 안 좋아졌다고 하네요. 그는 인간관계에서 늘 어려움, 불편함, 긴장을 느낀다고 합니다. 무엇이 자신을 이렇게 괴롭히는 것인지 궁금하고 극복하고 싶다며 황상민 박사를 찾아왔습니다.

[4회차] 9월 26일
자녀 양육이 고민인 어머니
"아이가 발달장애인데, 어떻게 해야할지 확신이 없고 너무 혼란스러워요"
자녀의 발달을 어떻게 이해하고 교육시켜야 하는지 도무지 확신이 없고, 엄마로서 어떤 역할을 해야 하는지 너무 혼란스럽고 막막하여 상담을 신청하셨다는 어머니. 상담 이후 이 어머니는 자신에게 일어난 변화에 무척이나 놀라셨다는데, 과연 어떻게 상담이 이뤄졌을까요?

10월 주제
직업과 정체성

10월 WPI 사례세미나는 '직업과 정체성'이라는 주제를 가지고 진행됩니다.

여러분은 어떤 직업을 가지고, 어떤 일을 하고 있나요? 아무리 노력해도 잘 되지 않는 것 같고, 힘들기만 하여서 "이 일이 나랑 맞지 않는가봐…" 고민하고 계시진 않나요? 내가 하는 일을 통해 성공하는 비법, 잘 살 수 있는 방법은 과연 무엇일까요?

첫 번째 시간에는 먼저 어떤 일을 해야 할지, 이번 생을 잘 살 수 있을지조차 막막해 하는 청년을 만나봅니다. 이런 청년에게 황박사는 '알바'라는 솔루션을 주었다 하는데요, 요즘 빡센 직장 생활보다는 적게 벌고 적게 일하고 언제든지 그만둘 수 있는 알바를 선호한다는 '프리터족'이 늘고 있다고는 하지만… 이 청년에게 '알바'는 과연 어떤 의미일까요?

그리고 PT강사로서 시간당 페이를 받으며 일하는 젊은이가 어떻게 더 나은 삶을 살 수 있을지, 식당을 오픈한 자영업자는 어떻게 대박이 날 수 있는지, 각자가 그리는 성공을 향한 길을 찾아가는 여정에 여러분들도 함께 하실 수 있습니다.

'골목식당'이라는 프로그램을 통해 잘 알려진 백종원 대표는 얼마전 그동안 자신이 자영업자들을 돕기 위해 식당들에게 솔루션을 제공하고 방송으로 노출해 홍보했던 것이 결과적으로 임대료 상승을 불러와 악순환을 만들었다고 말했다는데요, 식당들을 위한 솔루션이 결국 솔루션이 되지 못했다는 이런 안타까움, 정말 문제는 무엇일까요?

한편, 고 김정주 회장은 넥슨을 창업하여 엄청난 성공을 거두고도 끝내 자살로 삶을 마감하였는데요, 성공만 하면 인생이 피고, 돈만 많이 벌면 대한민국에서 행복하게 잘 살 줄 알았는데, 아마 여러분들 중에서는 이런 소식을 접하고 깜짝 놀라고 당황스러움을 느끼신 분들도 계실 겁니다.

죽은 자의 '마음읽기'인 심리부검은 죽은 사람이 가졌던 '삶의 이유'를 추론하면서, 살아남은 사람들이 역설적으로 '죽은 자가 왜, 어떻게 살았어야 하는지'에 대한 삶의 통찰을 얻는 일입니다. 모두의 '롤 모델'이 될 수 있는 인물, 누구나 부러워 하는 성공한 인물의 자살에 대한 심리부검은 이런 이유로 더욱 가치있는 일이지요. 그 누구도 알지 못했던 고 김정주 회장의 마음의 아픔과 그분의 삶의 의미에 대해 알아보며, 고인에 대한 추모는 물론, 우리 각자가 하고 있는 일을 통해 원하는 삶을 그려나가볼 수 있게 됩니다.

[1회차] 10월 10일
이번 생은 포기했던 청년을 위한 솔루션은 '알바'라고요?
*라이브상담 영상 시청 제공

괜찮은 대학을 좋은 성적으로 졸업했지만 내가 바라는 삶을 꿈꾸길 접었던 서른 무렵의 청년, "지난 상담 후 결심했어요. 부모님과는 다른 삶을 살아야겠다! 이 굴레에서 벗어나야

겠다고요. 그리고 황박사님의 솔루션에 따라 알바를 시작했어요."
아니, 어떻게 이런 솔루션이?! 이 청년은 과연 이번 생을 포기하지 않고 잘 살아갈 수 있는 길을 찾게 될까요?

[2회차] 10월 17일
PT강사가 시간당 페이를 올릴 수 있는 방법은?
*라이브상담 영상 시청 제공

"회원 일지를 쓰고 저만의 프로그램을 조금씩 적용해보면서 자신이 붙었다가도, 남들의 평가를 들으면 바로 무너져 버리는 것 같아요. 페이를 올렸다가 회원들에게 수용 받지 못하면 어쩌나 걱정도 돼요." 성격상 PT강사 일이 잘 맞지 않는 걸까요? 이런 PT강사의 레슨비 올리는 방법, 과연 무엇일까요?

[3회차] 10월 24일
자영업자의 꿈 "어떻게 하면 식당이 대박 날까요?"
*라이브상담 영상 시청 제공

"직접 고기를 삶고, 다른 순대집에서는 잘 없는 특수부위 고기까지 취급하고 있는데 아직은 매출이 시원찮아요. 어떻게 하면 맛집으로 소문이 나고 돈도 많이 벌 수 있을까요? 계절 메뉴를 추가해야 할까요? 젊은 사람들이 많이 오도록 퓨전 느낌으로 와인도 팔아볼까요?"

[4회차] 10월 31일
故 김정주 회장의 자살이 남긴 삶의 의미는 *관련 영상 시청 제공

지난 해, 한국 제2의 부자, 고 김정주 회장이 자살로 삶을 마감했습니다.
돈이 엄청 많으면 아무 걱정이 없을 것 같았는데… 그의 자살의 이유로 '진경준 검사 스폰서 논란 및 검찰 수사', '몇 년 전부터 앓았다는 우울증', '돈 되는 건 다 한다는 돈슨이라는 비난' 등등… 참 많은 것들이 언급되었습니다. 정말 그럴까요?
마치 살아있는 인간의 심리상담과 비슷하게 진행되는 죽은 자의 '마음읽기'와 같은 '심리부검'. 그 누구도 알지 못했던 고 김정주 회장의 마음의 아픔과 그분의 삶의 의미에 대해, 즉 그 분의 '존재의 이유'를 알아가며 여러분 자신의 삶에 대한 통찰을 얻는 시간이 될 것입니다.

11월 주제

누구에게도 이해받지 못했던 아픔, WPI 심리상담가가 알아주었어요.

많은 분들이 '상담'이라고 하면 '위로나 위안, 공감을 받는 것'이라는 생각을 떠올리곤 하지요. 내가 힘들 때 물론 위로나 위안도 필요하지만, 무엇보다도 '나를 이해해주는 단 한 사람만이라도 있다면…' 살아갈 힘을 낼 수 있을 것 같지 않으신가요? 또한 우리가 만나볼 사례들에서는 자신이 가진 문제를 해결할 수 있는 길까지 찾게 되었다니, 어떻게 그것이 가능했던 걸까요? 바로, 'WPI 심리상담 모델'에 의한 상담이었기 때문이지요. 임상 현장에서 실제 적용하고, 효과를 극대화할 수 있는 WPI 심리상담 모델, 여러분도 WPI 심리상담 모델에 대해 배우고 수련하며 스스로의 삶에서 또는 상담 현장에서 적용하며 그 효과를 확인할 수 있습니다.

[1회차] 11월 7일
"이유도 모른 채 정신병원 강제입원을 당했어요. 제가 조현병이래요."
착실히 살아오던 30대 남성이 어느 날, 느닷없이 조현병 환자로 살아가게 되었다고 합니다. "앰뷸런스가 와서 저를 들쳐매고 병원으로 싣고 가더니, 정신병원에 강제 입원시키더군요. 제가 조현병 환자래요. 그때부터 주변 사람들은 제가 무슨 행동을 하든, 누구나 다 하는 평범한 행동을 해도 이상한 사람으로 취급하기 시작했습니다. 정말 제가 이상해서 조현병 환자가 된 것일까요?"

[2회차] 11월 14일
아무리 노력해도 낫지 않는 통증으로 괴로운 아이 아빠의 사연 (첫 번째 상담)
*라이브상담 영상 시청 제공

"아킬레스건 파열로 수술을 받은 뒤 견갑골 통증과 목디스크 판정까지 받게 되었습니다. 아무리 노력해도 낫지가 않는 통증으로 인해 너무 힘든데, 부인도 동료도 그 누구도 이해해주지 않네요. 이 세상에 나 혼자라는 생각에 자살 충동까지 들었습니다. 오랜 휴직 기간을 보내고 이제 곧 복귀를 하는데, 통증 때문에 직장 일을 잘 할 수 있을지 너무 걱정이 됩니다. 더 악화되면 어쩌지요?"

[3회차] 11월 21일
다양한 병명으로 확인되는 아픔은 '나의 절규'라고요? (4개월 후 두 번째 상담)
*라이브상담 영상 시청 제공

[4회차] 11월 26일
엄마 마저 격리와 치료가 필요하다 했던 결핍 아동의 마음읽기
*라이브상담 영상 시청 제공

분명 전학을 왔는데 학교에 나타나지는 않는 초등학교 5학년 남자아이, 아이를 만나보기 위해 담임선생님은 가정방문을 하였답니다. 그랬더니 글쎄 이 아이는 방문을 걸어 잠그고 셀프 인질극을 벌였지 뭐예요! 아이의 엄마 마저 이 아이는 어쩔 수 없으니 격리와 치료가 필요하다고 믿고 있었어요. 아이의 특성에 대해 알아가고, 마음을 읽고, 문제를 파악할수록 모두에게 생겨난 놀라운 변화!

12월 주제

위기에 빠진 교사, 모두가 겪는 삶의 위기 아닌가요?

'ADHD 진료 어린이와 청소년이 4년 새 82%가 급증'했다고 합니다. (아시아경제, 2023.8.13) 바로 이 ADHD가 '교권침해 원인'이고 (이데일리, 2023.11.06), 그렇기 때문에 많은 교사들이 어려움에 빠지고, 심각한 경우 서이초 교사처럼 극단적인 선택을 하게 된 것이라고 하네요. 10대~30대 사망원인 1위는 바로 '자살'이고, 2022년 극단적 선택을 한 교사는 20명, 최근 10년간 스스로 목숨을 끊은 교사는 144명에 달한다고 하네요.

아니, 대체 지금 대한민국에서는 무슨 일이 벌어지고 있는 걸까요? 학생들의 정신건강을 돕기 위해 '정서행동특성검사'를 실시하고 위기학생을 지원한다는데, 왜 아파하는 어린이와 청소년, 교사는 계속 늘고 있는 걸까요? 이것은 비단 학교 안에서 만의 일은 아닐 것입니다.

서울 시민 2명 중 1명은 '정신건강'에 문제가 있다 하면서 (뉴시스, 2023.10.30) 정신질환자 치료 실효성을 높이고, 더불어 사법입원제 도입을 추진한다고 합니다. 그런데, 이로써

더 많은 사람들을 정신질환자로 만들게 된다는 것에 대해 혹시 여러분은 생각해 볼 수 있을까요? 누군가 당신을 '정신질환자'로 낙인찍는 순간 당신은 마치 범죄자처럼 격리, 수감되고 이 사회에서 폐기물과 같은 존재가 되어버린다는 것에 대해서 말이죠. 게다가 이와 같은 일이 학교 교육 현장에서도 벌어지고 있다면, 어떤 느낌이 드나요?

아이들은 아이들대로, 교사는 교사대로 위기에 빠져있는 지금, WPI 심리상담을 통해 각자의 마음을 읽어가며 이들이 겪고 있는 '아픔'에 대해, 그리고 우리 주위에서 일어나고 있는 사건들의 정체에 대해서도 알아가 봅니다.

[1회차] 12월 5일
"학교 생활도 잘 하지 않고, 비행과 문제 행동 증상을 보이는 딸과 저를 상담해주세요"
딸은 중학교 2학년때부터 툭 하면 학교를 조퇴하고 빠지고, 여러 문제 행동을 일삼고 심지어 자해를 하고 죽어버리겠다고 까지 합니다. 재주 많던 딸은 꿈도 없다고 합니다. 정신과 병원을 다니며 약도 먹어보다가 약에 취한 듯한 딸의 모습을 보고 이제는 단약을 시키려는데, 모두가 약을 계속 먹여야 된다고 하네요. 딸 마저 단약을 시키려는 저를 비난합니다. 저와 딸은 어떡해야 좋을까요?

[2회차] 12월 12일
정서행동특성검사에서 '관심군'으로 선별되고, 이후 ADHD 진단을 받은 지현이, 담임 선생님은 정신과 약물 치료를 권했는데… 지금 학교에서는 무슨 일이?
*라이브상담 영상 시청 제공

지현이는 초등학교 1학년 때 정서행동특성검사에서 '관심군'으로 선별되었고, 담임선생님의 권유에 따라 부모님은 지현이를 데리고 위센터와 정신과를 갔지요. 거기에서 지현이는 ADHD진단을 받았고, 정신과 약물 치료를 권유 받았습니다. 그렇지만 지현이 부모님은 이를 거부했고, 그때부터 지현이 부모님은 '아이를 특수반에 보내라', '아이가 폭력을 휘둘렀다, 성추행을 했다'는 말들을 들으며 지현이 학교를 쫓아다니게 되었습니다. 대체 학교에서는 무슨 일이 벌어지고 있는 것이며, 지현이 부모님은 어떻게 해야할까요? 또 힘들어 하는 담임선생님은 어쩌죠?

WPI 심리상담·코칭
멘토교수 과정 [2년]

- 상담멘토 연수
- 상담멘토 실습
- 상담 사례 연습

WPI 심리상담·코칭 전문가 과정, 지도자 과정 전반에
걸친 '상담실습'은 WPI 심리상담, 심리치료가 구체적
으로 어떻게 이루어지는지 스스로 체험해볼 수 있는
임상수련 교육 과정입니다.
이러한 상담실습 수련 과정에서 멘토교수들은 멘티인
수련생들을 대상으로 이들의 '마음읽기'를 실습하고,
또 멘티들이 자신들의 상담실습을 수련할 수 있도록
관리, 지원하는 매우 중요한 역할을 하게 됩니다.

상담실습 전문가 과정이 WPI 심리상담·코칭을 할 수
있는 최소한의 능력을 갖추는 과정이라면, 지도자 과정은
인턴 및 레지던트 초기 과정, 멘토교수 과정은 WPI 심리상
담·코칭 자격증 취득 후에도 마치 의학의 전공의 수련처럼,
'마음치유사' 레지던트 과정의 최종 전문가
수련 단계에 해당합니다. 이 과정을 거치면 '지역 센터'
운영을 할 수 있는 전문 수련을 마쳤다고 할 수 있습니다.

WPI센터

마음치유사 수련을 실제 체험하고 배우는 멘토교수 과정
Mind Healer 멘토교수 과정

상담실습 멘토교수 연수를 통해 여러분들은 WPI 심리상담 모델에 기초한 심리상담 및 코칭 능력을
함양해 나갈 뿐만 아니라 과학적 사고에 기반한 통찰 및 지도자로서의 역량을 지도자 수준으로
갖출 수 있게 됩니다.
이 모든 과정을 마친 후에는 WPI심리상담코칭센터 지점을 개설할 수 있습니다.

심리치료 및 코칭 수련생에게
'마음읽기'를 지도하는
멘토교수로 성장하실 수 있습니다.

유일무이한 최고의 마음읽기 수련은 바로 이곳에서!

의사가 해부학 교과서를 통째로 암기만 한다고 하여 수술실에서 환자 수술을 잘 할 수 있을까요? 그런 일은 없다는 것 아시죠? 그렇기에 의과대학에서 6년을 공부하고 졸업한 뒤에 '의사시험'을 통과하고 '의사 면허증'을 얻게 된 다음에도 바로 환자를 볼 수가 없습니다. 자격증은 있지만 환자를 볼 기술과 능력을 갖추지 않았기 때문입니다.

몸을 다루는 의사들이 의대 졸업 후 자격증을 받더라도 최소 3년 정도의 인턴, 레지던트 과정과 같은 임상 수련을 거친 이후 활동을 하듯이, 마음을 다루는 WPI 심리상담·코칭 전문가의 경우에도 자격증 취득 후 최소 3년 이상의 임상 수련 시간을 가지기를 권장합니다.

상담실습 수련 과정에서 멘토교수들은 멘티인 수련생들이 '마음읽기'를 해나갈 수 있도록 이끌고 지도하는 매우 중요한 역할을 하게 됩니다.

필수 수강 과목

● 멘토-멘티 상담실습
● WPI 심리상담 사례 세미나
● 사례심화 연구발표
● 멘토연수

멘토교수 연수 프로그램은 WPI 심리상담·코칭 전문가 자격증 취득 후에도 전공의로서 레지던트 과정을 완수해 나가는 단계와 유사합니다.

상담실습 수련 과정에서 멘토교수들은 멘티인 수련생들이 '마음읽기'를 해나갈 수 있도록 이끌고 지도하는 매우 중요한 역할을 하게 됩니다.

상담실습 전문가 과정이 WPI 심리상담·코칭을 할 수 있는 최소한의 능력을 갖추는 과정이라면, 지도자 과정은 인턴 및 레지던트 초기 과정, 멘토교수 연수 프로그램은 WPI 심리상담·코칭 전문가 자격증 취득 후에도 전공의로서 레지던트 과정을 완수해 나가는 단계와 유사합니다.

몸의 아픔을 다루는 의사들이 '신체 해부'를 통해 신체의 다양한 기관에 대해 배운다면, WPI 심리상담에서 마음의 아픔을 다루는 마음치유사Mind Healer들은 'WPI 검사'와 'WPI 심리상담 모델'을 활용하여 '마음'의 다양한 형태와 작동방식에 대해 배웁니다.

WPI 심리상담·코칭
멘토교수 연수 커리큘럼

멘토교수 연수과정은 '상담실습 멘토교수'의 역할을 수행하면서, 'WPI 심리상담 모델'을 자신의 상담에 직접 적용하고 확인하는 상담실습 연수입니다. 기본 연수 활동은 자신이 상담실습을 관리, 지원하는 멘티의 '마음읽기'를 통해 자신이 WPI 심리상담 모델에 준하여 심리상담 및 코칭 활동을 하고 있는가에 대해 확인하게 됩니다. 따라서, 멘토교수의 역할은 자신이 WPI 심리상담사로서 '멘티의 마음읽기'를 진행하는 것입니다.

이와 동시에 상담실습 과정에서 일반심리상담 활동과 WPI 심리상담 모델에 기초한 상담 활동이 구체적으로 어떻게 다르게 나타나는지를 잘 확인할 수 있도록 도와줍니다. 이 과정에서 멘티 학생들이 상담실습에서 'WPI 심리상담 모델'이 구체적으로 어떻게 구현되는지를 잘 파악하여 알려주는 리뷰 활동이 핵심입니다.

멘토교수는 자신의 멘티로 참가한 학생의 상담실습 진행 준비와 상담실습 수련 진행 과정을 지원해야 합니다. 각 실습의 마지막 단계에서는 자신의 멘티가 상담실습 보고서를 작성하면서 마지막으로 WPI 심리상담 모델이 구체적인 상담 과정에서 어떻게 드러날 수 있는가를 자연스럽게 학습할 수 있도록 도와주어야 할 것입니다. 더불어 WPI 심리상담이 무엇인지, 마음읽기가 자신의 삶에 어떤 영향을 주었는지, 상담실습 경험을 멘티와 공유하고 리뷰하는 활동을 합니다.

이 과정에서, 멘토교수는 WPI 심리상담 모델에 기반한 '마음읽기'를 어떤 주제와 관련하여 어떻게 경험했는가를 구체적으로 설명할 수 있어야 합니다. 각각의 상담 과정에서 특정 사람이 처한 문제나 상황, 이슈에 대해 그 사람이 가진 믿음이 무엇인지를 확인하고, 이것이 상담 과정에서 어떤 변화를 거쳤는가를 확인할 수 있어야 합니다. 멘토교수 연수는 WPI 심리상담가로서 자신이 어떤 사람인지, 자신의 삶이나 일에 어떤 의미를 부여하고 있는지, 또 앞으로는 어떤 삶을 살고 싶은지 확인하는 최고의 '마음읽기' 상담실습 코스가 될 것입니다.

● **멘티의 상담실습에 대한 레포트 작성**

멘토교수는 멘티 마음읽기를 하여 각 멘티에 대한 개별 '상담실습 보고서'를 학기말에 작성해 제출합니다. 멘토 연수 2년차에는 자신이 상담실습을 담당했던 멘티에 대한 '상담사례 체험기'를 'WPI 심리상담 모델을 활용한 마음치유사 수련'의 일환으로 '사례 세미나'에서 매 학기 1회(1월과 7월 중) 발표합니다.

멘토교수 연수 커리큘럼 상세 내용

주차	주제 및 내용	수업방식	연수 진행	상담실습 진행	
1주차 연수 오리엔 테이션	멘토교수 연수 목적 확인: '멘토의 역할'에 대한 자신의 믿음을 확인한다. WPI 심리상담 모델에 근거한 마음치유사로 활동하는 멘토 자신이 ''WPI 심리 상담 모델'을 어떻게 적용하여 상담을 하고 있는지를 멘티를 통해 WPI 상담을 실습하는 과정이다'라는 것에 대해 충분히 이해 한다.	세미나			
2주차		토의와 발표	멘토-멘티 첫 모임: 개 인 및 집단 상담 (1학기 는 멘토로서, 2학기에 는 WPI 심리상담가로 대하도록)	전체 오리엔 테이션	그룹별 오리엔 테이션 진행/ **상담실습1** 멘토-멘티상담
3주차	그룹별 오리엔테이션과 상담실습 진행에 대해 리뷰 / 멘토(마음 읽기) 셀프 리뷰: 멘토(WPI 심리상담가)로서 WPI 심리상담 모 델의 이해와 적용이 멘티가 상담실습할 때 어떻게 이루어졌는지 를 설명하고 공유한 것에 대해 [멘토 연수에서 각자 발표한다.] **멘토 연수 발표:** 자신이 진행한 멘토-멘티 상담을 리뷰하면서, WPI 심리상담 모델이 적용된 '마음읽기'가 각 멘티와의 상담에 서 어떻게 진행되고 있는지를 확인한다.	토의와 발표	멘토로서 자신의 '멘토 상담'에 대해 **셀프 리뷰**	1주차: 황상민 박사 강의	**상담실습2(1)** 멘티간 상담 (내담자/상담자 역할)
4주차	멘티 상담실습 관리 및 진행 보고: – 실습생 간 상담자와 내담자 역할 체험 (각기 다른 상담모델의 비교, 적용과 이해) – 멘토는 **멘티가 상담가 역할을 할 때,** 일반심리상담 모델과 WPI 심리상담 모델이 어떻게 각기 다르게 적용될 수 있는지 를 확인한다. [**상담자 역할을 하는 멘티의 마음읽기를 통해** 그들이 보이는 상담 모델을 확인해 준다.]	토의와 발표	상담실습 진행 관리 : 멘티간 상담 리뷰 (내담자, 상담자 역할)	2주차	**상담실습 2(2)** 멘티간 상담 (내담자/상담자 역할)
5주차		토의와 발표	**상담실습 진행 관리 – WPI 전문가로서의 멘토의 역할 수행** (상담자 역할에서 WPI 심리상담 모델이 어떻게 적용되고 있는가를 인식 하도록)	3주차	
6주차		토의와 발표		4주차	**상담실습 3(1)** 과정생간 상담 (내담자/상담자 역할)
7주차	**멘토 역할 확인 – 멘토는 자신이 멘토에서 WPI 심리상담가의 역할로의 변화가 있는지 확인한다. [멘티들의 팀별 발표 준비]**	토의와 발표	상담실습 진행 관리 과정생간 상담 리뷰 (내담자, 상담자 역할)	5주차	
8주차		토의와 발표		6주차: 전체세미나	**상담실습 3(2)** 과정생간 상담 (내담자/상담자 역할)
9주차	전체 세미나에 대한 리뷰	토의와 발표		7주차	
10주차	**멘티의 마음읽기(멘토가 내담자가 되어)** : 내담자–상담자 역할을 하는 멘티의 마음	토의와 발표	멘토의 마음읽기 실습 (멘티를 대상으로)	8주차	
11주차	멘토 발표: **내담자로 본 멘티의 마음읽기 (멘토 역할)** 멘티가 상담가로 상담을 하게 될 때, WPI 심리상담 모델이 적용 된 '마음읽기' 진행 확인	세미나		9주차	**상담실습 4** 멘티(상담자) – 멘토(내담자) 상담
12주차	멘티 상담실습 관리 및 진행 보고: 멘토는 멘티가 상담가 역할을 할 때, 일반심리상담 모델과 WPI 심리상담 모델이 어떻게 각기 다르게 적용될 수 있는 지를 확인 한다. [멘티의 마음읽기를 통해 그들이 보이는 상담 모델을 확인 해 준다.]	세미나		10주차	
13주차	일반내담자 상담을 진행하는 멘티 관리 및 진행 – 내담자(상담을 신청한 일반인)의 상담 사연을 받고, 상담 준비 를 해나갈 수 있도록 도와주고 지도한다.	세미나	멘티의 상담모델 습득 확인 (마음읽기)	11주차: 전체세미나	
14주차	멘토의 멘티 리뷰(마음읽기): WPI 심리상담 모델을 통해 확인된 멘티의 마음읽기 경험과 멘 토의 성장 과정에 대한 심리 리포트 (멘토 연수 과정 리뷰 및 자 기 마음읽기와 멘티 마음읽기의 경험 공유)	토의와 발표		12주차	**상담실습 5** 일반 내담자 상담 (상담자 역할)
15주차 (종강)				13주차	
				14주차	
				15주차: 전체세미나	최종 상담실습 레포트 제출

WPI 심리상담 코칭 전문가

지도자 과정을 마치고,
마음치유사 Mind Healer로 활동하는
WPI 전문가

송유진

WPI심리상담코칭센터 상담가

마음치유사로 살기로 결심했습니다. 마음치유사가 되겠다고 결심하기까지 제 삶의 과정들이 있었습니다. 처음 WPI를 만났던 계기는 학교 생활에 적응하지 못하는 한 아이 때문이었습니다. 또래 친구들과 어울리지 못하는 아이를 주변에서는 모두 문제가 있다고 했습니다. 그러나 WPI를 알고서 그 아이를 보니, 그 아이는 아이디얼리스트 성향이었습니다. 아이에게 자신의 성향에 대해 말해주고 아이의 마음을 읽어주자 아이는 학교 생활을 문제없이 해 나갈 수 있었습니다.

오랫동안 학생들을 지도하면서 스스로 답답해 했던 부분들을 WPI를 만나면서 해결할 수 있었고, 지금은 그렇게 누구보다 아이의 마음을 잘 읽어주는 WPI 심리상담사로 아이들을 만나고 있습니다. 그런 저에게 누군가 '개금의 설리반'같은 상담사라고 말해 주었습니다.

저는 보지 못하고 듣지 못하고 말하지 못하는 헬렌켈러에게 인간으로서 무한한 가능성을 열어준 설리반처럼 내담자의 가능성을 봅니다. 저는 내담자가 자신의 마음을 읽어갈 수 있게 먼저 손을 잡아줍니다. 처음에 내담자는 어떻게 자신의 마음을 읽어야 할지 몰라 포기하고 싶어 하지만, 저의 손을 잡고 걷다가 혼자 온전히 걸어갈 수 있을 때까지 저는 내담자와 한 발 한 발 맞춰가며 같이 걷습니다. 그 과정은 쉽지 않습니다. 시간이 오래 걸릴 수 있습니다. 그러나 저는 포기하지 않습니다. 내담자가 변할 수 있다고 믿기 때문입니다. 모든 것을 포기하고 싶었던 내담자가 자신의 정체성을 만들어가는 과정을 지켜보면서 제가 하는 일이 얼마나 대단한 일인지를 다시 한번 깨닫습니다.

그렇게 저는 내담자의 가능성을 알아주고, 그 가능성을 스스로 찾아갈 수 있게 옆에 있어주는 존재로, 내담자와 함께하는 WPI 심리상담사, 마음치유사로 살고 있습니다.

WPI 심리상담 코칭 전문가

지도자 과정을 마치고,
마음치유사 Mind Healer로 활동하는
WPI 전문가

김진영

WPI심리상담코칭센터 상담가

스무 살, 교대생으로 '교사가 되려고 하는 이유'를 한 자 한 자 적어보다, 초등학교 복도를 수십년 오가는 교사로는 죽어도 살지 못하겠다는 생각을 뒤늦게 하게 되었습니다. 살면서 처음 경험한 좌절이자 고통이었지만, 남들의 눈에는 이해하기 어려운 아픔이자 배부른 고민이었습니다. 휴학을 하고 한참 방황을 하다, 우연히 한국 최고라 불리던 예술대학의 존재를 알게 되었습니다. 홀린 듯 지원했고, 운이 좋아 합격증을 받고, 그곳에서 제 삶에 알찼다고 믿던 시간들을 보냈습니다. 하지만 졸업하던 해, 무려 4명의 학생들이 자살한 소식을 접하게 되었습니다. 제 안의 무엇인가가 무너지는 기분이었습니다. 누구라도 붙잡고 도대체 내가 어떻게 살아야 하는지, 아니, 왜 살아야 하는지 그 정답을 찾고 싶었습니다. 그렇게 20대가 흘러갔고, 저는 30대에 접어들어서도 계속해서 내가 어떤 사람인지, 어떻게 살아야 하는지, 나에겐 어떤 문제와 가능성이 있는지 한편으론 잘 알고 있다고 생각하면서도, 또 다른 한편으로는 막막하다고 느꼈습니다.

지난 몇 년간, 제가 가진 마음의 아픔과 한국사회에서 일어나는 크고 작은 일들에 대해, 과거 경험해보지 못한 방식으로 이해하게 되는 시간을 가질 수 있었습니다. 바로 나란 사람이 어떤 마음을 가진 사람인지, 또 내 주변과 대한민국이 어떤 믿음과 마음으로 작동하는지, 황상민 박사님께 'WPI'와 '마음읽기'를 배우며 가능해진 것입니다.

오랜 시간 스스로 살아있을 이유를 찾기 위해, 저만의 험난한 시간을 헤쳐오며 살아남은 자로써 글도 쓰고 작품도 만듭니다. 그리고 이제 마음의 아픔을 치유하는 WPI 심리상담사로 다양한 삶의 어려움에 아파하는 사람들을 만나고 있습니다. 억세게 운이 좋아 이곳까지 와서 자기 구원이 무엇인지 조금 깨달은 사람으로, 당신이 경험하는 마음의 아픔을 읽어드리겠습니다. 그리고 그 아픔에서 해방되어 자신의 삶을 사는 당신을 응원하는 상담자로, 또 예술가로 제 삶의 의미를 매일 발견하고, 소명을 실천하도록 하겠습니다.

교육 과정에 따른 신청 일정

통증해방: WPI심리상담코칭센터에서 제공하는 교육을 통해, 삶의 문제로 힘들어하는 사람들의
마음의 아픔을 파악하고 삶의 문제를 진단하여 아픔을 치료해 줄
'심리상담사', '심리치료사'로 거듭날 수 있습니다.

교육 신청기간 · 교육일 ⭐

구분	모집 기간	교육일	교육 이수 시간
WPI워크숍(초·중·고급)	상시 모집	초급: 매월 1회 토요일 중·고급: 격월, 분기별 토요일	1회 (7시간)
WPI 심리상담 사례 세미나	상시 모집	매주 화요일 (녹화영상 시청 목요일까지)	1회 (2시간)
상담실습(I,II)	매년 1월, 7월 모집	매년 3월, 9월 개강	1년 (2학기 30주)
지도자 과정	매년 1월, 7월 모집	매년 3월, 9월 개강	2년 (4학기 60주)

※ 모집 안내는 '통증해방: WPI심리상담코칭센터' 홈페이지 www.WPIcenter.com에서 확인 가능 ※ 모집기간과 교육관련일정은 조정될 수 있음

- WPI워크숍의 경우 1년 교육일정을 홈페이지에 공지합니다. 초급·중급·고급과정별로 워크숍이 개설되는 일정이 다르니 반드시 공지를 확인해 주시기 바랍니다.
- WPI 심리상담 사례 세미나는 매월 세미나 주제에 따라 사전 안내가 있으며 매주 화요일에 수업이 진행됩니다. 녹화영상은 목요일까지 재시청하실 수 있습니다.

- 상담실습(I,II)과 지도자 과정은 모두 3월과 9월에 수업이 시작됩니다. 3월에 개강하는 경우 1월~2월 초에, 9월 개강의 경우 7월~8월 초에 교육생으로 등록이 가능합니다.

교육수강 신청 절차 ⭐

과정	절차
WPI워크숍, 사례 세미나	센터 일정 확인, 신청 및 참가
상담실습(I,II), 지도자 과정	신청서 작성 ▶ 서류 제출 ▶ 지원자 면접 ▶ 과정 등록 (교육비 납부)

※ 일정, 제출 서류, 교육비에 대한 안내는 센터에 문의·확인 바랍니다.

교육문의

전화

02-6263-2440 또는 010-2203-7430

이메일

wpipc@naver.com으로 문의 내용 작성 후 전송

카카오톡

① 카카오톡 채널에서 'WPI심리상담코칭센터' 검색·추가 후 일대일(1:1) 문의 가능
② 010-2203-7430를 휴대폰에 저장하여 카카오톡 친구에 WPI센터 추가 후, 일대일(1:1) 문의

WPI센터

WPI 검사하기

카톡채널 추가

교육·수련 과정
FAQ

Q1

과정을 모두 이수하면 자격증을 받을 수 있나요? 〈WPI 심리상담·코칭 전문가〉 자격증 취득까지는 얼마 정도의 기간이 걸리나요?

Ⓐ WPI 워크숍 초·중·고급 과정, WPI 심리상담 사례 세미나(30회 이상)를 수강하고 상담실습 1년 과정을 모두 마치셨다면, 〈WPI 심리상담·코칭 전문가 2급 자격증〉 검정시험에 응시하실 수 있습니다. 검정시험에 통과하시면 〈WPI 심리상담·코칭 전문가 2급 자격증〉이 부여됩니다. WPI 심리상담·코칭 전문가 2급 자격을 취득하고, 〈WPI 지도자 과정〉 2년 과정 이수와 논문 작성을 완료하고 졸업을 하시는 경우, 〈WPI 심리상담·코칭 전문가 1급 자격증〉을 발급해 드립니다.

Q2

현장 수업 참여가 가능한가요? 온라인 수업이 대부분이라고 하던데..

Ⓐ 네, 가능합니다. 현장 수업은 서울 종로구에 있는 통증해방센터에서 이루어집니다. 모든 현장 수업은 유튜브 채널과 줌(zoom)을 활용한 온라인 영상 수업으로 동시에 이루어집니다. 각 수강생들은 자신이 원하는 방식으로 선택하여 수강할 수 있습니다.

Q3

WPI 심리상담·코칭 전문가 자격증을 취득하면 바로 상담사로 활동할 수 있나요?

Ⓐ WPI 심리상담·코칭 전문가 자격증을 취득하면 WPI 심리상담 모델을 활용하여 'WPI 심리상담·코칭 전문가'로 활동하실 수 있습니다. 그러나 몸을 다루는 의사들이 의대 졸업 후 자격증을 받더라도 최소 3년 정도의 인턴, 레지던트 과정과 같은 임상 수련을 거친 이후 활동하듯이, 마음을 다루는 WPI 심리상담·코칭 전문가의 경우에도 자격증 취득 후 최소 3년 이상의 임상 수련의 시간을 가지기를 권장합니다. WPI 심리상담·코칭 멘토교수 과정을 거친 후에는 통증해방: WPI심리상담코칭센터의 지점을 오픈하실 수 있습니다.

WPI 심리상담·코칭 상담수련 활동의 핵심은 '자격증' 취득에 있지 않습니다. 국내 대부분의 상담 관련 자격증 취득과정은 이론 중심의 수업이나 학회 강의와 시험 중심의 수련과정으로 이루어져 있습니다. 이와 달리 WPI 자격증은 다양한 임상 사례와 이들 사례를 직접 체험하고 수련하는 실습 중심의 심리상담과 마음치료 교육활동입니다. 현장에서 직접 활용할 수 있는 능력을 수련하고 습득할 수 있도록 합니다. WPI 전문가와 지도자 과정 모두 자격증이 핵심이 아닌, 수강생 모두 자신이 심리상담 전문가의 능력을 습득하고 활용할 수 있다는 믿음과 능력을 갖추게 되는 것이 그 핵심입니다.

Q4

해외에 살고 있는데, 과정을 모두 이수하고 자격증을 취득할 수 있을까요?

Ⓐ 물론입니다. 전 과정 온라인으로 참여가 가능하기에, 해외분 아니라 지방에 사시거나 이동이 자유롭지 못한 분들께서도 다양한 참여방식으로 WPI 심리상담·코칭 전문가 과정을 이수하고 계십니다. 일방적인 강의 방식이 아닌 양방향 소통으로 진행하기에, 온라인 참여임에도 현장에 있는 것과 다르지 않은 수업 환경을 경험하실 수 있습니다.

> WPI 전문가 과정, 지도자 과정의 상담사례 분석과 상담실습은, 마치 몸의 아픔과 병을 치료하는 능력을 수련받는 의사들이 '신체를 해부하는 과정'을 통해 몸의 신비를 익히는 것과 유사합니다. 마음의 아픔과 삶의 문제를 치료하는 능력은 각 사람들의 마음을 읽고 파악하는 능력을 수련받는 과정을 통해 향상됩니다.

Q5

심리상담가가 되고 싶은데, 워크숍을 수료하면 상담가로 활동할 수 있나요?

Ⓐ 초급워크숍은 심리상담가가 되기 위한 첫걸음에 가깝습니다. 심리상담가, 심리코칭전문가로 활동하기 위해서는 WPI 전문가 과정을 이수하고 자격증을 받는 것이 필요합니다. 이 자격증은 마치 의과대학을 졸업하고 의사 자격증을 받는 것과 유사합니다. 의사의 경우, 의대 졸업 후 자격증을 받더라도 최소 3년 정도의 인턴, 레지던트 과정과 같은 임상 수련을 거친 이후 활동하게 됩니다. WPI전문가 자격증의 경우에도, 취득 이후 상담센터와 같은 기관에서 수련자(인턴)로 취직을 하는 것은 가능합니다.

심리학 관련 전공자, 상담대학원 졸업자, 심리상담가 및 코치도 자격증 취득 후 최소 3년 이상의 임상수련을 받아야 합니다. 왜냐하면 의사가 몸의 아픔이나 병을 치료하는 전문가라고 한다면, 심리상담·코칭 전문가는 인간의 '삶의 문제와 마음의 아픔'을 치료하는 전문가이기 때문입니다.

Q6

상담은 상담실에서만 할 수 있는 것 아닌가요?

Ⓐ WPI 워크숍에 참가하는 분들 중에서는 "지금 하는 일을 관두고 진짜 심리상담센터를 차려야 하는 것 아닌가요?" 라는 질문을 하시는 분들이 많습니다. 물론 심리상담과 코칭, 또는 심리치료에 관한 전문적 수련을 쌓은 다음에 특히 WPI심리상담코칭센터와 같은 심리상담소를 개소할 수도 있습니다.

이를 위해서는 대학이나 대학원 수련과는 별도로, 이후 자기 인생의 경험을 토대로 WPI 초급 워크숍에서부터 최소 5년 이상의 기간동안 WPI 심리상담, 심리치료에 대해 학습하며 수련하는 시간이 필요합니다. 이는 몸의 아픔을 다루는 의사가 되기 위해 의대 본과 4년, 인턴, 레지던트 과정 등으로 이어지는 10년의 수련 과정을 거치는 것에 비유할 수 있습니다.

만약 당장 상담실을 열지 않아서 필요한 수련을 충분히 하지 못하는 것은 아닐까 염려한다면, 전혀 걱정하실 필요가 없습니다. 현재 자신이 활동하고 있는 곳에서 자신과 주위 사람들의 마음을 읽고 파악해 볼 수 있습니다. 굳이 '심리상담센터'라는 공간을 마련하지 않더라도 바로 지금 내가 지금 있는 곳을 심리상담과 심리치료의 장으로 삼는 것입니다.

이러한 변화는 무엇보다도 자신의 마음을 읽는 것에서부터 시작됩니다. 자신의 마음과 WPI 프로파일을 자연스럽게 읽을 수 있을 정도가 되면, 점차 타인의 마음을 읽어주는 것 또한 가능해질 것입니다. 누군가의 마음을 읽을 수 있다는 것은 바로 그 사람이 가진 삶의 어려움과 마음의 아픔을 그 사람 나름대로 해결할 수 있게 도움을 줄 수 있다는 의미입니다. '마음의 치유사', '심리상담 치료사'의 역할은 무엇보다 치유사로 활동하는 자신의 마음을 알게 된 이후의 일입니다. WPI의 '마음읽기'는 '나 자신을 아는 것'에서 시작합니다.

Q7

WPI, 언제부터 공부를 시작하면 좋을까요?

Ⓐ WPI를 공부해 심리상담사가 되려는 사람은 가능한 한 20대보다는 30대 초중반에 시작하는 것이 좋고, 30대 중반에서 40대 초반에 준비를 시작하는 게 좋지 않을까 싶습니다. 의사처럼 사람의 신체를 자르고 꿰매는 기술자로서 역할을 잘하고 싶다면 젊은 시절에도 얼마든지 수련할 수 있을 것입니다. 그런데 심리상담을 할 때에는 내담자 자신이 어떤 믿음을 갖고 살아가며, 산다는 것은 뭔가에 대해 이야기하게 됩니다. 이를테면 20대 상담사가 여러분 앞에서 "제가 좀 살아봤더니 세상살이란 이런 것 같습니다."라는 말을 한다면 어떤 생각이 들까요?

그래서 20대라면 WPI워크숍을 통해 먼저 '나'에 대해 알아가길 권합니다. WPI 초급 워크숍에서는 '내가 어떤 사람이라고 믿고 있는가'에 해당하는 자기평가에 대해서 배울 수 있습니다. 자기평가를 통해 리얼리스트, 로맨티스트, 휴머니스트, 아이디얼리스트 그리고 에이전트가 어떤 사람인지 이해하게 됩니다. 그리고 중급과정에서는 타인평가에 대해 배우게 됩니다. 이것은 심리적으로 '내가 무엇을 중요하게 생각하며, 하루하루를 어떻게 살아가고 있는가'를 확인할 수 있다는 뜻입니다. 그리고 WPI 고급 워크숍에서는 WPI 유형별 사연을 접하면서, 각기 다른 패턴의 WPI 프로파일이 다양한 삶의 장면에서 어떻게 표현되는지를 배우고, 상담 장면에서 어떻게 활용되는지 이해하는 시간을 가집니다. 이 때, 핵심적으로 사용되는 가추법에 대해 학습하며, 연역법, 귀납법을 넘어서는 가추법의 장점과 에센스를 배울 수 있습니다.

Q8

과거에 심리상담을 공부하거나, 전공하지 않았는데도 도전할 수 있을까요?

Ⓐ 각 사람의 마음을 파악하는 데에 이전에 어떤 공부를 했느냐는 그리 중요하지 않습니다. 그보다는 마음치유사로 살아가려는 자신이 어떤 사람으로서 어떤 사회적 경험을 쌓았느냐가 더 중요합니다.

어떤 한 사람이 가진 마음과 삶의 어려움, 마음의 아픔을 읽어주고 파악하려는 사람이 되고 싶다면, 자신이 무엇을 대학에서 공부하였느냐, 자신이 지금까지 잘 살아왔느냐 아니냐를 따져야 하는 것이 아닙니다. 단지, 최소한의 대학교육 과정을 거치면서 스스로 '내가 지금껏 살아온 시간마저 나 자신뿐 아니라 다른 사람의 마음을 읽기 위한 수련이었다'고 여길 수 있어야 합니다. 자신이 대학과정까지 마치고, 이후에 사회 경험을 한 것은 그 자체로 일종의 교육과정이라 볼 수 있어야 합니다.

Q9

직장을 다니고 있는데, 지도자 과정에 참여할 수 있나요?

Ⓐ 네, 참여하실 수 있습니다. 지도자 과정 수료 중인 분들 대다수가 다양한 전문 직업인으로 근무하고 계심에도, 지도자 과정 수업에 빠짐없이 참여하고 계시답니다. 대다수의 수업이 저녁 시간대에 진행되며 오프라인 및 온라인으로도 실시간 참여가 가능하기에, 세계 각지에 계신 분들도 부담 없이 참여하고 계십니다. 또한 부득이하게 실시간 참여가 불가하신 경우에도 모든 수업에 빠짐없이 참여할 수 있도록 수업 녹화 영상을 시청하실 수 있는 편의를 제공해 드리고 있습니다.

Q10

지도자 과정을 졸업한다는 것은 어느 정도의 실력 있는 전문가를 의미하는 것일까요?

Ⓐ WPI 전문가·지도자 과정은 '비학위 수련 과정'입니다. 하지만, 이 심리상담 및 코칭 수련과정은 아직 국내에는 없는 미국의 '전문 심리학 박사 (Professional Practical Psychologist) 과정에 준하는 실질적인 심리상담과 심리치료, 코칭에 대한 체계적이고 전문적인 교육 수련 과정입니다. WPI심리상담코칭센터는 이 분야의 교육, 훈련에서 세계의 어떤 교육기관보다 앞서가는 커리큘럼과 교육과정을 제공하고 있습니다.

마음에 대한 이론과 사례, 그리고 상담실습에 초점을 두는 WPI 전문가·지도자 과정은 마음의 아픔을 진단하고 치료하는 '심리상담·코칭 전문가'를 위한 임상수련 과정입니다. 심리상담의 실질적인 능력 향상과 수련 경험을 쌓기를 원하시는 분들에게 WPI 심리상담·코칭 '전문가 과정'과 '지도자 과정'을 권해드립니다.

Q11

지도자 과정을 졸업한 후 어떤 활동을 할 수 있나요?

Ⓐ 지도자 과정을 졸업하고 1급 전문가 자격증을 가지신 분은, WPI센터 본점으로 '1급 전문가 상담 신청'이 들어오는 경우 상담을 매칭해드리고 있으며, WPI 심리상담 및 코칭 강연 요청 시 강연자로서의 경험을 쌓을 수 있도록 강연 기회를 제공해 드리고 있습니다. 또한, 상담센터 개설을 희망하는 분들은 통증해방: WPI심리상담코칭센터 지점을 개설하여 WPI 심리상담·코칭 전문가로서 활동하실 수 있습니다.

Q12

실질적이고 구체적인 상담실습이란 어떻게 이루어지나요?

Ⓐ [상담실습 과정: 상담실습 I, II, III, IV]

- 실제 상담 경험과 세밀한 슈퍼비전, 다른 수강생의 상담 녹취록 등 다양한 사례를 공부함으로써 WPI 심리상담 전문가로서 뿐 아니라 타인의 상담에 대한 슈퍼비전을 할 역량을 키울 수 있습니다.

- 자신의 상담 녹취록을 가지고 지도교수로부터 1:1 슈퍼비전을 받으며, 상담을 어떻게 진행해 나가야 하는지 세밀한 피드백을 받을 수 있습니다.

- 자신의 상담을 심층적으로 분석함으로써 상담 능력을 향상시키는 수업입니다.

- 내담자의 마음에 대한 이해를 돕기 위해 '질적 연구의 코딩' 기법을 활용한 분석을 배워서 활용하게 됩니다.

- 전문가 상담실습, WPI워크숍, 외부 강의 등에 멘토(리더)로 참여함으로써 그동안 학습한 것을 타인과 공유하는 기회를 통해 WPI 심리상담·코칭 전문가 양성 과정에서 지도자로 활동할 수 있는 기본 역량을 갖추게 됩니다.

WPI심리상담코칭센터가
마음치유사Mind Healer가 되려는
당신의 꿈을 이루어드립니다.

문제 해결을 할 수 있는 심리상담과 심리치료 전문가로 활동하기 위해서는
많은 상담 사례를 접하고, 또한 그 사례들을 통해서
인간 삶의 문제와 마음의 아픔을 다양하게 파악할 수 있어야 합니다.
'WPI 초·중·고급 워크숍'과 WPI 심리상담·코칭 '전문가 과정',
'지도자 과정'을 거치면 심리상담·코칭 석사, 박사 과정 수준의 전문성을 갖추게 됩니다.
상담대학원, 교육대학원과 같은 교육과정에서 관련 과목의 수업을 듣고 공부하는 정도가 아닌,
상담가로 활동하기 위한 전문적인 임상 수련 활동이 이루어집니다.
또한, 이후 멘토교수 연수 프로그램은 WPI 심리상담·코칭 전문가 자격증 취득 후에도
전공의로서 레지던트 과정을 완수해 나가는 단계와 유사합니다.

2023년 2학기 전문가 및 지도자 과정 졸업식

황상민의 심리상담소

〈황상민의 심리상담소: 황심소〉는 마음의 아픔을 치료하는
심리상담이 우리 삶의 문제와 어떻게 구체적으로 연관되고
표현·해결되는지 알려주는 유튜브 방송 채널입니다.

황상민의 심리상담소: 황심소

세상에 대한
두려움을 떨치다!

심리학과를 졸업해도 알지 못했던 내 마음을 황심소를 통해 알게 된 청년의 사례

살아오면서 당시엔 내가 원한다고 생각한 것이 시간이 지나 돌이켜 보면 내가 진짜로 원하는 것이 아니었다는 것을 여러번 경험했습니다. 나에게 인식되는 여러 가지 생각과 감정 중에 진짜 내 마음은 뭘까라는 궁금증, 내가 정말 원하는 것을 알아서 내 인생을 잘 살아가고 싶은 마음에 대략 10년 전부터 심리에 관심을 갖게 되었습니다. 심리학 책을 읽으며 조금씩 알게 되는 것들은 있었지만 진짜 내 마음은 여전히 아리송했습니다.

박근혜 탄핵 당시 기사에서 황박사님을 알게 되었고, 안희정 사건에서 다시금 박사님을 접하며 박사님께 통찰이 있는 것 같다고 생각이 들어, 박사님이 하는 말씀을 이해하고 싶었습니다. 그렇게 약 5년 전부터 황심소를 들으며 각종 교육에도 참여했습니다. 가장 놀라웠던 것은 내가 내 마음을 알 수 있다는 메시지였습니다.

심리학 책에서도 심리학을 공부하러 들어간 학교에서도, 모두가 인간이 자신의 마음을 다 알 수가 없다고 말했습니다. 우리는 자신의 마음을, 자기의 욕망을 알 수가 없다. 누군가는 우리 마음의 핵심은 결코 의식할 수 없다는 측면에서 무의식으로 부르기도 하며, 전문적으로 훈련받은 '분석가'만 알 수 있다고 말했습니다. 또 다른 누군가는 마음이라는 것이 없다는 이야기도 합니다. '우리가 마음이라고 생각하는 것은 생물학적 작용의 결과일 뿐이다. 그러니 생물학적 기제를 조절하는 약으로 우리의 마음의 고통도 해결할 수 있다'는 것입니다.

그러나 5년 전부터 황심소를 들으며 함께 듣는 분들과 공부하고, 고민하며 저는 조금씩 제 마음을 알아가고 있습니다. 마음을 알아가며 가장 기쁜 것은 세상에 크게 두려운 것이 없어진다는 점입니다. 내가 내 마음을, 내가 원하는 것을 명확히 알아갈수록 넘기 어려운 장벽이라고 생각했던 모든 것들은 내 마음을 따라 살아가기 위해 충분히 해결할 수 있는 재미있는 과제가 되어 갑니다. 이런 힘은, 내 마음을 알아가며 내 주변 사람들의 마음도 자연스럽게 알아가기 때문에 생기는 것이기도 합니다.

이러한 기쁨을 많은 분들이 경험했으면 좋겠습니다. 황심소의 메시지가 더욱 널리 퍼져 많은 분들이 자신의 마음을 알고, 자기 삶의 주인으로 살기를 바랍니다.

주인된 삶을 시작하게 만든,
나의 황심소!

가족간의 갈등, 자기존재에 대한 혼란을 황심소로 극복한 30대 M자 젊은이의 사례

'아무리 싫어도 가족은 핏줄이고 운명이라니까 참고 살아야지.
나는 몸이 약하니까 이 정도만 해도 잘하는 거야. 아빠가 언젠가 날 도와주겠지.'

나라 바깥에서 우리 모두는 대한민국을 대표하는 민간 외교관이 되어야 한다. 이런 식의 정신무장이 나의 갑옷이었다. 무엇을 위해 사용해야 할지 모르는 갑옷이었다. 전쟁에 나서는 것도 아니고 일상생활을 하는 나에게 우리 가족은 곧 '나' 자신이었다. 하지만, 가족은 나에게 전혀 자랑스럽지 않았다. 아니, 가족은 상스럽고 폭력적이었다. 이 모습은 바로 나의 허물과 치부였다. 누가 우리 가족의 어두운 모습을 알기라도 할까, 나는 이런 두려움 속에서 떨었다. 아니, 겉으로는 어떤 갈등도 내색하지 않으려 애썼지만, 결과는 나의 완전한 패배였다. '아빠의 욱하는 성격과 폭력적인 행동', '엄마의 감정 기복과 화풀이', '오빠의 성적 괴롭힘'이 뒤섞인 진흙탕 속에서 나는 갑옷의 무게에 짓눌려 버렸다.

아빠와 엄마가 다투는 모습도 힘들었지만 아빠와 오빠가 싸우는 모습은 몇 배 더 힘들었다. 아빠가 초등학생이던 오빠에게 공부를 가르치다 손찌검을 하면서 둘 사이가 틀어졌고, 그 후로 깊고 오랜 힘겨루기가 시작되었다. 오빠는 계속 엇나가며 술, 담배를 하고 물건을 훔치거나 싸움에 휘말려 새벽에 경찰서에 끌려갔다. 아빠는 번번이 실패하면서도 오빠를 휘어잡으려 했고, 그때마다 고성이 오가고 육탄전이 벌어졌다. 상황은 오빠가 깁스를 할 정도로 다치거나 가출을 해야만 끝이 났고, 이는 10년 넘게 반복되었다.

집은 늘 폭풍전야였다. 오빠는 스스로의 좌절감을 나를 때리거나 욕하는 것으로 풀었다. 심지어, 오빠는 아빠를 무릎 꿇리고 분이 풀릴 때까지 몇 번이고 사과를 받아내기도 했다. 때로는 울면서 엄마에게 대들다 방문을 부수기도 했다. 엄마는 오빠의 집요한 괴롭힘 때문에 두 번이나 장이 꼬여 큰 수술을 받았다. 오빠가 언제 또 어떤 포인트에서 발작할까 매일을 가슴 졸이며 전전긍긍하듯 살았다. 당장 이 상황을 벗어나 도망가고 싶다고 생각하면서도, 좋은 날이 올 거라고 다독이는 아빠와 엄마가 가여워서 행동으로 옮기지 못했다. 한때는 사랑했지만 지금은 부정하고 싶은 혈육이 되었다. '피는 물보다 진하다'는 당위를 지키기 위해, 자폭하는 심정으로 지냈다. 나의 삶을 어떻게 만들어가면 좋을지 고민한 시간에 내 인생을 가족이라는 괴물의 제물로 바친다고 믿었다. 하지만, 그것은 바로 내가 어떤 사람이 되고 싶은 알지 못해, 나 스스로 만들어 낸 괴물과 내가 싸우는 시간이었다. 진흙탕 같은 전쟁터에서 나는 내가 입은 갑옷의 무게로 인해 한 발자국도 앞으로 나가지 못한 채 그냥 허무하게 쓰러졌다.

어릴 적부터 내 마음이 무엇인지 알지 못한 채로 무조건 감추며 살다 보니 나의 몸은 그 자체로 발작적인 반응을 일으켰다. 각종 알레르기, 아토피, 천식 등 통제할 수 없는 부적절한 면역반응이 나타났다. 아침에 몸을 일으킬 수 없을 만큼 심한 무기력과 우울, 자살 충동에 시달렸다. 그냥 다른 사람보다 예민한 감각의 격렬한 반응인 줄 알았다. 통학 자체가 버거워서 중고등학교는 개근은커녕 수업일수 채우기에 급급했다. 시도 때도 없이 문제를 일으키는 몸 때문에 현장 체험 학습이나 수학여행 등 생활 반경을 벗어나는 야외 활동은 모두 포기했다. 이런 상황은 대학에 가서도 마찬가지였다. 또래 친구들에 비해 못 미치는 신체 능력을 원망했다. 참가하고 싶었던 MT나 지방 학술회 등의 다양한 사회활동을 거절할 때마다 나의 부실한 몸에 대한 원망과 열등감은 점점 커져갔다. 이것 모두 엄마로부터 물려 받은 유전의 영향으로 인해 나타난 콜라겐 부족 현상 때문이라 믿었다. 아빠의 조언대로 나는 '사람 많은 곳에 가지 않고 남들과 부딪히지 않게 항상 조심해야 한다'고 되뇌었다. 자신의 건강을 잘 관리하면 다른 사람과 다를 바 없이 생활할 수 있는 몸이라고는 믿지 않았다. 내가 하고 싶은 일을 할 수 없게 만드는 거추장스러운 몸이라는 인식이 굳어져 갔다.

어느새 가족의 불화와 나약한 체력을 내 삶을 제대로 살아갈 수 없는 이유나 조건으로 합리화하기 시작했다. 대학을 졸업하자 큰 혼란이 닥쳤다. 학령기 이후 쭉 이어지던 소속이 사라졌기 때문이었다. 3~4학년을 취업을 준비하며 보낸 친구들과 달리, 어려워진 집안 사정에 성적장학금만 받으면 아빠의 부담이 덜어지니 내 몫을 다한 거라고 정신승리하며 손을 놓고 있었다. 나는 스스로의 모습을 가족 안에서만 그리고 있었다. 딸이라는 역할 외에 다른 일은 버거워서 할 수 없다고 가능성을 제한했다. 내 미래를 위해 대학에 다니는 게 아니라, 부모의 체면을 세우고 가계의 부담을 덜어주기 위해 성적장학금을 사수하는 병약한 대학생 딸이 당시 나의 정체성이었다.

졸업 후 뭘 어떻게 해야 할지 모르면서 남들 따라 무작정 원서를 내고 면접을 보았다. 1차는 어찌어찌 지나갔지만, 2차 면접에 오라고 하면 내 실력이 탄로날까 겁이 나, 온갖 핑계를 대며 지원을 포기했다. 더 나빠지기만 하는 가족 관계에 더해, 사회의 문을 두드리며 받았던 자극과 피드백이 나를 지치게 했다. 어느새 나는 은둔형 외톨이가 되어 아빠가 내가 먹고 살 길을 살펴주어야 한다고 막연히 기대하고 있었다. 나는 몸이 약하지만 오빠처럼 속을 썩이지는 않았으니 부모의 도움 정돈 상으로 받아도 된다는 심보였다. 구걸하는 거지 심리가 되어 가부장에게 기생할 틈을 노리던 중, 황심소를 만났다.

황심소에서 다루는 사연은 이 세상에 발을 붙인 누군가의 아픔에 관한 것이었는데, 해결책은 저 멀리 별나라에서나 통할 법한 색다른 내용이었다. 마음의 MRI, WPI 프로파일로 사람들이 각기 5가지 유형으로 구분될 수 있으며, 그에 따라 어떤 성격적 특성을 보이는지 읽어주는 게 참 흥미로웠다. 아빠가 내게 유별나다고 잔소리했을 때, 엄마가 왜 그렇게 일반적이질 못하냐고 눈을 흘겼을 때, 오빠가 꼴값 떤다며 내 책을 던졌을 때, 선생님이 내가 쓴 시에 담배라는 단어가 나온다며 교무실로 따라오라고 했을 때 나는 내가 어딘가 잘못됐나 의심했다. 박사님이 M자 유형이 존재한다고 분명히 확인해주었기 때문에, 죽지 않고 살아볼 기운을 낼 수 있었다. M자가 얼마나 재능 있고 매력적인 존재인지 박사님이 정리해주지 않았다면, 스스로에 대한 긍정적인 생각은 조금도 하지 못하고 주변의 부정적인 평가와 판단에 짓눌려 여전히 자책과 자학만 반복하고 있었을 것이다.

　　스스로를 M자로 인정하고, 성공한 M자가 가졌던 태도나 노하우를 생활 속에서 실천했다. 황심소를 백색소음으로 활용하고 M자들의 사연을 이해가 될 때까지 들으며 도망가고 싶은 마음이 들 때면 스스로를 환기했다. M자는 이중적인 마음 때문에 좋아하거나 하고 싶은 일에 반대로 행동하기도 한다는 점을 기억하며 면접 기회가 왔을 때 피하지 않으려 애썼다. 회피하는 태도가 단번에 달라지지는 않았지만, 무엇이든 경험하면서 전투력을 높여가면 되는 거라고 스스로를 응원할 수 있게 됐다. 황심소 방송 중에서도 특히 나처럼 가족에게 고통받으면서도 자신의 삶을 지켜낸 M자 여성의 사연에 집중했다. 박사님은 그 여성에게 스스로를 고아라고 생각하면 어떻겠냐고 물으셨다. 그건 사실 나에게 하는 말이기도 했다. '아니 부모, 형제가 두 눈 시퍼렇게 뜨고 매번 돈을 뜯어내는데 어떻게 죽은 사람 취급을 하란 말인가? 내 삶을 포기하고 잠적하지 않는 이상 가족이라는 질긴 인연이 끊어질 수 있을까?' 처음엔 회의감이 들었다. 가족들에게서 흔적도 없이 사라지는 상상은 고등학교 때부터 줄곧 해왔던 일이면서도 언제나 내게 죄책감을 주었는데, 황심소는 '그게 뭐가 어때서?'라고 말하는 것 같았다. 나는 왜 태어났을까, 가족은 나에게 어떤 의미인가, 지금의 나는 가족을 어떤 도구로 활용하고 있는가? 어색하거나 불편한 질문을 스스로에게 던지며, 가족을 심판하거나 벌하고 싶은 나의 마음과 성녀 코스프레를 해왔던 지난 날을 인정하게 됐다. 또 나 자신을 피해자, 상대를 가해자로 설정하여 비난하는 일이 얼마나 스스로의 발전과 자유로운 삶을 가로막는 위험한 사고방식인지 Me Too심리, 안희정·박원순 비서 사건을 통해 배웠다. 나 역시 가족들에게 크나큰 피해의식을 느낀 지 오래였기에, 스스로의 이분법적인 논리에서 벗어나려고 방송을 녹취하며 내용을 받아들이는 데 시간을 들였다.

주위의 30~40대 지인이나 인터넷, 하다못해 방송에서까지 널리 받아들여지는 '30대는 건강이 나락으로 가는 시기'라는 말은 나에게 예외였다. 특별히 20대 때보다 운동을 많이 하거나 영양제나 보약을 먹지 않는데도 말이다. '내가 어떤 사람인지, 무엇을 중요하다고 믿고 사는지' 하나하나 찾아가면서 몸이 오히려 건강해졌다. 10대와 20대에 경험했던 몸 상태나 체력과 현저히 달라진 30대 후반의 신체에 대해 이야기할 날이 올 줄 몰랐다. 내리막길만 남았다고 한탄하는 사람들 틈에서 나만 다른 이야기를 하고 있으니 참으로 이상하다. 날아다닌다는 체력의 황금기를 모르고 지나왔기에 '그때가 좋았다'는 게 뭔지 모르는 나는 최근 황심소의 뉴 통증 패러다임 방송을 보며 '마음의 아픔이 몸으로 나타나는 현상'에 깊이 공감하고 있다. 오빠에게 부여했던 의미를 거두고 분가하며 없는 사람 취급했더니 무기력과 우울이 사라졌다. 뭘, 어떻게 해야 할지 몰라 혼란스러울 때 온몸이 가렵고 열이 오른다는 걸 알게 됐다. 몸의 반응을, 통제할 수 없는 극도의 예민함이 아닌 스스로의 정체를 분명히 하고 중심을 잡으라는 신호로 받아들이게 됐다. 내 마음을 제대로 파악한다면 예전과 같은 돌발적인 몸의 발작을 겪지 않을 것임을 이제는 확신한다. 또 특정 상황에서 일어날 수 있는 신체 반응을 충분히 예상하고 피할수 있다는 자신감도 생겼다.

'이런 생각을 해도 되나?'에서 '된다'로 바뀌기까지 오래도록 황심소와 함께했
다. 이제 나는 나를 좀먹는 가족을, 같은 피를 나눴다는 이유만으로 사랑하고 용서할
필요가 없음을 안다. 가족이라는 공동체를 이루기 위해 이 땅에 태어난 것이 아님을,
나는 나만의 소명 때문에 태어났음을 분명히 할 수 있다. 30대에도 여전히 아빠와 엄
마의 등을 벗겨 먹는 오빠는 일찌감치 손절했고, 나의 희생을 당연하게 생각하며 더
큰 역할을 요구하는 아빠와 엄마는 내 안에서 지웠다. 나는 이제 가족과 나를 다른 존
재로 느낀다. 요즘은 서로 못 볼 꼴 보기 전에 조실부모하는 게 낫다고 농담할 정도가
됐다. 가족이라는 굴레에서 보다 확실히 벗어나기 위해 지금보다 더 내 삶에 집중하
고, 나만의 성취를 만들어가려고 노력하는 중이다. 돌아보니 '황심소를 알기 전의 나'
는 자유의 땅으로 가자고 외치는 모세를 시큰둥하게 바라보는 이스라엘 노예와 같았
다. 가족이라는 감옥에 갇혀, 자기연민에 이성이 마비된 채 주인으로 살기를 포기했
다. 주인의 삶이 어떤 것인지 한번도 경험하지 못했기에 그렇게 자해하듯 폭식하고
피가 날 때까지 온몸을 긁어 대고 매달릴 대상을 향해 발버둥을 쳤던 것일까? 해보기
도 전에 '나는 못해, 나는 안돼' 징징거리던 노예는 이제 주인의 삶이 얼마나 뿌듯하
고 살아갈 이유가 되는지 알아가는 참이다. 느린 걸음이긴 하지만 새로운 발걸음을
뗀 이상 뒷걸음질은 치지 않으련다. 아무리 방황하더라도 심리적 고향 황심소가 언제
까지고 곁에 있기에 지금의 나는 한층 편안하다. 이제라도 남 탓 그만하고 홀로 서려
한다면, 자신만의 새로운 역할을 만들어가고 싶다면 클릭 한번으로 지금 여기서 해방
으로 가는 통로 '황심소'를 만날 수 있다.

내 인생의 교재,
황심소로 삽질과 이별하다!

황심소를 자기사용설명서처럼 활용해 개인사업자가 된 아이디얼리스트의 사례

안녕하세요. 황심소 스탭분들.

최근에 황심소 팟캐스트를 시즌1 첫방송부터 정주행 하면서 듣다가 보니…

2017년 방송을 듣다가 문득 여름쯤에 나의 라이브 방송이 있었지 하는 생각이 들었습니다. 민망해서 스킵할까 하다가 그래도 다시 들어봤는데 몇 가지 신기하기도 하고 느낀 점이 있어서 이렇게 후기를 보내게 되었습니다. 황심소 에피소드 〈진로 찾으려 삽질하지 말고 자신의 정체를 파헤치자!〉로 처음 상담을 받았을 때 휴머니스트였던 저는 7년 후 아이디얼리스트가 되었습니다. 아이디얼리스트가 되니 저한테 맞는 옷을 입은 것 같다고 생각이 드는 걸 보니 원래 이런 성향이었던 것 같습니다.

근황을 말씀드리자면 방송 당시 휴직상태였던 저는 복직 후 다음 해에 회사를 그만뒀고 이벤트를 대행하는 프리랜서로 2년 정도 일하다가 동일직종 개인사업자를 냈습니다. 올해는 별다른 영업 없이 입찰 하나도 따내고 작년에 계약을 안했던 기존 고객사에서 재연락이 와서 매출 목표의 절반을 벌써 채우게 되었습니다. 좋겠다, 행복하겠다고 누군가 묻는다면 별로 좋지도 행복하지는 않습니다. 일단 저는 행복을 위해서 사는 사람이 아니기 때문에 그런 부분은 고민거리가 아닙니다. 저의 삶의 가치는 성장하고 발전하는 것이기 때문입니다. 작은 일이어도 쉽게 안하고 영혼을 갈아 넣으려는 성향 탓에 일을 계속 따올수록 힘들기도 하고요.

제가 방송에서 재미있다고 생각한 점은, 당시 방송에서 제가 전문가, 또는 일을 잘하는 사람이라고 생각했던 특성이 최근에 제가 듣는 얘기라는 점입니다. 꼼꼼하고 (방송에서 제가 이 얘기를 반복해서 했죠) 새로운 아이디어를 잘 내고 그걸 잘 설득 시키고, 사회성 좋고 (이건 사람 말을 잘 들어준다고 하는 평가더라고요)… 들어본 적 없다고 최근에 듣게 되어서 부담되고 어리둥절해요. 생각해보면 사실 덤벙거리고, 몽상가에, 주변 사람들에게 신경질적인 건 옛날부터 변한 게 없어요. 다만 마음이 변한 것 같아요. 시키는 일을 잘 하자, 에서 나의 해야 할 일을 제대로 하자로요. 사람들이 꼼꼼하다고 말한 부분은 대행사로서 의뢰처의 일을 대신해서 준비하고 정리하고 확인해 준 걸 그렇게 평가한 것 같아요.

아이디어 쪽은 회의에서 이야기를 들으면서 즉흥적으로 저 사람들이 원하는 게 이건가? 하는 걸 보여주면 맞다고 하는 것 같구요. 그리고 최근에 대기업에서 저한테 연사섭외 가능한지 미팅하자고 연락이 왔는데, 제가 누구누구 섭외해갈 수 있다는 리스트 외에 전체적으로 컨퍼런스 구조를 이렇게 짜야 하고, 테마를 어떻게 정해야 한다는 당연한 얘기를 하니까 다른 대행사에서는 들이보지 못한 말이라며 고마워 하더라고요. 당연한 거라 별것 아니었는데….

어쨌든 제가 누군가를 이상적으로 보고 무척 부러워하던 평가들이었다는 것이 신기했습니다. 더욱이 이런 평가를 들어야지, 하고 행동했던 게 아니었거든요. 오히려 그런 사람이 되어야지 했을 때는 더 어긋났던 것 같아요. 저의 예전 라이브 방송을 들으면서 조금 더 성장한 저를 알게 되었고 앞으로도 더욱 나다운 삶에 욕심을 내면서 살아가고 싶습니다.

제가 성장한 것에는 박사님과의 꾸준한 상담이 가장 역할이 컸지만, 황심소 역시 저의 인생교재로서 굉장한 역할을 해주고 있어서 정말 정말 감사의 말씀 드리고 싶습니다. 특히 김정주 회장에 대한 에피소드는 몇번을 들어도 많은 걸 깨닫게 해주는 것 같아요. 통증에 대한 에피소드는 주변인들에게 소개해주기도 했습니다. (그러나 반응이.. ㅠㅠ) 그런데 황심소 라이브 방송 비포앤애프터 특집 같은 것 있으면 좋겠네요. 저처럼 이렇게 변한 사람들이 있는지 궁금하기도 해서요.

감사합니다.

황상민의 심리상담소 : 황심소

도서출판 마음읽기

도서출판 마음읽기는 통증해방: WPI심리상담코칭센터에서
이루어지는 다양한 '마음읽기' 사례와 마음의 아픔을 치유하는
활동 자료를 인쇄 매체로 대중과 소통합니다.

'도서출판 마음읽기'
소개

'도서출판 마음읽기'는 '㈜통증해방'의 상담 센터인 'WPI심리상담코칭센터'의 출판 브랜드입니다. 마음을 읽어 자신의 삶의 어려움과 문제를 해결하고자 하는 사람들이 겪은 심리상담과 심리치료의 경험을 출판 미디어 매체를 통해 대중들과 공유하는 활동입니다. 우리는 대세와 통념을 따르지 않으면 안 될 것 같은 대한민국 사회에서 살고 있습니다. 그런데 이런 통념에 따라 살면 대다수는 자기 문제를 파악조차 하지 못한 채로 더욱더 삶의 수렁 속에 빠져들며 아픔을 더욱 진하게 느끼고 만답니다. 이런 이유에서 자신이 겪는 삶의 어려움과 아픔을 해소하기를 원하는 사람들에게 또 다른 삶의 대안으로, 생존의 비법으로 자기 '마음읽기'를 권합니다. '도서출판 마음읽기'는 책을 통해 자기 마음을 읽으려는 분들, 마음읽기를 통해 자기 삶의 주인공으로 운명을 개척하며 살아가는 사람들의 노력을 지원하려고 합니다.

누구나 가진 삶의 어려움이나 문제처럼 보이지만, 그것을 해결해야 하는 사람은 바로 자기 자신이 될 수밖에 없습니다. 누군가도 대신할 수 없는, 유일무이한 자기 자신의 삶이기 때문이랍니다. '절대자신'이나 '대통령' 또는 위대한 인물이 나를 대신하여 나의 삶을 살아주기를 기대하는 것이 아니라면, 우리가 살아 나갈 수 있는 길은 바로 자기 마음을 읽어 자기 삶의 문제를 해결하고 또 아픔에서 벗어나는 것입니다. 법적 문제는 변호사에게, 몸의 병이나 문제는 의사에게, 세금 문제는 세무사에게, 부동산 문제는 공인중개사에게 맡기며 전문 서비스를 제공하는 사람들이 내 삶의 문제를 해결해 줄 것이라 믿는 분이라면, 자신에게 필요한 서비스를 찾아갈 수도 있을 것입니다. 하지만 결국 자기 삶의 어려움이나 문제는 바로 자기 자신이 해결해 나가야 한다는 것이 분명한 사실입니다. 누구도 당신이 겪는 삶의 어려움이나 아픔의 문제를 대신 해결해 주지 않습니다. 혹여 그런 분이 있다면, 그것은 단지 당신이 겪는 아픔을 이용하여 그분들이 자신의 이익을 최대한 추구한다는 뜻입니다.

대부분의 사람들은, 돈을 벌기만 하면 자신의 많은 문제들이 해결되리라 막연히 믿습니다. 그리고 언론 역시 '돈신'을 모시는 사람들을 하루가 멀다하고 따르라는 듯 보도합니다. 문제는 사람들이 그렇게 돈을 벌려고 노력하다, 돈을 벌기는커녕 더 큰 시련 앞에 목숨을 끊고, 돈을 벌기는 했으나 자신이 바라는 삶은 이루어지지 않아 더 깊은 혼란을 경험한다는 것에 있습니다. 이 책은 우리 삶의 문제나 마음의 아픔은 돈을 많이 버는 것으로, 남들이 정답처럼 생각하는 일을 하는 것으로 해결되지 않는다는 것을 알려줍니다. 개개인이 경험하는 아픔과 혼란은 외부적인 어떤 요인을 통해 극복할 수 있는 무엇이라기보다, 그 문제의 당사자가 자신의 마음을 읽음으로써 아픔에서 벗어날 수 있다는 것을 생생하게 보여줍니다.

2023년 2월에는 현직 약사가 쓴 두 번째 책 『마음약방』을 출간합니다. 약대를 나오고, 약사로 산다는 것에 항상 혼란을 느낀 뮤약사(필명)가 스스로 자신의 마음을 자신의 약방에서 읽어보는 경험을 담담하게, 따뜻한 마음으로 쓴 에세이입니다. 그녀는 약사로 활동하면서, WPI 심리상담 전문가 과정을 마치고, WPI심리상담모델에 의한 상담을 받았습니다. 약국에서 일하면서, 몸이 아프다고 말하지만 정작 마음이 아픈 수많은 사람들을 만나 보고 듣고 느낀 것들을 기록한 내용입니다. 몸이 아파서 약을 먹지만 약이 도움이 되지 않을 때, 뮤약사는 아프다고 호소하는 사람의 몸에 나타나는 증상의 의미를 마음읽기를 통해 파악해보려 노력합니다. 그리고 아픔의 정체에 한 발 더 다가가 몸과 마음을 모두 살펴보며 그 사람이 가진 아픔에 자신만의 의미를 부여하며 치유되는 과정이 무엇인지 서서히 깨달아 갑니다. 그렇게 자신이 오랜 세월 고민했던, 자신만의 약사 정체성을 찾아가는 감동적인 이야기입니다.

'마음읽기' 출판 브랜드는 '나답게 살 수 있는 기회를 가진 사람들의 이야기를 모아, 이 세상에서 자기 삶을 살아가려는 사람들에게 전합니다. 뻔한 위로와 공감을 넘어, 진짜 자기 문제를 찾아 해결할 수 있는 힘을 발견할 수 있도록, 아픔에서 벗어나고자 하는 모든 분들께 닿으려 노력하고 있습니다.

2021년 12월, 도서출판 마음읽기는 아픔과 좌절로 가득찬 대한민국 사회에서 어떻게 살아야 할지 몰라 고민하는 다섯 내담자를 황상민 박사가 상담한 사례들을 모아, 『마음을 읽고 싶은 당신에게』를 펴냅니다. 대한민국의 많은 사람들이 막연히 믿고 있는 통념이 어떻게 삶의 문제를 만들어 내는지, 그리고 자신이 가진 삶의 어려움에 대한 해법을 어떻게 찾아야 할지, 그들의 마음을 읽어 가면서 나름의 해법을 찾을 수 있도록 돕는 상담 내용입니다.

『92년생 김지영, 정신과 약으로 날려버린 마음, WPI 심리상담으로 되찾다』

*약칭 『92년생 김지영』

2024년 5월, 도서출판 마음읽기에서는 『92년생 김지영, 정신과 약으로 날려버린 마음, WPI 심리상담으로 되찾다』를 통해 소설 형식으로 생생하게 담은, 상담실의 상담 내용을 전합니다. 상담실에 찾아온 '현실의 92년생 김지영'의 두 차례 상담뿐 아니라, 그녀의 과거와 현재의 삶이 어떠하였는지, 그리고 그녀가 만들어낸 미래는 또 얼마나 아름다울 수 있는지 그려낸 책입니다. 『92년생 김지영』은 자신의 마음을 읽기는커녕, 자신의 마음과 생활을 부정하고, 또 스스로 억압하려고 한 젊은 엄마의 이야기입니다. 『92년생 김지영』에서 상담실로 찾아온 내담자는 자신의 경험을 이렇게 담담하게 이야기합니다.

"살아가는 동안 우리는 수많은 문제를 맞닥뜨린다. 어쩌면 삶 자체가 풀어야 할 거대한 문제처럼 느껴지기도 한다. 문제가 어렵다고 느낄수록 누군가가 답을 주거나 해결해 주기를 바란다. 주변을 둘러보면 남들은 답을 찾아 성큼성큼 앞으로 나아가는 것만 같다. 확신에 차 보이는 그들의 뒤통수를 헐떡이며 좇다 보면, 어느새 희뿌연 안개에 가로막히고 만다. 더듬거리는 손끝마다 와닿는 뚜렷한 내 몸뚱어리의 감각은 틀림없이 내가 여기 있다는 것을 확인시켜 준다. 하지만 나는 나를 볼 수 없다. 어디로 가야 할지도 알 수 없다. 한 치 앞이 보이지 않는 막막함의 한 가운데 서서 그저 망연자실해지고 만다. 분명코 나는 존재하고 있는데도, 나는 나를 잃어버린 것만 같다.

92년생 김지영 씨도 그랬다. 꾹꾹 눌러놓은 불안과 두려움이 주체할 수 없어 밖으로 미어 나왔을 때 지영 씨는 크나큰 아픔을 겪었다. 그녀의 아픔은 문제였고, 문제의 답을 구하기 위해 병원을 찾았다. 지영 씨의 아픔은 아픔 전문가인 의사에 의해 몸 따로, 마음 따로 분류되어 '병'으로 진단되었다. '내가 이렇게 힘들어하는 것은 ○○병에 걸렸기 때문'이라는 걸 알게 된 것만으로, 지영 씨도 그녀의 어머니도 안심할 수 있었다. 그러나 몸의 아픔과 마음의 아픔에 부여된 병명은 지영 씨에게 문제의 원인을 알려주지 못했다. 치료 효과가 있다는 약은 그녀에게 답이 되어주지 못했다. 그녀의 아픔은 조금씩 변주되며 세월이 흐를수록 점점 더 정체를 알 수 없게 되었다. 스무 살의 지영 씨는 자신이 남들처럼 살아갈 수 있길 바라며 약을 삼켰다. 그녀의 가족들도 지영 씨가 약의 효과로 약간의 평온이나마 찾길 바랐다. 괴로움으로부터 잠시나마 격리되기를 바랐다. 약이 지영 씨의 문제를 해결해 주는 답이 아니라는 건 지난 12년 동안 의심할 여지없이 입증되었음에도 불구하고 모두에게 지영 씨는 어딘가가 고장 난 고쳐야 할 대상이었고, 약 말고는 달리 방도가 없었다.

한 아이의 엄마가 되고 나서야, 지영 씨는 12년 동안 해결되지 않은 채로 자신을 옭아매온 병과 약으로부터 벗어나고 싶어졌다. 그러나 짙은 안개 속에서 한 발짝을 내딛는 것은 그 누구에게도 쉽지 않은 일이었다. 지영 씨는 용암처럼 들끓는 가슴을 부여잡고 황상민 박사를 찾아왔다. 그리고 황 박사와 함께 자신의 마음을 하나하나 읽어가는 것으로 오랜 세월 동안 엉겨 붙어 있어 자신을 짓눌렀던 아픔의 정체를 확인할 수 있었다. 지영 씨는 누구도 알아주지 않았고, 자신마저도 보려고 하지 않았던 자기 마음을 마주하고서야 비로소 웃을 수 있었다. 막막하고 두렵기만 했던 한 걸음을 스스로 내디딜 수 있게 되었다."

WPI 상담을 통해 한 개인은 자신의 마음의 아픔을 읽을 수 있게 됩니다. 자신의 마음을 읽은 주인공은 자신의 아픔의 정체를 파악하여 자신이 원하는 삶을 만들어 나갈 수 있게 됩니다. 심리학자 황상민 박사는 이런 마음읽기의 과정을 『92년생 김진영』을 통해 한 인간의 삶과 마음의 아픔의 정체를 더욱더 생생하게 그려냅니다. 상담 다큐 소설 『92년생 김지영』은 WPI 상담이라는 것이 어떤 것인지, 아픔의 실체를 이해하고, 아픔에서 벗어나는 과정이 무엇인지 알려줍니다. 이 같은 상담 다큐 소설을 접한 독자 여러분도 스스로 자신의 삶의 어려움과 아픔에 적용하여 활용해 볼 수 있기를 기대합니다.

이런 획기적인 시도는 WPI 심리상담 다큐 소설이라 불리며, 앞으로 도서출판 마음읽기에서는 다양한 내담자가 가진 각각의 아픔과 그 아픔에 대한 해결책이 더욱 분명하게 독자들에게 전달되도록 시리즈물의 형태로 이어질 계획입니다.

도서출판 마음읽기

'도서출판 마음읽기'는 자신의 마음에 대해 알기보다는 대세와 통념, 다른 사람들의 말을 더 따르라 권하고
요구하는 사회에서, 자기 '마음읽기'를 권합니다. 마음읽기를 통해 자기 삶의 문제를 해결하고,
마음의 아픔에서도 벗어나 나답게 살 수 있는 기회를 가진 사람들의 이야기를 모아 세상에 전합니다.

〈마음을 읽고 싶은 당신에게〉

이 책은, 돈을 많이 벌고 싶었지만 돈을
벌기는커녕 더 이상 길이 없는 것만 같고,
혹은 돈은 좀 벌었지만 여전히 내가 바라던
삶은 이뤄지지 않은 듯하고, 삶의 벽에 부딪
쳤다고 느끼는 분들을 위한 책입니다.
돈이 많으면 삶이 그래도 좀 나아질 줄
알았는데, 오히려 더욱더 마음 아파하고
힘들다 느끼며 살아가는 사람들을 적잖이
볼 수 있지요. 왜 그럴까고요? 우리 삶의
문제나 마음의 아픔이 '돈을 많이 버는 것'
으로는 해결되지 않거든요. 게다가 '남들처럼
만 살고 싶다는 그런 믿음, 그런 마음'으로는
그걸 이루기조차 힘들다고 말하는 황 박사.
그럼 대체 어떡해야 하냐고요? 이 책은
바로 '우리 삶의 문제나 마음의 아픔을
해결하는 방법'을 알려줍니다.

〈마음약방〉

내가 겪는 통증과 마음의 아픔을 위한
책 처방전, 〈마음약방〉.
약국은 자신의 몸이 아파서, 혹은 자신이
사랑하는 사람이 아파서 들리는 곳입니다.
하지만, 정작 몸의 아픔이 마음의 아픔과
연관되어 있다는 걸 알지 못한 채로 약만
복용하는 경우가 많습니다.
〈마음약방〉은 대화로써 약국에 들린 사람들
의 삶과 마음의 아픔을 들여다보고, 그 아픔
을 실제로 치유하는 사례 또한 담긴 에세이
입니다. 사람들의 몸과 마음의 아픔을 살펴
보려는 약사로 성장하는 뮤약사의 이야기를
읽고, 자신과 타인의 마음과 통증에 대한
새로운 통찰을 얻으시길 바랍니다.

〈92년생 김지영, 정신과 약으로 날려 버린 마음, WPI 심리상담으로 되찾다〉

책도 영화도 아닌 현실에서 직접 만나는
'92년생 김지영' 씨는 어떤 사람일까요?
'82년생 김지영' 씨를 처음 그려낸 조남주
작가는 책에서 그녀를 정신과로 보내 의사와
상담도 받고 약물치료도 받게 합니다.
그러나 심리학자이자 심리상담가인 황상민
박사는 예민하고 섬세한 김지영 씨가 자신이
어떤 사람인지, 어떤 상황에서 어떤 아픔을
가지고 오랜 시간 힘들어했는지 그 마음을
읽어주며, 그녀가 자신의 아픔의 정체를
파악하고 그 아픔에서 벗어날 수 있도록
돕습니다. 아프면 병원에 가서 저도 모르게
약물 중독이 되는 세상에서, 마음읽기를
통해 스스로 주인된 삶을 살게 하는
이야기를 확인하실 수 있습니다.

[참고문헌]

- 인왕산 수성동 계곡 - 위키백과, 우리 모두의 백과사전 (wikipedia.org)
- 손탁호텔 - 나무위키(namu.wiki)
- 앤 해링턴, 『마음은 몸으로 말을 한다』 살림출판사, 2009
- 글 장 노엘 파비아니, 그림 필리프 베르코비치, 『만화로 배우는 의학의 역사』 한빛비즈, 2019
- 황상민, 『내 삶의 주인이 내가 아닐 때 만들어지는 병, 조현병』 도서출판 들녘, 2020
- 황상민, 『마음읽기』, 넥서스BOOKS, 2018
- 황상민, 『한국인의 심리코드』, 추수밭, 2011

[이미지 저작권 및 출처]

'열반지: 통증해방의 길'의 유래
- 흑백 벽수산장 [https://commons.wikimedia.org/wiki/File:Byeoksusanjang_1926.png] 공개도메인
- 벽수산장 [(인왕산에서 본 서울) 저작자: 이건중, 촬영일: 1950년대]
- 박노수 미술관 [저작자: Jjw, 저작권 표시: CC BY-SA 4.0]

1층, 열반 가배의 유래
- 고종 황제 [https://m.post.naver.com/viewer/postView.nhn?volumeNo=16538194]
- 손탁호텔 그림사진엽서 [서울역사박물관 소장, 유물번호: 서울역사037006]

2층 '몸의 아픔'으로부터의 해방, 아픔해방의원
- 호러스 알렌 사진 [https://www.woodlawntour.com/horace-newton-allen]
- 제중원 사진 [《寻找我的外公: 中国电影皇帝金焰》, 2009, 上海文艺出版社, 上海]

아픔의 의미와 '아픔해방'
- 프란시스코 데 고야, 〈회개하지 않고 죽어가는 사람을 돕는 성 프란시스 보르지아〉 https://catedraldevalencia.es/ 공개도메인
- 렘브란트 반 레인, 〈니콜라스 툴프 박사의 해부학 수업〉 https://www.mauritshuis.nl/en/our-collection/artworks/146-the-anatomy-lesson-of-dr-nicolaes-tulp/

퇴마의식과 '아픔'을 '치료하는 자'의 등장
- 조스 리페랭스, 〈역병 희생자를 위해 탄원하는 성 세바스티아누스〉 1497년 월터스 미술관(Walters Art Museum) 소장, 공개도메인
- 바르톨로메 무리요, 〈베데스다 연못에서 마비 환자를 치료하는 예수 그리스도〉 1660년대 내셔널 갤러리 소장, 공개도메인
- 산드로 보티첼리, 〈성 제노비우스의 세 가지 기적〉 1500년대 초반, 공개도메인

과학의 이름으로! 의사, 아픔을 치료하는 성직자의 권능을 넘겨받다
- J M Sockler, 〈가스너, Gassner, Joan Joseph〉 http://ihm.nlm.nih.gov/images/B12716, 공개도메인
- 프란츠 안톤 메스머 (Franz Anton Mesmer, 1734~1815) Britannica, The Editors of Encyclopaedia. "Franz Anton Mesmer". Encyclopedia Britannica, 26 Mar. 2024, https://www.britannica.com/biography/Franz-Anton-Mesmer.
- 〈1795년경, 메스머리스트와 환자〉 공개도메인

몸이 아닌 '마음'을 사용하여 아픔을 치료하는 역사의 시작
- 1879년경에 출판된 J.A. 휴스턴(J.A. Houston)의 그림 뒤에 새겨진 〈프리즘을 통해 햇빛을 분산시키는 뉴턴〉 19세기 목판화, ⓒ 게마인프레이
- 익명의 프랑스 만화, 〈메스머 씨의 욕조〉 1780년대, 런던 웰컴 도서관 소장.
- 익명의 프랑스 만화, 〈Magnetism Unveild〉 1784년 https://www.cabinetmagazine.org/issues/21/turner.php

19세기, 아픔의 정체에 대한 새로운 과학의 역사
- 장 마르탱 샤르코 (Jean-Martin Charcot, 1825-1893) 사진 촬영: 나다르, 1890, ⓒ Bettmenn/Corbis
- 피에르 앙드레 브루이에, 〈살페트리에르에서의 임상강의〉 출처 및 소장: Fonds national d'art contemporain

의사 베른하임이 발견한 아픔치료의 비밀: 상상과 암시의 힘
- 이폴리트 베른하임 (Hippolyte Bernheim, 1840~1919) 공개도메인
- 1878년, 〈Jean Martin Charcot images of the "mad women"〉 공개도메인

마음의 아픔을 치료하는 효과의 발견
- 스벤 리처드 버그 〈최면술〉 1887년, 스톡홀름 국립박물관 소장, 공개도메인
- 영화 〈스벤갈리〉 포스터 이미지, 1932년 https://www.imdb.com/title/tt0022454/

의사 프로이트의 작은 혁명: 몸 중심 의학치료 모델에서 마음에 주목했지만?
- 지그문트 프로이트 (Sigismund Schlomo Freud, 1856~1939) 공개도메인
- 베르타 파펜하임(Bertha Pappenheim, 1859~1936) 공개도메인

[사용된 서체]

아리따글꼴(아모레퍼시픽) / 프리텐다드(길형진) / 부크크 명조·고딕(㈜부크크) / 을유1945(을유문화사)